Mit Herzensdank an Andrea Campanile, die dieses Buch als Ratgeberin, Kritikerin und Neugierige mit Wünschen, Fragen, Ideen und Anregungen liebevoll mitgestaltet hat.

D.M.

DUKE MEYER

KÜSS DIE HAND, GNÄ' SAU!

EINE NEUE SICHT AUF ALTE GOTTHEITEN DES EUROPÄISCHEN NORDENS

Edition Roter Drache

Dieses Buch wurde klimaneutral gedruckt.

1. Auflage Oktober 2022

Edition Roter Drache, Holger Kliemannel, Am Hügel 7, 59872 Meschede

edition@roterdrache.org; www.roterdrache.org

Buchgestaltung: Holger Kliemannel

Umschlaggestaltung & Schmutzseite: Anke Koopmann, www.designomicon.de

Lektorat: Alina Isabel Altendorf

Hergestellt in der EU

ISBN 978-3-96815-046-8

Inhaltsverzeichnis

Einleitung

Teil I

Ganz weit draußen – ganz tief drinnen

Teil II

Gesang und Antwort

Teil III

In der Dämmerung – was soll denn nun werden

Anhang

Gruß, Kuss, Biss

Küss die Hand! Dies ist eine Verbeugung vor der großen Sau und dem grauen Wanderer, der dunklen Wandlerin und zahlreichen weiteren ihrer Art ... und was sie alles repräsentieren: von kühler Abwägung über wilden Zorn bis hin zu heißer Lust und heller Freude ... All diese Göttinnen, Götter, Riesinnen, Zwerge ... und mal ganz neu so gesehene, zuweilen aber auch unvertraute Zwischenwesen der so genannten nordischen Mythologie ... die ich einfach nicht im altväterlichen (zudem erst von Christen in christlicher Zeit aufgeschriebenen) Rahmen ihrer Überlieferung lassen konnte. Ihrem literarischen Laufstall sind sie mir sowieso schon lange entwachsen; dieser soll – bei allem Respckt vor den historischen Hinterlassenschaften und der sich damit befassenden Forschung – auch nicht Thema dieses Buches sein. Es geht vielmehr um etwas ganz Unwissenschaftliches: um persönliche Gefühle und den Umgang mit solchen. Für mich sind diese Göttinnen und Götter lebendig: Sie bevölkern meine Welt und sie regieren mein Herz, sie erfüllen mein Gemüt und mein Leben – sogar mein Verstand beschäftigt sich mit ihnen, ich denke viel nach – auch über die Genannten! Und gerade in ihrer poetischen Wandelkraft lassen sie mich sinnlich und bildhaft Zusammenhänge erahnen: vorzugsweise an jenen Rändern der Welt (oder unseres heutigen Denkens), wo die Berechnungen wissenschaftlicher Erkenntnisse zwischen Mikro- und Makrokosmos menschliches Vorstellungsvermögen übersteigen. Manche uralten Bilder passen erstaunlich gut in heutige, rational fundierte Erklärungsmodelle. Natürlich nicht von selber: Da helfe ich nach mit diesem oder jenem neuen Dreh, modernerem Gewand – die alten waren eh schon abgetragen, zum Teil arg befleckt (und ohnedies nicht die originalen gewesen) ... aber immer möglichst im Bewegungsfluss dessen, was die jeweilige Göttin, Riesin oder sonstige Gestalt schon mitbringt. Meine Art von Treue – in dem Fall den eigenen Gottheiten gegenüber – und natürlich aus sehr persönlicher Empfindung heraus. Die versuche ich, kenntlich zu machen, weil ich nichts für andere postulieren will. Stattdessen möchte ich ein subjektives Angebot machen: weniger zur fraglosen Weiterverwendung als vielmehr zur persönlichen Abwandlung und Weiterentwicklung gedacht. Es lässt sich auch ablehnen! Aber wenn etwas daran so gar nicht behagen sollte – vielleicht taugt es noch als Anregung zu wiederum ganz persönlicher Eigenkreation: deiner? Auch dafür entstand meine: hier als Beispiel.

Als Gottheiten bezeichnen wir Wesen(heiten), die über menschliches Begriffsvermögen hinausgehen. Andernfalls bräuchten wir kein Wort dafür. Eine Gottheit zu beschreiben, kann nicht vollständig gelingen und muss Annäherung bleiben: Die Bilder, die wir uns – auf welche Art und Weise, in welcher Form auch immer – davon schaffen, können nur persönliche sein – nie allgemein verbindliche. Ich spreche über sie, singe sie direkt an oder lasse sie selbst sprechen (soweit ich das vermag und mich hineinzuversetzen wagte). Und ich spreche fast nur von ihnen: meinen Großen. Von denen ich nur das zeige und beschreibe, was mir besonders auffällt. Das Bekannte lässt sich anderswo nachlesen. Die Überlieferungen (und ihre Übertragungen) sind überschaubar – der Rest schrieb ohnehin von ihnen ab. Ich wollte dem nicht eine weitere Wiederholung oder Nacherzählung hinzufügen, sondern will es anders machen: und hier etwas ganz Eigenes, ganz Persönliches anbieten. Nicht als Maßgabe – mehr als Beispiel. Auch zur Anregung!

Um es unterhaltsam und lesbar zu halten, habe ich es eingeschränkt. Dies ist keine Abhandlung über altgermanische Kultur(en), auch keine Anleitung zu germanisch orientiertem Lebensstil. (Damit ließen sich leicht weitere Bücher füllen.) Ich erzähle nichts über Fylgien (Folgegeister), nichts darüber, wo und wie sich eine Hamingja (Gruppenseele) bildet und wie sich – soweit ich das aus eigenem Erleben kennen darf – am besten damit umgehen lässt. Auch steht hier nichts über die seit über einem Vierteljahrhundert eingeübte und bewährte Konsensdemokratie der Nornirs Ætt – jener wildbunten und in allerschönster Vielfalt germanisch orientierten Kulturgemeinschaft, der ich seit 1995 angehöre (und ohne die ich gleichwohl nicht das oder der wäre, der ich bin). Nichts hier ist vollständig – selbst größte göttliche Gestalten sind nur ganz kurz angeleuchtet, in Momentaufnahmen festgehalten – nicht immer mit jenen Eigenschaften, für die sie bekannt sind oder die der Eine oder die Andere vielleicht erwartet hätte. Einigen dürfte sogar manche Gottheit selbst neu oder nicht allzu geläufig sein – andere werden Vertrautes und Liebgewonnenes vermissen. Denn nicht einmal alle bekannten göttlichen Attribute werden hier genannt – wie zum Beispiel Draupnir (der Zauberring, von dem allnächtlich neun weitere Ringe abtropfen – obwohl er es sicherlich verdient hätte. Allein – es ergab sich einfach nicht) – oder Gungnir, Odins Speer: zumindest nicht namentlich. Dafür ein paar andere! Und ich glaube, es gibt genügend Neues – und auch manch Altvertrautes ganz neu zu entdecken.

Ein Gruß zum Erkennen, ein Kuss zum Hingeben, ein Biss zum Necken, zum Schmecken ... und zum Erleben.

Duke Meyer, im Knospenmond 2022

In eigener Sache

Ich bin in sittenchristlichem Umfeld aufgewachsen, das heißt: unter dem Einfluss christlicher Werte und Weltbilder, in denen religiöse Inhalte jedoch kaum noch eine Rolle spielten. Mit 23 las ich – weil ein Freund und Musikerkollege gerade fanatischer Christ geworden war (und nur noch über seinen Gott sprechen mochte) – die Bibel einmal komplett durch, von Anfang bis Ende, was mich zum erklärten Atheisten machte. Diese nüchtern intendierte Weltauffassung hielt ich zehn Jahre lang durch. Doch im Laufe dieser Zeit wuchs in mir eine Sehnsucht – ich hätte nicht zu sagen vermocht, wonach genau, sie blieb namenlos. Mein künstlerisches Schaffen brachte zunehmend Merkmale und Symbole von geradezu steinzeitlich anmutender Archaik hervor, was sich dann erstaunlich gut verband mit meinen zeitgenössischen technischen Mitteln und Werkzeugen. (Bei meinen Performances sang und sprach ich zum Beispiel jahrelang durch ein Mikrofon, das – statt auf einem Stativ – auf einem langen Weidenzweig steckte, der im Astloch einer monströsen Baumwurzel ankerte, die ich, groß und schwer wie sie war, unverdrossen auf jede Bühne mitschleppte ... und dergleichen mehr.) Allein mir selber entging der Grund dafür. Privat behängte ich mich gern mit Hühnerknochen und trug ein Widderhorn am Gürtel (nur zur Zierde, lange bevor ich – Jahre später in Heidenkreisen dann – Trinkhörner kennen- und schätzen lernte). Ich wusste, was ich tat, aber nicht, wieso. Dann führten turbulente Erlebnisse hinter den Kulissen eines Musicals in Wien, wo ich 1992 ein Vierteljahr lang engagiert war, zum Ausbruch einer jähen spirituellen Bewusstwerdung, die mein Leben veränderte. Ich wurde bekennender Heide. Was mich nicht in Konflikt brachte mit meiner wissenschaftlich orientierten Weltauffassung, sondern diese vielmehr erweiterte, ja zu krönen vermochte: in sinnstiftender Hinsicht. Endlich verstand ich mein Leben.

In meinem Freundes- und Bekanntenkreis stieß das auf freundliches Wohlwollen – einige zeigten sich sogar wenig überrascht, sie wollten mich „schon immer so“ eingeschätzt haben –, aber nicht auf tieferes Interesse oder gar inspirierende Resonanz. Erst zwei Jahre später traf ich, inzwischen viel in D-Land herumreisend, auf bekennende Heiden in nennenswerter Zahl. Selbst zunächst von Wicca-Bräuchen inspiriert worden und an (vorchristlich) keltischer Kultur interessiert gewesen, sah ich mich spirituell bald mehr und mehr nordisch beeinflusst, ja fast bedrängt: nicht von Menschen, sondern von Göttern. Mit den germanischen hatte ich zunächst „nichts zu tun“ haben wollen, ich lehnte sie geradezu ab. Doch sie ließen nicht locker. Ich hatte sie über meine intensiv gewordene Beschäftigung mit Runen entdeckt und, wenn man so will, „erkannt“. Da ich meine damaligen persönlichen Lebensverhältnisse als reichlich verfahren und ausgebremst empfand, schlug ich eben diesen germanischen Gottheiten – denen ich, wie es aussah, ohnehin nicht mehr auskam – einen Deal vor: „Ihr helft mir aus meiner Klemme – dann bin ich der Eure.“ Ich erwartete nicht viel. Aber binnen Wochen, wenn nicht Tagen, wendete sich meine Lage entscheidend und, wie ich gleich spürte, zum Glücklichen (obwohl es erstmal aufregend und auch ein bisschen chaotisch werden sollte, bis ich mein eigenes Leben in den Griff bekam. Nicht wieder, sondern erstmals). Längst definiere ich es über diesen Bund mit „den Großen“. Aus ihm erwuchs mein heutiges Selbstverständnis als Mensch und Ásatrú.

Rückblickend darf ich die damalige Phase meiner Entwicklung als rasant bewerten. Das habe ich aufgeklärt heidnischen Menschen zu verdanken. Ich traf in unerwartet hoher Frequenz neben vielen anderen auch die Richtigen. Nicht mit allen schloss ich Freundschaft, manch innige neue zerbrach sogar wieder (dies oft recht unglücklich, teils dramatisch ... Was ich später jedoch meist als folgerichtig erkannte, obwohl es natürlich wehgetan hatte). Aber auch von diesen Menschen haben einige einen hohen Anteil an meinem Werden und Wachsen. Ohne die Einflüsse jener anspruchsvollen Debattierrunden und mancher gemeinsamen Erlebnisse wäre ich nie und nimmer geworden, was und wer ich heute bin.

Es waren die Anfangszeiten des (später bedeutungslos gewordenen) Rabenclans, der sich, nominell als Verein gegründet, in seinen ersten fünf Jahren (den letzten des vergangenen Jahrtausends) als Sammelbecken gesellschaftspolitisch integrer Heidentümer aller Couleur etablierte. Wir waren die Ersten, die sich nicht mehr vereinnahmen ließen von den bis dato tonangebenden „Heidenfürsten" (wie wir sie nannten aufgrund ihres meist pathetisch-albernen Auftretens und Gepränges) und ihrem halb völkischen, bewusst oder unbewusst ariosophisch vergiftetem Filz und Gefolge. Stattdessen bestanden wir auf die Menschenrechte – und auf deren Geltung und Achtung ... auch und gerade im zeitgenössischen Heidentum (ebenfalls und selbstverständlich: jeder Couleur). Das forderten wir ein – von uns, von anderen, von allen und allgemein.

Als wir es am Dienstag taten, beargwöhnten uns manche als „links". Als wir es am Donnerstag und in der Woche darauf – zugegeben allen Wochen darauf – immer noch so hielten, hieß es, wir seien „linksextrem" – sachlich schon immer falsch; das Bekenntnis zu den Menschenrechten allein ist noch keine politische Richtung, sondern ein Einvernehmen über Grundvoraussetzungen zivilen Miteinanders.

Wir haben niemanden „Nazi genannt“, wir verweigerten nur denen das Lagerfeuer, die Runde, das Ritual und die Freundschaft (oder auch nur Kumpanei und Kungelei), denen die Menschenrechte egal sind oder die sie missachten oder geringschätzen.

Wenn sich heute wie selbstverständlich auch im deutschsprachigen Raum Heidenrunden finden, die ihre Kreise und Freundschaften freihalten von Rassengefasel, Herkunftsdünkel, Geschlechterdiskriminierung, Homophobie, hierarchischem Gefälle, Glaubensgeboten und sonst wie Radikalautoritärem: Dieses Dickicht haben wir einst zu roden begonnen, einem Heidentum für Menschenrechte erstmals Freiraum und Entfaltungsmöglichkeit erstritten. Gemeint ist ein Heidentum für alle, die sich damit identifizieren und das Ihre weiterentwickeln wollen.

Dieses Buch handelt von Göttern – weiblichen, männlichen, viel-, fast und wechselgeschlechtlichen wie auch ganz sex-egal-igen: den so genannten nordischen oder germanischen. Von meinen Großen, wie ich sie nenne. So, wie ich sie sehe. Erlebe. Empfinde. Und nur Beispiel will das sein: nicht zum Nachbeten und Übernehmen, bitte – sondern als Anregung: dir deinen eigenen Zugang zu schaffen. Zu Wesenheiten und Welten, die eine neue, eine andere Beschreibung verdienen als bislang gewohnt. Auch wenn es eine ganz persönliche ist und nur als solche verstanden werden möchte.

Wenn dir daran oder dabei etwas fehlen sollte: Genau das ist die Absicht! Hier ist meins, ich bin gespannt auf deins, deine, eure! In deinem Sinne.

9 Reisetipps in die neue Welt

1. Denk dir nichts: Die Auswahl der in diesem Buch vorgestellten Wesenheiten ist subjektiv – es sind die, mit denen ich zu tun habe und im Bunde bin. Die Liste ihrer Momentaufnahmen folgt dem Alphabet – sie will beliebig sein und stellt keinerlei Wertung oder Gewichtung dar. Alphabetisch ist unauffällig, da es von den jeweiligen Namen ausgeht – die in den Überschriften nicht genannt werden. Diese umschreiben nur Merkmale, Eigenschaften oder Aspekte der jeweiligen Göttin oder Wesenheit – als kleine Hinweise: ein bisschen was zum Raten. Wer ist wohl „die Entflammerin", wer „die Heilerin", wer „der Ruhelose", „das Kraftpaket" oder gar „das Ideal"? Ob naheliegend bis ganz offensichtlich, oder tiefer im Text versteckt: ein Gruß ans Hirnschmalz, weil ganz in schöner germanischer Tradition so genannter Kenningar – dichterischer Umschreibungen, Neubenennungen und Begriffsrätsel. Wer das Buch trotzdem nur, vorwiegend oder auch zum Nachschlagen nutzen will, bediene sich des angehängten Glossars.

2. Wundere dich nicht: Manche der hier Dargestellten kommen mehrmals vor – in unterschiedlichen Aspekten. Gottheiten können sehr verschiedene Formen annehmen – zumal sie ohnehin zu groß sind für unsere Vorstellungskraft. Wir können immer nur einen Teil von ihnen erkennen. Dieser – oft sehr kleine – Teil füllt das menschliche Wahrnehmungsvermögen dann ganz leicht vollständig aus. Sich dessen bewusst zu bleiben (oder zu werden), ist empfehlenswert.
   Beispiel: Die Erde ist als Planet weit größer als der winzige, meinen

Alltag und meine Gewohnheiten jedoch prägende Teil von ihr, den ich als ihr Bewohner kenne und mitkriege. Sie hat noch ganz andere Gegenden, Landschaften, Umgebungszustände und Geheimnisse – und damit meine ich nicht nur „andere Länder, andere Sitten“, sondern wirklich noch mal ureigene Refugien: das Meer von unten, die Luft von oben, Berge von innen; Seen, Weiher und Pfützen von allen Seiten; Schluchten, Abgründe, Vulkane, Wüsten, Wurzelwerke, Wolken, Höhlengänge, Sümpfe, Bäche, Flüsse, Ufernischen, Ströme, Dickichte, Mikroorganismen, Baumkronen, Eisschollen, Tundralandschaften, Laub, Astlöcher, Windhosen, Tropenwälder und so weiter und so fort. Jede dieser Nennungen löst Bilder in dir aus – aber was davon kennst du wirklich? Wo warst du selber schon, und wie lange und intensiv? Und doch könntest du jedem Alien deine Heimatplanetin beschreiben: anhand deiner persönlichen Umgebung. Du lägst immer richtig. Es wäre bloß nicht vollständig, sondern nur ein kleiner Ausschnitt – wie umfangreich und eindrucksvoll deine Schilderung auch ausfiele. Ebenso verhält es sich – naturgemäß – mit der Beschreibung von Gottheiten. Darum nenne ich die meinen meine Großen!

3. Es geht nicht nur um Götter. Um sie näherzubringen, muss ich etwas von ihrem Umfeld zeigen. Zumal das alles zusammenhängt (so, wie die Erde, um beim Paradebeispiel zu bleiben, beschreibbar ist als dritter Planet unseres Sonnensystems, und der Mond, der ihre Wasser bewegt, ihr einziger ist). Daher beginnt dieses Buch mit der Beschreibung von Welten. Nicht die fernen, aber mehr oder minder messbaren im Weltall, sondern ganz und gar unermessliche:

Manche liegen ganz nah, andere weiter weg – alle aber jenseits unserer Alltagswahrnehmung. Wir machen eine Reise, die uns einerseits weit fort von allem Bekannten – andererseits direkt in unser Inneres führt. (Was auch sehr unvertraut wirken kann – und die Frage, ob wir uns weit draußen befinden oder tief drinnen, zuweilen zu einer der Sichtweise macht. Wie immer die Antwort ausfällt, sie ist richtig.)

4. Ärgere dich nicht. Nach über anderthalb Jahrtausenden Religionsdiktatur, deren Ende noch (oft mehr als nur) Nachwehen bis in unsere Gegenwart zieht; dazu über einem Jahrhundert bewegter Filmgeschichte *(lächel)*; sowie einer (übers Internet eher nochmal verstärkten) „Fernsehwirklichkeit", die unserer Weltwahrnehmung die Bilder stellt (und ihr damit Richtung wie Grenzen weist, ob da oder dort tatsächlich auch mal so intendiert oder nicht – es wirkt) – ist es ganz bestimmt von Vorteil, wenn wir uns Begriffe wie „Göttinnen", „Götter", „göttlich", „Magie" und so weiter noch einmal näher anschauen. Wie schon vor fast zweieinhalbtausend Jahren (ganz themenunabhängig) der griechische Gelehrte Sokrates empfahl: „Bevor wir uns unterhalten, wollen wir uns darüber verständigen, wovon wir sprechen."

5. Erwarte nichts Bekanntes – oder dass es dabei bleibt. Auch dort, wo ich mich alter Bilder bediene, stelle ich sie in neue Landschaften oder zeige welche dahinter. Das bereits Erkannte ist mir stets zu wenig, ich will es erweitern – und wo mir das nicht gelingt, wenigstens erahnen lassen, dass es immer um mehr geht als das bildhaft Erfassbare, das bestenfalls Momentausdruck von etwas viel Größerem ist. Deshalb

führe ich meine Großen hier nicht vor wie Tiere im Zoo oder Zirkus. Was ein schrecklich guter Vergleich ist, denn jenseits ihrer jeweiligen Umgebung und Lebensart lernen wir ja auch denkbar wenig über die betreffenden Tiere. Es bleibt beim Staunen – und letztlich Unverständnis. Die Tiere, mit denen ich in meinem Alltag zu tun bekam, verhielten sich gern eigensinnig: wie jener junge Kater, der gern unter tropfendem Wasserhahn in der Spüle meditierte, oder die ältere Katze, die immer Regenwürmer und gegabelte Zweiglein aus dem Hof hochbrachte und in der Wohnung vors Bett legte ... Das Amselpärchen, das dieselbe Katze mal in wildem Zorn aus dem Hof zurück ins Haus trieb ... Oder der Rabe und der Waschbär eines schrulligen Bekannten (zu dem immer alle möglichen Tiere gebracht wurden), die sich aus ihren Käfigen befreiten, um gemeinsam Illustrierte zu zerreißen und die zerrissenen Blätter ins Faxgerät steckten, auf dem sie herumhopsten und tapsten, bis es blinkte und funktionierte (so, wie sie es wahrscheinlich oft genug beobachtet hatten, um es auf ihre Weise nachzumachen). Das ist tatsächlich passiert!

Was sind adäquate oder angestammte Umgebungen von Gottheiten? Weltbilder und kategorische Wertgefüge, meine ich! Und da unterscheiden sich die meinen ganz gewaltig von den vorherrschenden – und selbstverständlich auch erheblich von jenen hochmittelalterlichen, die uns die Edda überliefert. Nicht missverstehen: Ich achte und schätze die Quellen, die uns blieben. Wenn die Mythen nicht mehr viele unserer heutigen Gemüter zu erreichen oder gar zu erschüttern vermögen, liegt das auch daran, dass heutige Vorstellungen und Verfasstheiten anderer Töne, Rhythmen und Ausleuchtung bedürfen: solche, die unserer Lebenswirklichkeit entsprechen. Wie es die vorchristlichen Mythen zu ihrer Zeit ihrem damaligen Publikum boten: Sie sprachen die Menschen mit dem an, was sie kannten und verstanden. Genau das will ich heute tun!

6. Dieses Buch ist ideologiefrei. Wer sich aufgrund von Herkunft, Pigmentierung, Nasenform, Geschlechtsmerkmalen oder Sabberphantasien für etwas Besseres dünkt als andere und sich in etwa daraus resultierenden Abneigungen (gegen andere Herkünfte, Pigmentierungen, Nasenformen, Geschlechtsmerkmale und Liebeslustpraktiken) bestätigt finden möchte, wird hier nicht bedient, sondern abgewatscht – und zwar nicht aufgrund unveränderlicher Merkmale, sondern infolge selbstgewählter Haltung(smängel): selbst schuld, Arschloch! Dieses Buch ist geschrieben für Menschen mit rotem Blut und einem erkennbaren Anspruch sozialkompatibler Charakter- und Herzensbildung. Freundlicher gesagt: Germanisch ist und kann sein, wer sich davon an- und dazu hingezogen fühlt. Das war übrigens schon in vorchristlichen Zeiten so. Und germanisch ist ... immer genau das, was wir daraus machen. Diesen Ruf, was germanisch ist und sein kann, möchte ich verbessern, ja, seine Grundlagen verändern helfen: auch mit Inhalten wie diesen.

7. Mein Zielpublikum sind freie Erwachsene. Erwachsen heißt, für sich selbst verantwortlich zu sein, und frei meint eigenständiges Denken, Fühlen, Handeln (das bestimmten Regeln folgen mag, innerhalb dieser soweit akzeptierten aber keine Einschränkungen kennt, sondern die Wahl hat. Gemeint sind damit mehr Möglichkeiten als nur eine

Handvoll, oder gar nur die Scheinwahl eines vermeintlichen, oft geradezu erpresserischen „Entweder-oder“, das keine Zwischentöne erlaubt und bereits das Suchen nach anderen Auswegen verbietet oder dafür blind machen will). Eine neue Sicht auf alte Gottheiten kann nur eine persönliche sein – und keine Massenveranstaltung zum gemeinschaftlichen Nachbeten (derlei hatten und haben wir schon zur Genüge). Wer „die eine“ Wahrheit sucht, findet hier keine. Wer die Vielfalt des Lebens auch in spirituellen Vorstellungen und Bildern gespiegelt sehen möchte, kann hier in Beispielen baden, die so eigen und speziell sind wie ein Liebesgeständnis, auch wenn es Wesenheiten gilt, die größer sind als wir. Sich solchen persönlich zu nähern, gelingt nicht im Gleichschritt, sondern immer nur auf die Art und Weise, die deiner Seele, deiner Verfasstheit und deinem körperlichen Befinden entspricht – ist also immer einzigartig. Im Klartext: Es gibt kein Rezept dafür. Du musst dein Glaubenssüppchen selber kochen – und ebenso selber herausfinden, welche Zutaten für dich die richtige Mischung ergeben. Das ist natürlich herausfordernder und anspruchsvoller als Malen nach Zahlen oder sonstiges Befolgen einer Anweisung. Es kann sogar ausarten in regelrechte Heidenarbeit, haha! Doch dieser Einsatz lohnt – aus Erfahrung. Und nur die persönlich gemachte führt zu entsprechender Erfüllung. Was ich vermitteln möchte über die hier gewählten Bilder, ist nicht ihre jeweils persönliche Ausschmückung oder Perspektive, sondern die Methode, zu eigenen zu kommen.

8. Warum überhaupt so viele? Sind alle Götter nicht letztlich eins? Das ließe sich auch über Nudelsorten sinnieren, und wer sich nichts oder

nicht viel aus Pastagerichten macht, wird in jedem die gleiche Pampe sehen, schmecken oder zumindest vermuten. Ich möchte den Vergleich, damit er vielleicht doch noch ins Hinken kommt, krönen mit dem Kostverächterspruch, dass „im Magen doch alles zusammen" komme. Wer wollte sich da noch an irgendeinem Arrangement oder der Abfolge von Speisen berauschen – oder gar deren Unterscheidung einfordern? Oder nimm Musik als Beispiel: Hörst du dir immer nur denselben Song der von dir bevorzugten Stilrichtung an, oder reicht dir der eine dann doch nicht, um ihren ganzen Zauber und ihre Pracht zu erfassen? Darin zu baden, zu schwelgen, sich entführen zu lassen – und letztlich daran zu wachsen; nicht nur das Gespür für das Geliebte, sondern letztlich sogar das Bewusstsein zu erweitern? Den Traum immer neu erfahren und sich daraus Euphorie fürs Herz und Rückgrat für den Alltag zu holen! Da ließe sich doch auch sagen: Kennste einen, kennste alle – und für diejenigen, die besagten Stil nicht mögen oder verstehen, ist dann tatsächlich alles ein und derselbe Krach oder Blödsinn.

Das Göttliche in einem Potpourri schillernder Gestalten zu verehren, unzählig wie die Wassertropfen einer Gischt, ähnelt jedoch nicht nur der Sinneserfahrung, sich einer brechenden Woge hinzugeben – es hat auch einen praktischen Hintergrund. Einen seelen- und lebensdienlichen! Denn als Mensch bin ich zwar immer – hoffe ich zumindest – eine ganze Person, aber mit Eigenschaften, Zuständen und mehr oder minder interagierenden Komponenten. So offensichtlich es körperlich ist – wir sind nicht einfach Klumpen, sondern ein Zusammenwirken von Milz, Leber, Lunge, Nieren, Magen, Galle, Herz, Gedärm, Adern voll Blut, Muskeln, Sehnen, Knochen, Knorpeln,

Haut, Haar, Fett und Hirn (hach), Aufzählung unvollständig – so ist auch, meine ich, die Seele (die das alles zusammenhält, denn ohne eine solche wäre das Arrangement nicht als menschlich anzusehen) eine Melange aus Bereichen, die ihrerseits zusammenwirken. Auch wenn sich diese nicht so eindeutig unterscheid- oder abgrenzbar darbieten (zumal es, da gestaltlos, der Offensichtlichkeit entbehrt). Kürzen wir das ab, um uns nicht in laienpsychologischem Geschwurbel zu verlieren: Meine Großen – die Gottheiten, die ich zu schildern versuche – haben in meiner Seele und Person ähnliche Aufgaben wie die Organe meines Leibes: Sie beleben mich und halten mich im Gleichgewicht. Dass und wie ich sie personifiziere, macht mir entsprechende Seelenbereiche adressierbar. Und damit untersuch- und behandelbar: nicht nur unerlässlich für die gezielte Selbstpflege bis hin zur Behandlung von Unstimmigkeiten, Schadensfolgen und leichteren Gemütstraumata (ich bin nicht so vermessen, meine Selbstbehandlungen mit professionellen therapeutischen Maßnahmen zu verwechseln – ich kenne die Grenzen wie ihre Dimension. Ich könnte mich ja auch nicht selbst am Blinddarm operieren, selbst wenn ich die fachlichen Kenntnisse und Fähigkeiten dazu hätte). Darüber hinaus jedoch eignet sich diese gezielte, wenngleich spielerische Verwebung spiritueller und individueller Komponenten zur Charakterformung und damit zur Persönlichkeitsentwicklung.

Das ist mein persönlicher Anspruch und mein Selbstverständnis als Heide: „Hier baut die Firma Ich an der Person, die sie sein will." Und damit bin ich weitergekommen und habe wesentlich bessere Ergebnisse eingefahren als mit allem anderen.

9. Es geht um Gegenwart und Praxis. Nur deshalb formuliere ich so blumig. Ich bin der Fürsprecher eines Zeitalters, für das ich begeistern will: das unsere. Das, was wir haben. Wenn wir es anders haben wollen, als es wurde, müssen wir es anders machen. Falls du deinen Einfluss darauf noch nicht bemerkt hast, liegt das zum einen daran, dass die Welt (und mit ihr dieses Zeitalter, wie auch jedes vor und nach ihm), größer ist als du. Das ist nichts Besonderes, sondern liegt in der Natur der Sache. Zum anderen könnte es auch mit daran liegen, dass du dich entweder nicht genügend kennst oder dich nicht ausreichend wertschätzt oder beides. Sobald du beides fertigbringst, erkennst du auch deinen Einfluss aufs Geschehen. Tipp: Nimm das Unmittelbare. Das in deiner Umgebung. Wo hört sie auf? Wo du nicht mehr hinkommst. Errätst du schon, wo sie beginnt? Ja, denn du bist besser, als du dich bislang traust. Sie beginnt in und mit dir. Und sie mag dort enden, wo du nicht mehr hinkommst. Aber sie beginnt immer in dir. Und sie verändert sich mit dir.

Worauf lässt sich zeitgenössisches, germanisch intendiertes Heidentum aufbauen? Wie vorchristliche Spiritualität in altgermanischen Kulturen aufgefasst und im Alltag gelebt wurde, ist kaum bekannt. Die wenigen überlieferten Einblicke in echte oder vermeintliche Kultpraktiken vorchristlicher Heiden stammen von Außenstehenden, die sich solchen „Barbaren" (auch gerade kulturell und spirituell) weit überlegen dünkten. Viele germanische Stammesgesellschaften hatten sich schon eingangs der Spätantike als christlich definiert. Die weitere Ausbreitung des Christentums gelang (wenngleich oft pragmatisch durch die Taufe einzelner Oberhäupter, deren Gefolgschaft den neuen Glauben gleich mit annahm) flächendeckend. Wer dem

Trend nicht folgen mochte, galt bald als rückständig, ja geistig-kulturell zurückgeblieben: Noch bis ins 20. Jh. drückte die Bezeichnung „Heiden“ genau das aus.

Wer heute germanisches Heidentum lebt, betreibt Neuschöpfung. Ich meine nicht das ambitionierte Nachstellen historischer Lebensweisen im Sinne von Reenactment (oder sogar experimenteller Archäologie) mit allem äußerlichen Drum und Dran. Auch fröhliches Mittelaltertreiben in mehr oder minder „authentischer“ Gewandung ist nicht meine Bratwurst. Mir geht's ums Überleben zwischen Steuerbescheiden, Ticketautomaten und medizinischer Mangelversorgung im Seelenslum löcheriger Netzabdeckung. Um das Zurückfinden aus der Gehörzerdudelung ewigkeitsheischender Wir-sind-gleich-für-Sie-da-Warteschleifen in die Magie des Moments. Ums Erkennen einer Macht des persönlichen Augenblicks. Ebenso geht es um Rituale, die unter Bäumen im Park Stimmung entfalten mögen (wenn gerade kein Wald zur Hand ist), aber auch auf Linoleum im 3. Stock oder dem Asphalt einer nächtlichen Einkaufseinöde gelingen müssen. (Ich habe beste Erinnerungen an einen Kraftplatz, der aus einem Kanaldeckel auf dem Spazierweg eines Weinbergs bestand.) Wo tanzt du deine Eingebung?

Machen wir es wie der gefällte Baum. Er wurde umgehackt und starb. Zunächst. Im Laufe der Zeit wurde er – denn schönerweise war er ganz vergessen worden – neu besiedelt von allerlei Gekreuch. Wind und Wetter taten das Ihre. Er verwitterte. Wurde sogar zerfressen, zernagt, zerlegt und verunstaltet. Und doch blieb immer etwas übrig. Irgendwann keimte ein neuer Trieb, an diesem scheinbar mausetoten und abgestorbenen Stück Holz. Dann noch einer, bald noch ein anderer – und, wer vermöchte es zu sagen, vielleicht sogar noch ein dritter? Inzwischen blühen kleine Zweiglein an dem alten Stamm, und ihre frischen grünen Blätter schmücken ihn, so starr und stumpf, wie er daliegt, mit Leben. Es ist nicht mehr derselbe alte Baum. Natürlich nicht. Seine Zeit ist schon lang vorüber. Es hat sich wieder Leben auf ihm ausgebreitet, und aus ihm heraus. So geht es zu im Wald. Wenn man ihn sich selbst überlässt. Und so entstehen sie sogar: die Wälder. Es sind dann andere. Neue.

TEIL I

GANZ WEIT DRAUSSEN – GANZ TIEF DRINNEN

Trommeltakt

Ich erlaube mir, euch zunächst in jene Welten zu entführen, wo die Großen herkommen: von ganz weit draußen. Was gleichzeitig ganz tief drinnen bedeutet: Ja, in dir und mir. Sie wohnen in uns drin. Auch! Lasst uns eine Trancereise wagen. Ob das auch altgermanischer Brauch war, ist mehr als ungewiss. Dafür ist es schon lange der meine. Was, möchte ich fast schmunzeln, durchaus zu germanischer Kultur passt: Nach allem, was wir wissen, waren deren Angehörige (schon zu historischen Zeiten) pragmatisch und praktisch orientiert und Neuem zumeist recht aufgeschlossen. Wenn es denn weiterbrachte!

Für Trancereisen dürfte das Klangbett einer Rahmentrommel ideal sein. Bevor ich meine bekam (die ich in einem Workshop selber baute: zu Zeiten, als es diese Instrumente noch nicht in jedem größeren Musikladen zu kaufen gab), probierte ich es mit anderen Hilfsmitteln, die gerade zur Hand waren. Doch Rasseln hatten nicht den passenden Effekt, sie klangen mir zu schrill und zu körnig. Zudem konnte ich sie nicht gut genug spielen, es brauchte zu viel Konzentration und die Lautstärke schwankte dann doch. Für Trancereisen empfiehlt sich ein rhythmisch gleichförmiger Klangteppich – je monotoner, desto besser. Es braucht einen lebendigen Rhythmus! Deshalb funktioniert Musik aus der Konserve oder gar ein maschinell erzeugter Beat überhaupt nicht. Der Takt muss von einer anwesenden Person generiert werden. Es reicht nicht, eine Aufnahme abzuspielen, selbst wenn das vermeintlich genauso klingt. Die Interaktion zwischen der Person, die trommelt, und jener oder jenen, die reisen, ist von mikrokosmischer Feinheit, aber vorhanden. Sie mag unbewusst stattfinden und hat keine nennbaren Merkmale. Doch sie sorgt für den Zauber, begünstigt sein Gelingen.

Erfahrene und besonders Geübte mögen auch ganz ohne Hilfsmittel in Trancezustände eintauchen können. Mir selbst fiel es schon immer leicht. Trotzdem bevorzuge ich die hier beschriebene Prozedur. Sie bringt am meisten. Wenngleich nicht immer allen Beteiligten: Manche Menschen tun sich auch unter besten Bedingungen schwer, den inneren Schwebezustand einer leichten Trance zu erreichen oder darin zu verharren. Manchen gelingt es nicht, sich genügend zu entspannen, andere schlafen zuweilen kurz ein. Das kommt öfter vor und ist mir selbst schon passiert. Es bedeutet nichts weiter, als dass die oder der Betreffende einfach zu müde war. Das ist kein Problem, sondern menschlich, und sollte auch so behandelt werden. Und wer weiß, was eine Seele, die beim Trancereisen mal eben wegschnarcht, nicht doch unbewusst aufnimmt oder innerlich erfährt!

Das Ergebnis einer solchen Reise ist immer richtig. Es gibt keine Garantie, etwas Bestimmtes zu erleben oder zu erfahren. Die erinnerten Sinneseindrücke sind so unterschiedlich wie die Menschen, die sie haben, und wie die Verfassungen, in denen sie sich jeweils befinden. Die einen sehen Landschaften, begegnen Tieren oder anderen Gestalten, andere haben besondere Höreindrücke oder nehmen Gerüche wahr. Manches Empfundene lässt sich überhaupt nicht beschreiben, oder die bewusste Erinnerung lässt anschließend rasch nach. Und manche merken oder spüren „gar nichts“ – was ebenfalls in Ordnung ist. Vielleicht war es für die Betreffenden nicht der richtige Zeitpunkt, oder die Nase hat gejuckt oder das Bein gezwickt – oder irgendetwas aus dem Alltag und seinem Sorgen-Kleinklein blieb doch im geplagten Wuselhirn aktiv und verhinderte kreiselnd dessen Abtauchen in die andere und tiefere Welt des eigenen Inneren. Nichts davon ist schlimm oder dramatisch. Wer auf ein bestimmtes Ergebnis aus war und keinerlei Inspiration empfing, mag enttäuscht sein. Eine Trancereise lässt sich wiederholen, nicht aber ihr gefühlter Verlauf. Du tauchst in dein Unterbewusstsein und überlässt ihm das Programm. Deswegen wird getrommelt: Der Rhythmus ist der Motor für die Tauchfahrt und sein Takt deine Sicherheitsleine für den Tauchvorgang. Dieser Takt bleibt die ganze Zeit über präsent – egal, was passiert – und gibt dir am Ende auch das Zeichen für die Rückkehr (gewöhnlich durch eine atemkurze Trommelpause, gefolgt von einer Reihe sehr schneller und lauterer Schläge).

Die Trommel ist eine typische Rahmentrommel, rund, flach, mit einer Hand in der Mitte ihrer Bespannung gehalten, mit der anderen geschlagen: mittels eines Klöppels, der einen weichen, dumpfen Klang erzeugt. Wir (Reisenden) haben es uns so bequem wie möglich gemacht. Still und stumm liegen wir auf dem Rücken, haben die Augen geschlossen, uns entspannt, alle anderen Sinne offen, und sind bereit für die Fahrt. Wir bereisen, was sich unterhalb der dünnen Spiegel unseres Bewusstseins abspielt – was immer wir dort antreffen. Der Takt ist schnell, aber unaufdringlich, unaufgeregt: Dicht wie die Perlen einer Kette folgen die weichen Schläge aufeinander, sie schaffen einen stetig pulsierenden Rhythmus. Einen gleichbleibend einfachen: bumm-bumm-bumm-bumm-bumm ... immerzu, ununterbrochen, und ohne besondere Betonung. Die einzige Finesse besteht in rhythmischer Gleichförmigkeit. Ja, das macht schläfrig und soll es auch: Trance ist ein natürlicher Übergangszustand zwischen Wachen und Schlafen – nur, dass wir zum Reisen darin verharren, wobei der Trommeltakt uns (hoffentlich) hilft. Nicht denken, sondern dösen ist hier die Devise, und sich dem öffnen, was an Eindrücken kommen mag. Nicht immer sind es visuelle (oder nur solche). Geführt vom weichen regelmäßigen Gebumper der Trommel, kann uns nichts passieren. Wir verlassen die gewohnte Hemisphäre, unsere Welt der Zeit und der physischen Bezüge, das bekannte All. Für Kennerinnen der Materie: Wir verlassen Midgard! Unsere Geister gehen um! Zusammen mit unseren friedlich ruhenden Körpern lassen wir hinter uns, was wir kennen.

Das Flammenmeer

Feuer ist ein Wandelzustand, der, selbst Energie, Materie in Energie verwandelt. Moleküle sind, je wärmer und heißer etwas ist, umso mehr in Bewegung. Wo alle Strukturen zerfallen, kann sich alles verwandeln, und das ist, was in Muspellheim geschieht: Nichts hat Bestand, alles löst sich auf in beständiger, unglaublicher Hitze. Was diese Hitze nährt, interessiert mich gar nicht: Ich nehme die pure Idee in mich auf, die verrückte Vorstellung, wie es wohl wäre, wenn einfach alles auseinanderfiele und immer noch weiter zerfiele. Ja, Zerfall der Atome und ihrer Bestandteile inklusive: Radioaktivität dürfte so gesehen der Grundstoff oder Grundzustand sein, in dem sich Surturs Reich befindet. Surtur ist, was wir einen Feuerdämon nennen könnten (wenn wir uns damit zufriedengeben mögen) – in der Völuspa, dem Eddalied, das die Erschaffung und den Untergang der Welt besingt, taucht Surtur gegen Ende auf: als Herr der Feuerriesen, die den Weltenbaum anzünden und ganz Midgard (einschließlich Asgard) zerstören, angeführt von Loki, dem Blutsbruder Odins. Die Asen genannten Göttinnen und Götter des Bewusstseins (ein bisschen verkürzt auf den Punkt gebracht, aber wir behandeln das später nochmal ausführlicher) gehen dabei mit unter. Doch stell dir jetzt einfach mal vor, das passiere außerhalb der Zeit: Es ist nicht wichtig, ob das schon war oder noch kommt (oder immer wiederkehrt). Oder wofür auch immer Ragnarök, diese „Götterdämmerung“, ein Gleichnis darstellen mag, oder ob sie als solches gelesen werden kann oder sollte – wem brennt das auf den Nägeln? Schieben wir es weg, auf Halde, als eine von vielen Geschichten, die wir kennen, von der wir hörten, und kümmern uns stattdessen um die aktuelle Umgebung: hier im Flammenmeer von Muspellheim.

Was suchen wir hier? Zunächst mal: Die Hitze kann uns nichts antun, wir spüren sie nicht einmal. Unsere Körper ruhen in Sicherheit: dort, wo die Trommel schlägt. Hört ihr sie noch? Um uns sind keine richtigen Flammen – ich glaube, in Muspellheim ist es viel zu heiß für solche. Heißer noch als auf oder in der Sonne (Muspellheim muss heißer sein als die Sonne, denn die ist ja eine Göttin). Surturs Reich aber ist der Zerfall an sich: Alle Moleküle bewegen sich derart schnell, dass nichts mehr hält. Ich stelle mir diesen als „Feuerwelt" nur unzureichend beschriebenen Antikosmos als Entropie in Ekstase vor: Nichts darf bleiben, nichts eine Form finden, alles wird sofort wieder aufgelöst, was irgendwie zueinander gerät und Bezug aufeinander zu nehmen droht – nichts gibt's, es muss sich auflösen und sogar dieser Auflösung wird noch hinterhergeschreddert, es geht immer noch kleiner und kleinteiliger, und das einzige Wunder ist, dass immer noch etwas da ist oder dazukommt, was derart und weiter und weiter auseinanderfallen kann. Solch eine Welt ist kein Ort, sie ist eine Idee: die einer reinen, ungehinderten Kraft, wie sie so in unserer bekannten Realität nicht auftauchen kann – oder doch, ja doch: aber als Einfluss nur, als Prozess, der auf andere trifft und wiederum weitere auslöst. So wie Feuer, das sich entzündet. Muspellheim, diese Ideenwelt des dauerhaften, beständigen Zerfalls und der Bewegung von allem, die sich so schnell bewegt, bis nichts mehr da ist, verlassen wir wieder. Wir waren nur dort, um uns zu vergewissern: Es gibt eine reine Kraft, die alles verwandeln, auseinandernehmen und auflösen kann und vor der nichts zu bestehen vermag.

Für mich – der schon oft nicht durch die nächste Wand kam mit dem Kopf – ein interessanter, ja gewissermaßen sogar beruhigender Gedanke!

In der Natur, die wir kennen, gibt es ihn auch, solchen radioaktiven Zerfall. Er kommt vor – in sehr seltenen Zuständen am Rande, und nur ganz geringen Intensitäten, die uns nicht weiter zu beunruhigen brauchen. Und natürlich käme niemand – zumindest kein einigermaßen vernymphtiger Mensch – auf die Idee, die schreckliche Energie Muspellheims offen und direkt auf die Erde zu bringen! So, dass womöglich Atome bersten und ihre ungeheure Kraft freisetzen könnten ... unvorstellbar – das wäre viel zu gefährlich. Außerdem würden die Abfälle, die auch beim ruhigen und bemessenen Anrufen und Anlocken solcher Kräfte entstünden, noch viele hunderttausend Jahre – zuweilen noch viel länger, als die ganze menschliche Spezies existiert (die Damen und Herren Australopithecus afarensis und ihre ferneren wie näheren Cousinen ausdrücklich mitgezählt) – die Tore nach Muspellheim offenhalten: Wo die inwendig zerfallenden Dinge, die Surturs Finger berührte, vor sich hin strahlten, könnte nichts mehr wachsen auf Erden, oder es würde ganz krank und schrecklich verformt. Das will man sich nicht vorstellen. Und bis Naglfar, das aus den nachgewachsenen Nägeln der Verstorbenen gezimmerte Schiff, kommt, gesteuert von Loki, und Surtur und die Feuerriesen in seinem Gefolge den Zerfall in unsere Welt bringen, vergehen sicher noch Zeitalter. Wir wollen ihnen nicht zuvorkommen.

Die Lichtspielerinnen

Aus der Flamme ins Licht! Die Hitze ist vorüber. Die Zeit gefriert: Ich spüre, wie sie anhält – um sich stumm auszubreiten: kein Fluss mehr, eher wie ein Feld. Ein Zustand des Stillstands. Ganz ruhig, in weiter Ferne, pocht die Trommel. Alle Farben zerfallen, vergehen, lösen sich auf. Zurück bleibt Weiß, endloses Weiß. Glitzerndes Weiß! Schnee oder Eis? Nein, viel durchlässiger. Wie unregelmäßiges Glas, nur weicher ... wie sanfter Nebel, aber dennoch scheinbar kristallin: Alles ist durchsichtig. Und – bewegt sich da doch etwas? Genaues ist nicht zu erkennen. Es ist definitiv nicht kalt hier. Aber auch irgendwie nicht ... materiell. Es fühlt sich an wie ein ... Schwingen. Ja, Schwingungen sind das, fast unmerkliche Wellen. Bestimmt brauchen sie Jahrhunderte, um sich zu bewegen. Ach was, Jahrmillionen! Äonen! Zeiten jenseits von Zeit. Denn die ist ja abgeschafft. Hier: im Zentrum des Lichts. Woher ich das weiß? Ganz klar: Es ist nichts zu sehen und auch sonst kaum etwas wahrnehmbar als blendende Helligkeit. Dies ist eine Welt wie das Innere eines sonnenbeschienenen Tautropfens. Nur, dass so etwas Großes eigentlich unvorstellbar ist. Kannst du dir einen Tautropfen vorstellen? Sein Inneres? Wie viele Universen wie das unsere mag er enthalten – jedes räumlich unendlich! Und zeitlich? Ach, was weiß ich, was wissen wir! Hier ist die Sphäre der Flirrenden. Der Durchsichtigen, oder doch mindestens Halb- bis Dreiviertel- (oder Neunachtel-, vielleicht sogar Achtneuntel-) Durchsichtigen. Du spürst – oder ahnst – ihr Schwirren. Sind es Flügelwesen? Könnte sein. Libellen der Lichtsphäre.

Was pflegen wir Heutigen für Vorstellungen von Elfen? Verschiedentliche wahrscheinlich. Aber die meisten doch literatur- und filmgeprägt, was sonst! Tolkiens Elben (wie Herr-der-Ringe-Regisseur Peter Jackson sie sichtbar machte), vielleicht auch noch irgendwelche Märchenwesen. Oder Spielzeugfiguren mit viel Glitter und Kitsch. Ich meine etwas anderes. Etwas Unwirkliches. Was sich unserer Erfahrung entzieht. Unserer Ästhetik sowieso. Die Welt des Lichts ist nicht menschlich. Und nicht für Menschen. Mehr wie das Reich der Insekten oder des Mikrokosmos: Die liegen ja, von uns aus gesehen, nahe beieinander. Schonmal einer hundert- bis tausendfach vergrößerten Fliege auf die Facettenkuppeln geschaut? Oder Libellen live im Sommer beobachtet, halb in dieser, halb in jener Welt, in der Luft stehend direkt überm Bach? Oder noch andere Geschöpfe wahrgenommen, so dünn, leicht und winzig, dass sie übers Wasser huschen, genauso gut aber auch darauf stehen oder ruhen können, weil es für sie eine annähernd feste Oberfläche ist?

Das alles ist das Foyer zu Ljossalfheim. Das Reich der Lichtalben beginnt im Kleinen, ja Winzigen, und wird erst dahinter ganz groß. Deshalb können viel eher Kinder sie sehen als Erwachsene. Nicht, weil Erwachsene schlechtere Augen hätten. Sie haben nur viel engere Gehirne: Da ist oft alles schon möbliert und fest verdrahtet und verschaltet, dass nichts mehr Neues hineinpasst, oder jedenfalls nicht so leicht. Nichts, was die Ordnung stört, oder den zu Gewohnheit geronnenen Stil. Nur, dass die Wirklichkeit viel größer ist als so ein egomöblierendes Setzkästchenarrangement. Und wenn Auge, Ohr, Geruchsinn oder Ahnung dann doch eine Wahrnehmung erzwingen, die von jenseits des Kleinkleckertellerrandes kommt, wird sie schlichtweg nicht geglaubt. Das vor lauter Erwartungsnorm schon rechteckige Bewusstsein kriegt so etwas wie Lichtelfen nicht ins Imaginationsregal geklemmt: nicht als lebende Wirklichkeit neben Katze, Bär und Steuerbescheid. Obwohl schon lange keine Bären mehr umherstreifen, denen sich einfach so begegnen ließe, und Steuerbescheide nur Abmachungen sind. So etwas wie ritualisierte Verhandlungsergebnisse. Letztlich sind es Vereinbarungen! Aus oder mit welchem Machtgefälle auch immer. Im Grunde sind sie weit weniger wirklich als Lichtalben. In unserer Wahrnehmungswelt virtueller Wichtigkeiten vergessen wir jedoch fast ganz, dass wir Luft atmen, Wasser brauchen, Nahrung und Liebe. Nicht einmal beim Pinkeln fällt uns auf, dass wir mit allem anderen, was außer uns auch noch lebt, in beständigem Austausch stehen: Organisches in uns aufnehmen, Organisches ausscheiden – als organische Bestandteile des Gesamtbiotops Mutter Erde, die die einzige Heimat in der ganzen großen Welt für uns ist. Wir gehören zu ihr, wir können nicht ohne sie.

Für wen die Welt noch neu ist, sind die Flirrenden entdeckbar: Sie stehen in der Luft, mit schwirrenden Flügeln, als Boten aus der Sphäre des Lichts. Möglicherweise reiten sie tatsächlich auf Sonnenstrahlen. Vielleicht wohnen sie sogar in Schneeflocken oder kampieren dort ab und zu. Schonmal zugeschaut, wie Schneeflocken mit der Sonne korrespondieren, wenn sie scheint? Entschlüssele das jeweils aktuelle Glitzermuster auf den Kristallen! Das ist der Lichtalbencode. So verständigen sich Vergänglichkeit und Ewigkeit. Denn auch sie bedingen einander. Lichtalbenheim ist – mindestens – die Funkzentrale. Der Tower für den Flugverkehr von hie nach da. Die Lichtspielerinnen unterhalten mehr Fluglinien als das Licht Wellen hat oder der Plätscherbach Wellen schlägt, wenn es regnet.

Wer sie aber sind? Keine Ahnung. Ich spüre sie ... aber so sehr ich die Augen auch zusammenkneife – genau kann ich die Flirrenden nicht erkennen. Vielleicht, weil ich schon lange erwachsen bin, obwohl ich einen Teil tief in mir drin davor bewahrt habe. Sie wohnen im Schein: vielleicht überall, wo sich Licht bricht. Ich meine, sogar mal welche bei einer Discokugel erspäht zu haben: mitten im Gebumper, Geblubber und Gezischel redundanter Clubmusik (nichts gegen solche – nur irgendwelche sphärischen Lichtwesen im Kleinfingerformat möchte eins doch nicht gerade dort vermuten. Aber wer weiß ... Beweise mir, dass sie nicht sogar in Synthesizer-Sounds wohnen)! Sie flogen ein und aus, als wäre das ihre Raumstation, haha. Aber wahrscheinlich hatte ich nur mal wieder unangemessene Emotionen.

Vereisung

Was ist geschehen? Das Licht ist lange fort. Der Trommeltakt ist kaum noch zu spüren – ganz schwach pulst er nurmehr, wie aus unendlicher Ferne. Es ist stockdunkel, soweit keine Überraschung, aber auch kalt. Wollten wir nicht ins Totenreich? Nein, haha – wer will schon dorthin? Ja, ich – wir doch – zu Studienzwecken? Also nur mal kucken oder schnüffeln? Irgendwo müssen wir falsch abgebogen sein. Hier sind keine Toten. Hier ist nur frostkalter Nebel, der sich anfühlt, als verwechselte scharfkantiges Eis deine Wange mit der Titanic und schlitzte sie der Länge nach auf. Du hast hier nicht einmal ein Meer zum drin Versinken – bist schon versunken und sinkst immer noch tiefer. Nur nicht durch Wasser. Alles ist bodenlos hier. Ist dies Ginnungagap, der endlose Abgrund? Nein, noch nicht. Dies ist eine der neun Welten. Eine jener, die von jenen, die sie noch ahnen, nur flüsternd genannt werden. Vielleicht ist deshalb so wenig über sie bekannt. Wer hört schon auf Flüsternde? Nimmt sie überhaupt wahr? Der Ort heißt Niflhel. Ist es ein Ort? Oder ein Zustand? Wo wäre der Unterschied? Und was habe ich, haben wir, hättest du – was hätte irgendein Geschöpf hier verloren? Voilà, hier wäre sie: die unterste Schublade der Entropie! Der Zerfall von allem. Nein, nicht ganz. Hier sind null Grad Kelvin, hier regt sich nichts mehr: Stillstand der Moleküle. Aber kein Weltraum. Kein so genanntes Vakuum. Hier ist die Zeit selbst zu Eis gefroren. Das Eis aber enthält alle Wasser der Welt und speist sie. Es gibt einen Übergangsmoment. Eine Verbindung zwischen Niflhel und dem Rest der Schöpfung. Hvergelmir heißt die Quelle. Sprudelt oder gluckert Wasser aus ihr? Ich vermute eher andere, urtümlichere Energien. Was sicher auch eine Frage der Betrachtungsweise ist. Meine ist eben zeitgemäß kosmisch: Daran angepasst – oder davon vorbestimmt –, was unsere Wissenschaften an jeweils aktuellen Erkenntnissen vermelden (und worauf diese bereits aufbauen, natürlich). Der Mythos orakelt von Hvergelmir als Quelle einer ganzen Anzahl Flüsse ... und auch, dass Yggdrasil, der Weltenbaum selbst, daraus trinkt. Sitzen nicht sogar die Nornir, die geheimnisvollen Weberinnen aller Schicksalsnetze, irgendwo dort unten? Von allen Welten ist Niflhel sicher die unwirklichste und jenseitigste, die wir uns vorstellen können. Ach, was red ich: die am weitesten von diesem Vermögen (sich etwas vorstellen und ausmalen zu können) entfernteste!

Verstehst du, was sie soll? Mir erscheint sie unabdingbar. Niflhel vereint Ewigkeit und Unendlichkeit in zeitloser Starre. Und hält unsichtbare Fingerspitzen in andere Welten ausgestreckt. In unserer drehen sich Strudel um Löcher herum. Alles im Giga-Format. Denn jeder dieser Strudel besteht aus Myriaden Sternen und Sternsystemen, die ja für sich schon viele Lichtjahre voneinander entfernt sind. Erst aus Distanzen, die Lichtjahre in Millionen zählen, wird überhaupt erkennbar, dass Massen von Sternen solche Strudel bilden ... Wir nennen sie Galaxien ... Befinden uns selbst auch innerhalb einer derartigen Milchstraße (unsere Sonne wohnt in einem ihrer Seitenarme). Die Galaxienstrudel drehen sich um so genannte Schwarze Löcher, die so heißen, weil ihnen nicht einmal mehr Licht entkommt – sie ziehen alles an und in sich hinein (zumindest, was ihnen zu nahe kommt).

Nennt mich verrückt, aber ich würde solche Schwarzen Löcher gern bereisen. Wo führten sie hin, könnte man sich hineinstürzen (und das überleben)? Was kommt oder liegt hinter ihnen? Und was wird oder würde, wenn sie nicht nur alles, was wir halt kennen, anzögen mit ihrer ungeheuren Schwerkraft – sondern auch irgendetwas (was wir vielleicht noch nicht messen, noch überhaupt nicht wahrnehmen können) abgäben? Wenn also ein – wie auch immer gearteter – energetischer Austausch stattfände ... zwischen unserem Kontinuum und jenem, zu dem ein Schwarzes Loch (womöglich) den Tunnel darstellt? Alles viel zu gewagt spekuliert. Ja, weniger noch: nur erträumt von einem, der nichts zu er- oder berechnen vermag, sondern auf Trommeltakt reist! Im Traum (ja, auch Wachtraum) oder in Trance bin ich Geschöpf in Raum und Zeit von beiden unabhängig. Ist es mein Geist, der durch die Welt geistert, von Welt zu Welt zu reisen vermag ohne die geringste Zollkontrolle oder sonstige Einschränkung? Ich meine, etwas müsse die Welten verbinden. So ist es doch mit allen und allem, und sei es noch so verborgen!

Was ist Niflhel – diese Welt noch hinter dem Totenreich – wozu gibt es sie? Mir erscheint logisch, dass es hinter einem Totenreich – hinter all dem noch irgendwie Vorstellbaren – etwas noch Ferneres, noch Ungeheuerlicheres geben muss, geben wird, was sich allem (was wir uns noch bebildern können) entzieht. Alles enthält? Umhüllt? Oder ergänzt! Woher ich es auch haben mag, nach Niflhel, so will es mir scheinen, entschwindet alles, was sich hier nicht mehr halten kann, während Niflhel wiederum alle anderen Welten mit bestimmten Energien beliefert. Oder, andersrum gesagt: Die Welten speisen sich (vielleicht nicht nur, aber auch) aus jenem unwirtlichen Refugium, das nichts enthält, was wir uns sinnlich auszumalen vermöchten. Genau deshalb erscheint mir jedoch dessen mögliche Existenz umso wahrscheinlicher: Alles um uns herum war – und erwies sich bei näherer oder wie auch immer vertiefter Erkundung – schon immer viel größer, vielschichtiger, ja, phantastischer, als wir (oder unsere Vordenkerinnen) einst gemeint, gedacht oder vermutet hatten. Und weist zudem auf noch weitere, umso gewaltigere Dimensionen, Zusammenhänge, Hintergründe hin. Daher vermute ich mit meinem Träumen und beseelten Phantasieren – denn ich betreibe das ja nicht aus Verwirrtheit, Verblendung oder Eitelkeit – aller Wissenschaft und schlüssigen Erkenntnis schon mal voraus! (Wie es wir in die falsche Zeit Geborenen schon immer taten. Vielleicht sind meine Eingebungen Hirngespinste und ich rede nur Unsinn. Vielleicht ist aber auch was dran. Das mögen spätere Generationen entscheiden, wenn ich längst vergessen bin.)

Hvergelmir, Niflhels geheimnisvolle Quelle vieler (Energie-)Flüsse, ergießt sich auch nach Ginnungagap: in den großen Abgrund. Und aus den Instabilitäten, die sich daraus ergaben, entstand – so raunt es die Überlieferung – Ymir: das erste Geschöpf. Ein riesenhaftes Zwitterwesen (...aus dem später unsere Welt geschaffen werden sollte). Wenn wir also Niflhel bereisen, begeben wir uns an die Urgründe dessen, woraus all das sich formte, was wir kennen und ahnen können. Wir sinken unter den Urschlamm, ja, noch hinter den Sternenstaub – bis zum ersten aller Momente: als Zeit begann. Oder noch weiter zurück? Denn alle anderen Universen außer unserem existieren, wie bereits der Mythos weiß, jenseits der Zeit? Ja: Das ist nicht mehr vorstellbar. Lass deinen Geist also treiben, er hilft uns hier nicht. Streck die Fühler dafür aus. Verlängere deine Antennen. Ja, die inneren, welche sonst! Etwas in dir – es befindet sich nur jenseits des kleinen übergroßen Ichs – empfängt und versteht.

Das Dunkel

Die Dunkelheit ist wohltuend. Nacht umfängt uns. Diese wird nicht mehr enden. Es gibt keinen Ausgang aus diesem Heim. Hier herrscht die Wandlerin. Wir hören später noch von ihr. Wenn es ein Später für uns gibt, haha! Denn dies ist das Totenreich. Nichts, was es darüber zu hören und zu lesen gibt, ist wahr. Denn wer sich hier auskennt, kommt nicht mehr heraus. Wer je zurückkam, war nie ganz drinnen. Helheim hat ein Foyer – einen Vorraum. Wozu? Vielleicht wird dort endgültig entschieden, wer bleiben darf, und wer wieder abgewiesen wird. Entscheidet das die Herrin? Nun, wer sonst. Aber frage nicht so viel. Fragen ist für die Zeit des Lebens. Was du dort versäumtest, holst du hier nicht mehr nach. Es heißt, dass es eine Brücke hierhin gibt, und es heißt auch, dass auf der anderen Seite ein Hund wartet – dem wir hier nicht begegnen wollen. Wir meiden auch die Brücke. Lass uns einfach vorsichtig heranschweben. Wir gehören nicht hierher, also werden wir auch wieder von hier fortkommen. Ja: Ganz eindringen dürfen wir so natürlich nicht. Und daher werden auch wir keine Kunde aus dem Totenreich bringen: nicht den Lebenden ... außer, wir sterben (dann jedoch blieben wir hier und könnten nichts mehr künden). Aber hast du das jetzt vor? Nur ein Scherz. Wir werden nicht gefragt, wenn es so weit ist. So wenig wir gefragt wurden, ob wir geboren werden wollen. Hättest du unterschrieben oder zugesagt? Für welche Versprechungen denn, und wer hätte die einhalten sollen?

Wären wir nicht selbst betroffen, dann leuchtete der Sinn des Sterbens und Vergehens leichter ein: Es würde ja sonst zu voll. Wenn nichts und niemand mehr stürbe – das ganze Leben geriete unvorstellbar seltsam. Könnte überhaupt etwas heranwachsen? Wohin denn und wozu? Nicht nur wir wären ja davon betroffen, nicht nur wir würden unzählig viele werden – alles würde heillos überwuchern. Selbst das Gras und die Bäume, der Knoblauch, die Pilze, die Fliegen, die Algen, Mücken und Würmer (alle Sorten, inklusive Band-, Spul-, Mehl- und so weiter), sogar die Elefanten (Tanten, Verwandten, Passanten, Probanden, Abgesandten, Imposanten, des Weiteren alle hier nicht Genannten ...) und sowieso alle Mikroben und Bakterien würden zum Problem! Und was würden sie fressen und was für evolutionare Strategien entwickelten die dagegen, die gefressen werden sollten, das aber nicht so gern wollten? Alles würde noch unsäglicher und unerbittlicher miteinander konkurrieren, als selbst der Kapitalismus seinen geplagtesten Insassen zumutete! Stell dir nur mal vor, alle Menschen, von denen wir je gehört haben, wären heute noch am Leben! (Und alle, von denen wir noch nie etwas vernahmen oder hätten hören können, die aber genauso verstorben sind, dazu!) Natürlich wäre es schön, diejenigen wieder zu umarmen, die du oder ich persönlich so schmerzlich vermissen! Aber was ist mit all den unzähligen anderen – von denen ja auch keins mehr stürbe! Wie ginge es zu – und ein einziges Mal im Leben stimmte ich hier und ausnahmsweise ein in die sattsame (sonst immer nur auffallend rhetorisch gestellte) Frage: Wo kämen wir hin? Wenn alles ewig lebte! Ohne Tod bräuchte es nicht nur keine Fortpflanzung mehr – es dürfte praktisch keine mehr geben! Jene aber ist es, womit wir heute den Tatbestand oder Zustand Leben überhaupt definieren: So unterscheidet die Wissenschaft das Lebendige vom Unbelebten (und ist sich bei den Viren schon unsicher – denn die lassen sich nicht so leicht in diese scheinbar simpelste oder elementarste aller Schubladen einsortieren.

Die wirkliche Welt ist generell nicht so schubladentauglich, da selbst offensichtliche Extremkontraste ihre Randbereiche haben oder finden, wo sie ineinander übergehen und sich bei näherer, spätestens richtig fokussierender Betrachtung nicht mehr so klar sagen lässt, wo das eine aufhört und das andere beginnt)!

Das Leben – auch das jeweils eigene – kann aber nur im Ganzen verstanden werden. Der Tod gehört dazu! Und hier ist Hels Reich. Nein, das ist kein Strafort. (Die Hölle – da bin ich schon gewesen, haha ... aber die christliche leitet sich nur sprachlich davon ab.) Gut, ich kenne hier auch nur das Foyer. Aber Lohn und Strafe ergeben in meinem Naturverständnis keinen Sinn. Natur *ist* einfach nur – und spirituell ranke ich mir meine Erklärungen drumherum, die mein Bindungsbewusstsein stärken und stützen. Gut und Böse aber sind als Begriffe zu relativ, zu kontextabhängig – und vielleicht sogar generell zu subjektiv – um dort Platz zu finden, wo ich meine Lebensenergien herleite. Wenn ich nicht alles in mir trage, was wäre – und was zum Nidhöggr sollte – ich denn dann? Ich habe Respekt vor dem Mysterium des Todes ... ja, ich fürchte mich auch davor. Aber nicht so sehr wie einst ... als ich nicht nur unter den Menschen, die mich damals umgaben, allzu einsam war, sondern mir auch noch gar nicht vorzustellen wagte, mit Baum und Blatt, Horn und Huf, Schwirr und Summ, ja letztlich Kreuch und Fleuch irgend verwandt – oder sonst wie verbunden zu sein. Das hat sich geändert. Natürlich bin ich Rudeltier geblieben – oder geworden, hey. Aber ich fühle mich sehr als Teil der lebendigen Welt. Als Blatt am Baum, Stern im All, oder eine Staubfluse im Spinnennetz am Schicksalsrand, haha, ein glitzernder Tropfen aus der sprühenden Gischt – ich weiß gar nicht, von welcher Welle! Vom Meer und dem Wind, der es grad‘ aufwühlt, ganz zu schwelgen.

Das Dunkel nenne ich so, weil das Licht des Bewusstseins nicht hinreicht. Nicht in die Welt der Toten! Ja, nicht einmal wissen lässt sich etwas darüber! Hel, die Verhehlende, hält ihr Reich verborgen. Daher werde ich hier auch nicht erzählen, was ich in ihrem Foyer hörte und erlebte. Es war wahrscheinlich sowieso nur das meine. Wenn du dorthin reist (ich meine jetzt auch nur zum Schnuppern), wirst du ohnehin ganz eigene Eindrücke sammeln. Welche Bewandtnis diese Schattenwelt nun hat? Sie hält, wage ich mal zu sagen, die übrigen in Balance: dass weiter vergehen kann, was vergeht. Und sich Neues heran- und herausformt. (Ich meine gar, Geburt und Tod nutzen dieselben Tore. Aber das ist eine andere Gedankenreise ...)

Rohe Gewalten

Krawamm karröng rrratsch pfiuuuh ööörxx miääång wackawusch barusch kracks-spratzl – und die meisten dieser Geräusche in so riesigen 3-D-Lettern, dass diese die Comic-Strip-Seite sprengten, deren Ereignisse sie lautmalen wollten! Wobei solche nicht nur dort stattfinden, wo Schall durch die Luft wellt – das ganze große Weltall sollte voll davon sein (nicht von Luft, sondern gewaltig großen Ereignissen in stummer Erhabenheit – die meisten sind noch viel größer als unsere zeitliche und räumliche Vorstellungskraft). Willkommen in Jötunheim, der räumlich unendlichen Höhle der Riesengewalten. Ist das dann nicht unser vertrautes Universum selbst? Nein! Zwar üben besagte Gewalten dort ihre Aktionen aus, entfalten Wirkung – sonst bekämen wir ja gar nichts mit von ihnen. Jötunheim jedoch ist die Vorstellung, all das unbeseelt Riesenhafte zu bündeln: den größten und ungestümsten Gewalten der Natur eine Heimstatt anzudenken (zu erdichten ... zu erträumen). Wozu in Rumms Namen? Rumms ist ein kleinerer Riese. Wenn es wo rummst – ja, manchmal ist das auch schon was Größeres. Oder nur für uns? Typisches Merkmal von Riesen ist, dass es immer welche gibt, die sie übertreffen.

Chaos als Prinzip. Das Universum, heißt es (nicht im Mythos, sondern nach bestimmten Theorien errechneter Weise), habe so angefangen: als jähe Ausdehnung von Materie – von urkleinstem Nano-Fastnix ins Unendliche. So schwer das schon verstehbar ist, weil es einfach so dermaßen weit weg von jener irdischen Umgebung ist, die uns hervorbrachte und für die wir geschaffen sind. Es hat sich ja sortiert, bekam irgendwann System. Das eine gruppierte sich zum anderen, bis alles jenen physikalischen Gesetzen folgte, die wir heute erforschen. Wie entstanden die? Gleich mit dem Urknall, oder mussten Göttinnen sie erst erknobeln? Frag deine! Meine ignorieren mich da, oder ich verstehe die Antwort nicht. Unsere klügsten Köpfe erforschen das weiter (nicht, wie wir uns das poetisch ausschmücken mögen, sondern was sich als mutmaßliche Grundlage errechnen lässt). Das Chaos aber ist, will ich mal so sagen, der Geburts- und Urschrei aller Natur. Für bestimmte Initialprozesse, vulgo Anfänge aller Art, braucht es eine rohe, ungestüme Kraft – deren Willen, Trieb oder Bestrebung sich meist darauf beschränkt, etwas irgendwo Festsitzendes, fest oder unter Verschluss Gehaltenes (was gelegentlich auch schon drängt und drückt) so wuchtig wie irgend möglich herauszuschleudern – wohin es auch treffen und wie es sich verteilen mag! Der erste Babyschrei, das platzende Gefäß, oder so gut wie jeder Orgasmus – das Prinzip des Ausbruchs wiederholt sich in allen möglichen Formen und Dimensionen, wieder und wieder, solange Welten sich drehen. Vulkane schleudern Magma aus Erdadern heraus, auf der Sonne eruptieren Riesenflammen (in denen die Erde verginge, könnte sie ihrer Angehimmelten so nahekommen), im Meer türmen sich Wellen haushoch und höher, und wenn die dann an Land gehen, richten sie beim Kommen wie beim Gehen doppelte und dreifache Verwüstung an. Nichts ist ihnen gewachsen. Nichts, das wir gebaut hätten oder bis heute bauen könnten. Was denkst du – wie sieht es wohl aus in Jötunheim? Wie geht es dort zu? Und – flüstere es mir – wo liegt deines verborgen – das Reich deiner Urgewalten?

Die Burg der Gärten

Soll ich euch sagen, wo Asgard liegt? Und was es mit Vanaheim auf sich hat? Wollt ihr das wirklich wissen? Warum fragt ihr dann mich! Nicht, dass ich es nicht wüsste ... nicht längst m/einen Zugang dazu hätte ... und eine Ansicht darüber (vielleicht mehr als eine. Aber ich will es nicht komplizierter machen, als ihr seid. Knicks, Verbeugung. Wie immer meine ich es ganz freundlich)! Aber ich kann dir nicht deinen Weg dorthin verraten – nur denjenigen, den ich fand. Denn Asgard ist nicht wie ein Land, das du bereisen kannst, als seist du selbst dort geboren, bewandert oder wenigstens zu Gast – weil es bewohnt wäre von deinesgleichen, auch wenn sich Sitten und Gebräuche keineswegs überall gleichen. Dafür gleichen sich die Menschen. Inwendig. Meistens. Und das mehr, als Gepränge, Schein und äußeres Gedöns vermuten lassen. Um die geht es aber hier nicht – beziehungsweise dort nicht, wo ich dich hinraune. Was kann ich zeigen von den Gärten der Großen? Wo oder wie weit roch ich selbst daran? Was kann ich ahnen, was habe ich wirklich erlebt?

Zunächst mal: Ich kenne die Grenze nicht. Ich lernte nie, zu unterscheiden zwischen den einen Göttinnen und den anderen. Asaheim und Vanagard ... Worte, vor Hunderten von Jahren aufgeschrieben von einem christlichen Lehrer höfischer Dichtkunst, aus dem Schatz damals noch ortsbekannter Sagen und Mythen, die aber auch schon Jahrhunderte zurücklagen und die von des Niederschreibers und Nacherzählers Zeitgenössinnen längst kaum mehr ernstgenommen wurden: nicht als Rüstzeug fürs innere Rückgrat, nicht als heilig für oder von irgendwas oder -wem, nicht als altehrwürdige Wahrheit, und sei sie zu Dichtung vergoren. Nur als Schwatzstoff, als Handwerksmaterial zum Versebasteln, für Stabreimakrobatik und zum Trainieren sauberer Metrik – oder was auch immer gerade angestrebt wurde in Sturlusons Skaldenschule am isländischen Hofe im Hochmittelalter. Mit altgermanisch-vorchristlicher Kunde hatte das kaum noch etwas zu tun. Es überlieferte uns Namen, ein paar Zusammenhänge und Geschichten. Artefakte, Bruchstücke, Ahnungen, Andeutungen, Rätsel – zuweilen mehr Löcher als Stoff, mehr Risse als Knoten, mehr Lecks als Boot, aber immerhin ein paar Planken, Segeltuchrest, die eine oder andere Schnitzerei und, ja, Verse. Wir warfen den Humus unserer Mutmaßungen darüber, die wir im schlechtesten wie häufigsten Fall für Gewissheiten hielten, die sich inzwischen allesamt als bestenfalls vermeintlich und auffallend oft als falsch erwiesen – an denen viele von uns aber festhalten, als hätten sie sonst kein Hemd und drohten, mit der nächsten Illusion über allzu gern Geglaubtes ihr letztes zu verlieren.

Nicht mein Problem. Ich bin reich. Ich reise mit der Regenbogenbahn. Wann kam das auf, den Tod so zu umschreiben? Jemand „ging über den Regenbogen“, oder so ähnlich? Ich kenne mich mit dem Sterben nicht so aus – nicht mit dem äußeren (ich berührte erst wenige Tote) – aber über den Regenbogen reise ich ständig. Jede Nacht, wenn es sein muss oder darf, haha! Für mich ist der Regenbogen einfach ein Beamstrahl – ich brauche nicht mal einen sichtbaren (obwohl ein solcher es natürlich erleichtert: so wie Rückenwind das Fahrradfahren. Ans Ziel kommst du aber auch ohne). In meinem Regenbogen löse ich mich auf und mische mich unter die Farben, schwebe selbst einher zwischen den glitzernden, sonnenbeschienenen Regentropfen, geformt aus Luft und Wasser, geschmiedet aus Glanz und Wind. Ihr wisst es ja längst: Jede noch so kleine Himmelsträne ist riesig, birgt (wie auch jede Menschenträne) eine ganze Welt für sich ... Aber ich bleibe jetzt bei mir und in meinem Tropfen, meiner Reiseträne, und wie die Gondel einer unsichtbaren Seilbahn trägt mich die zitternde Schillerblase nach oben. Ja, Asgard oder sonst eine Götterwelt liegt wohl „weiter oben". Vielleicht sogar derart hoch, dass solch eine Zuordnung egal wird. Als Orientierung bleibt mir die Trommel – ihr Takt ist in mir und wir bleiben verbunden, ob ich ihn gerade wahrnehme oder weniger.

Ja, Asgard ist eine Burg, haha! So könnte man das nennen! Auch wenn es sich natürlich nicht um eine Festung (wie von Menschen gebaut) handelt, verhält es sich wie eine. Übermenschlich groß, düster, von stummer Bedrohlichkeit und ganz und gar abweisend. Es lässt dich nicht heran noch hinein. Es wirkt völlig unzugänglich. Wie eine hochhaushohe, ja himmelhochragende Wand aus Dorndickicht: blickdicht, unfassbar, regelrecht schnupperresistent. Niemand will mich dort! Wie? Dahinter sollen sich die Großen verbergen? Die sich mir zeigten, die mir raunten, die mir halfen, die mich erretteten, gar? Ja, in der Tat. Sie haben Asgard nicht errichtet, um mir frohgemutem Narren ein heidnisches Disneyland de luxe zu offerieren, womöglich mit freiem Eintritt und ganz überschwänglich zu lobendem Gourmet-Catering zu meinen Diensten, meinem Behagen – beim Gaumen, der mir trieft! Asgard ist wie ein Flughafengelände, auf das du dich (vergleichsweise) als barfüßige Neandertalerin verirrst. Wo du nur ganz tapfer dein Holzfigürchen, dein heiliges Amulett am Halslederband schwitzbefingern und ängstlich beküssen kannst, auf dass dir hoffentlich nichts passiere hier! Du kannst staunen, mit leichtem Grauen, mehr oder minder großem Unbehagen, aber ganz sicher nichts damit anfangen (einfach, weil es befremdet, was dich da alles nicht umgibt – und was, in weiter Ferne, auf diesem unendlich glatten Boden, so weit dein Waldauge reicht, stattdessen). Das für dich Wahrnehmbare sagt dir nichts. Du kriegst es nicht eingebaut in deinen Erfahrungsschatz – dafür wurde es nicht geschaffen. Sondern ohne ihn und abseits von ihm. Als Kind las ich mal in einem Science-Fiction-Roman von einem irdischen blinden Passagier, der sich durch die heimliche Mitreise im Alienraumschiff auf deren Heimatplaneten schlich. Er wurde nicht recht glücklich dort – vor allem kam er nicht weit: Die Aliens waren doppelt so groß wie Menschen und hatten angewachsene Flügel, mit denen sie sich durch die Luft fortbewegten. Fast alle Türen in Gebäuden waren unerreichbar hoch. Nichts war für Menschen gebaut oder eingerichtet. Ich nehme meine Göttinnen nicht als wortwörtlich beflügelt wahr, aber der Effekt ist ähnlich: In ihrem Refugium fühle ich mich wie ein Stück Brot, das vom Rand des Toasters gefallen ist und nur stumm das gelegentliche Treiben und die Vorgänge in der Küche bestaunen kann. Keine vergessene Brotkruste hangelt sich von Toasters Rand die Tischkante hinunter, schlendert oder schlittert über den Küchenboden und kommt dann mal das Wohnzimmer besichtigen, um dort womöglich noch einen Plausch mit der Hauskatze zu halten, die es – das Brotstückchen – auch nur unzureichend der übrigen Sippschaft zuordnen könnte. Kann unser Brotstückchen überhaupt die Königin von ihren zweibeinigen Dosenöffnern verhältnisgerecht unterscheiden? Egal. Wir gehen nach Asgard und schauen, wo wir bleiben.

Und, wie war es? Was hast du erlebt? Im Inneren des Heiligtums! Erzähl doch schon! Wir sitzen auf der improvisierten Parkbank – einem morschen Baumstumpf, ganz ähnlich jenem, aus dem Vili, Vé und ein anderer Gott die Ulme und die Esche – oder waren es Weiblein und

Männchen – geschaffen haben ... Nur, dass man unserer Parkbankröhre nicht ansieht, aus welcher Wurzel sie spross, welche Sorte Baum sie einst war, weil sie so alt ist wie das Salz auf Audhumlas Zunge, als sie, die Urkuh, die Urahnin der ersten Großen aus dem Eis des Abgrunds leckte. Versteht ihr mich noch? Ich war in Asgard, verzeiht. Das macht ein bisschen übermütig, wie eins zu viel gekippt und nichts gewohnt! Oder war das Vanaheim, das ich besuchte? Den Küssen nach wahrscheinlicher. Ich lande nie bei den Kampfspielen – hier ist ja auch nicht Walhall. Viel eher (und auch viel lieber) verschränke ich mich Arm in Arm und Bein in Bein oder Haut an Haut ins Tiefseufzen und Dahingleiten, als gäbe es nicht Schwermut noch Schwerkraft. Nicht jede Göttin verriet mir ihren Namen, nicht jeder Gott sein Geschlecht. Ich kann nicht genau sagen, wen oder was ich da küsste und wer alles mich ... Nur, dass ich auch gar nicht aufpassen musste darauf, denn ich war sicher. Durfte mich so behütet und geliebt fühlen wie ein maßloser Teenager im Soundbad seiner lüsternsten Träume bei maximal Volume – machen oder erleben junge Leute das heute noch so? Was soll's, ich kann nur Bilder malen, die ich kenne! Mich küssen die Götter, ich überlebte es knapp.

Aber ich sah, durfte sinnlich begreifen, wofür ich kämpfe – in meiner Welt, meiner Zeit, meinem Leben. Wie hinter die Wand geführt fühlte ich mich, wie fast schmerzfrei durch das Riesendornendickicht gezogen, als wären ich oder es selbst Luft, Licht oder Schein. Zwischen Quell und Spiel, Tanz und Wärme fand ich mich wieder, zwischen Gestalten, die mich mit unbeschreiblicher Schönheit erfüllten. Es war unmöglich, sie wahrzunehmen, ohne selbst davon etwas abzubekommen. Ja, sofort ganz trunken wurde ich von ihnen, als wären sie Wasser, und ich nur ein leeres Glas, das durch irgendeinen irrsinnigen Zufall bis auf den

Meeresgrund gesunken war. Na ja, vielleicht war es nur ein See. Denn erdrückt hat mich nichts, im Gegenteil, beflügelt fand ich mich, wie hochgehoben und, wie ich schon zugegeben habe, mit verschämtem Kichern, mit demütigem Stolz, noch ganz hin und weg vom Erlebnis: geküsst!

Wir schlendern durch den Garten, du, meine unsichtbare Freundin, und ich, und unterhalten uns über Göttinnen. Für was ihr Göttliches steht – und warum wir oder wie wir sie uns ausmalen als Personen, und wie uns das den Umgang erleichtert mit dem Unbegreiflichen – und uns den Zugang ermöglicht zum nicht mehr Nennbaren, zum UGÜ („Uns. Ganz. Über"). Der Garten ist wunderschön, hier wächst alles, was wir, du und ich, uns je erträumten. Was wir vermissten und von dem wir doch so sicher, wenn auch meist nur insgeheim und ganz für uns, wussten, dass es das geben musste. Und wie wir so Arm in Arm und Traum in Traum schlendern und du mir deinen erzählst und ich dir meinen, merke ich plötzlich, dass es ganz egal ist, wie wir den Garten betiteln: Es wird immer deiner und meiner sein und ist immer auch der aller anderen gewesen, die je hier waren, lange schon vor uns – und die uns manchmal die Lust darauf ganz verleideten, selbst einmal hierher zu kommen, weil sie so streng darauf beharrten, wie es hier aussehe und röche, vor allem aber, wie wir uns zu verhalten hätten, um hierherkommen zu dürfen. Das ist natürlich alles Quatsch. Wie die Erde ist auch dieser asgardische oder vanaheimische Garten für alle da, die sich dorthin wagen, die seiner bedürfen. Und die dort genau das Kraut finden, das sie brauchen, das ihre Schmerzen lindert, ihren Kummer tröstet, ihre Gewissheit bestärkt oder wiedererweckt und ihr Leben bereichert. Wir nehmen auf und mit, was wir dort finden. Es ist nicht zum Weiterreichen – nur zum selber Einatmen, selber Trinken, selbst Verdauen. Deine Medizin – mein Gift, und umgekehrt, das weißt du doch, mein Schatz? Küss mich, ich schmecke, ja liebe deinen Speichel. Aber deine Medizin lass bei dir, wie ich die meine behalte: dich erst küsse, wenn ich meine hinuntergeschluckt habe. Was mich belebt, machte dich krank, was dich kräftigt, bringt mich womöglich um. Der Kuss gelingt, samt allem Austausch, der sich ihm (vielleicht) anschließen mag, weil wir die Medizin in uns transformieren, jeweils jede für sich. Küssend können wir heilen. Sogar einander. Aber nicht, indem wir die Medizin missbrauchen und so tun, als wäre selbst die Dosis ganz egal. Sie ist immer persönlich auf dich abgestimmt – und lässt sich nicht übertragen. Dir deine, mir meine. Wir können beide gemeinsam suchen. Nehmen und verarbeiten müssen wir das Gefundene jeweils im eigenen Gemüt, Gebälk und Gewebe!

Das Göttliche jedoch, das du erfuhrst – dein Kuss gibt es an mich weiter. Ich spüre es jetzt auch. Oder habe ich grad mich und dich verwechselt? Wie leichtfertig von mir! Aber sowas kann schon mal passieren: hier in den göttlichen Gärten.

Wie von Zauberhand

Wump-wump ... Die Trommel nimmt uns jetzt mit: Als ob wir direkt in ihre weich-dumpfen Basstöne eintauchen. Und diese sinken in feste Umgebung ein. Materie? So fühlt es sich an. Erdreich? Hm, irgendeine Art von Unterwelt ist das hier schon. Aber wer könnte sagen, wo? Zu sehen ist nichts. Doch es gibt einen Boden! Harten Boden ... Fels, dem Anfühlen nach. Ist das die Erde? Nein, dieses Reich liegt tiefer und, in gewisser Weise, ferner und näher zugleich. Von irdischer Seite aus gibt es einen Zugang, genau genommen sogar mehrere – ich verrate später, welche und wo. Ihr würdet es nicht vermuten! Stellen wir uns eine etwas trübe Beleuchtung vor ... weil ich es so leichter beschreiben kann. Im Grunde geht es nicht um optische Eindrücke. Wir haben dafür nur mehr Worte als zum Beispiel für feine Gerüche oder noch unbestimmtere Sinneseindrücke. Aber sagen wir, es riecht erdig ... und trocken. Sanft würzig. Ja, ein Geruch wie von Holzkohlenfeuer. Und Geräusche – gedämpft durch Wände. Klopfen, feines Hämmern. Wie auf Metall ... aber dunkler, weil sich wohl mehr als eine Wand zwischen uns und der Schallquelle befindet. Wollen wir ihr näherkommen? Ich bin unschlüssig. Das bin ich gerne – es liegt in meinem Charakter. Lasst euch dennoch willkommen heißen: in Schwarzalbenheim. Was zum Pülverchenzerreiben soll das sein? Das Reich der Zwerge: Svartalfheimr in der alten Sprache (des Mythos, der uns das zuraunt über die Zeitalter). Und was wir über dieses älteste Völkchen gehört haben, wollen wir hier vergessen – das meiste ist Quatsch. Sie waren die Ersten, die Ymirs Leib hervorbrachte – streng genommen ließe sich sagen, dass sie die Maden waren, die sich im Kadaver des Riesenleibes, aus dem später unsere Umgebungswelt geschaffen wurde, gebildet haben: das erste Volk. Lange vor uns Menschen. Und sie, die Schwarzalben, sollten bald großen Anteil nehmen an der Gestaltung der Welt, wie wir als spätere Spezies sie vorfinden durften: mit einem kompletten Firmament, vielfältiger Landschaft rings, und so manchem Wunder des Lebens.

Vielleicht haben sie uns den Gebrauch unserer Hände erst beigebracht – unseren Urahninnen, meine ich natürlich. Als die noch mehr Haare am Leib hatten, als uns jemals wüchsen (wenn wir das zuließen). Was wäre eigentlich so schlecht an mehr Haaren? Womöglich ließen sich Tattoos einsparen – nicht nur, weil behaarte Haut weniger Platz ließe für sie, sondern auch und vor allem, weil naturbelassener Haarwuchs so unterschiedliche Formen hervorbrächte, dass uns das äußerlich von vornherein unverwechselbarer machte, als wir uns heute oft fühlen. (Nichts gegen die hohe Kunst des Tätowierens. Es fiel mir nur gerade so ein.) Sind Zwerge haarig? Es ist mir offengestanden egal. Mein Zugang zu ihnen ist keiner auf Sicht. Ich höre sie. Sie führen mir Finger und Feder. Sie sind die Musik, die in meinem Inneren ertönt und mich zu allen möglichen Taten treibt, die für meine zeitgenössische irdische Umgebung nicht immer Sinn ergeben ... auch wenn es sich dabei teilweise oder oft ebenfalls wieder um Musik handelt ... Aber die ist ja nicht nur seit je her Geschmackssache, sondern steht heute auch rasch im Verdacht verfehlter Dienstleistung: Wenn sie nicht bestellt wurde, oder wenn sie so unverwechselbar nach Person riecht wie eine unrasierte Achselhöhle oder sich nicht unmerklich die Gehörgänge entlang schmiegt wie tausend Berieselungsvergesserchen vorher, sondern sich wie mit Haken in die Haut (in Wirklichkeit ja nur ins Gemüt) kerbt. Um wehzutun? Nein, auch wenn das zwischenzeitlicher oder vorläufiger Nebeneffekt sein kann. Wie Wind, der dich schneidender begrüßt, als du auf ihn gefasst warst. Wie Wasser, das die Pore schockt. Oder ein scharfer Geschmack am Gaumen, der die Kehle auflodern lässt und dem ganzen Körper eine Hitzewallung beschert, als bräche die letzte Lebensphase an. (Ja, was gibt es nicht alles zu fürchten! Vielleicht lassen wir uns vorzeitig begraben, bevor noch irgendwas passiert mit uns?) Ein Kuss, der so durch Mark und Bein geht, dass die Seele leuchtet! Musik ist nicht nur immer Wunschkonzert. Und was die Schwarzalben bieten, schon gar nicht.

Mir halten sie tatsächlich das Himmelsgewölbe – das ganz persönliche. Und ab und zu sehe ich Freyrs Eber und Freyjas Sau leuchten. Oder sind die Goldborstigen, die mir durchs Gemüt wildern, gar das göttliche Geschwisterpaar selbst? Wer wollte das so sicher bestimmen. Den Zwergen aber opfere ich jede Menge Zeit: Dies noch fertig schleifen, jenes vollenden, nur das hier „ganz kurz noch" polieren – das gilt für Verse und das Arrangieren von Tönen ebenso wie für Raspel- oder Brennarbeit am Holz oder fürs Kneten von Lehmfiguren (ebenso wie für all jene zahllosen Handwerkskünste, mit denen ich mich weniger oder gar nicht auskenne). Und dies ist mein Zugang zu Svartalfheimr: Ich versenke mich in das jeweils zu studierende Werk. Das kann ein Gemälde im Museum sein. (Sofern mich eins fasziniert, natürlich nur. Als Pflichtübung oder reine Kopfgeschichte kannst du es vergessen. Kunst muss erschüttern, tief ergreifen ... sonst hat sie ihren Zweck verfehlt. Nichts gegen Deko! Ich umgebe mich selbst gern mit schönem Kram oder erschaffe zuweilen selbst welchen. Aber im Leben geht es um mehr als Zierrat – und dem wachen Geist um anderes als Gemütsbeschwichtigung. Und dem hungrigen Herzen erst! Wie hältst du deins am Leben?) ... Oder in eigenes Werken versinken: vom selbstgenügsamen Basteln bis zur Katharsis, zum gefühligen Orgasmus auf dem keuchend erreichten, vielleicht ja ganz unerwarteten Höhepunkt eines obsessiven Nicht-mehr-davon-ablassen-Könnens wovon auch immer. Was herauskommt am Ende: mehr als die Summe der Teile. Mehr als der Verstand gewollt oder die Not verlangt hätte. Und oft weniger garniert als vorgehabt. Zuweilen schön in einer merkwürdigen Rohheit, die sich weiteres Bearbeiten verbittet, weil sie ihre Vollendung oder ihren idealen Schwung (ihre Strahlkraft) dadurch wieder verlöre. Aber das lässt sich nicht pauschalieren.

Schau hoch zum Himmel, oder geradeaus zum Horizont. Lausche dem Spiel der Wellen, des Windes, dem Spratzeln der Flammen im Ofen oder dem Gesang der Tiere. Es kann das Gurren der Stadttauben sein, zwischen dem Schnaufen, An- und Abfahren der Omnibusse am Busbahnhof oder dem ganzen Motorverkehr rings überhaupt. Möglicherweise ist keine klare Grenze auszumachen zwischen scheinbar natürlich Gewachsenem und angeblich künstlich Geschaffenem! Bäume sind gepflanzt (auch alle so genannten Wälder sind – zumindest hierzulande – angelegte Forste, und das nicht erst seit gestern) ... und Verkehr kann im Wortsinn organisch gewachsen sein (ungeachtet dessen, was wir davon halten oder darüber befinden). Aber was in seinem Gefüge, ob gewachsen oder geschaffen oder beides, überzeugt, hat oft diese rohe Schönheit inne, die unser ästhetisches Empfinden mit formt. Und die wir widerspiegeln, wieder mit abbilden, hör- oder anfassbar machen: mit allem, was wir neu erschaffen (und was uns davon gelingt).

Siehst du sie nicht, die Zwerge? Sind sie nicht fast überall? Na ja, vielleicht nicht, wo du dich aufhältst, haha!

Wo ich bin, begegnen wir ständig welchen und sie uns.

Sie sind das Wimmelvolk der Geschicklichkeit. Jeglicher! Vom Gewusst-wie bis zum Sprengen aller Maßstäbe des Nachvollziehbaren, vom einfachen Können bis zu höchster Kunst. Einzeln sind sie klein. Geschicklichkeiten sind das meistens. Ja, oft sind sie haarig, skurril, komisch, zuweilen brummig oder widerborstig, oder machen zumindest den Eindruck. Du triffst sie kaum zufällig. Versehentlich vielleicht schon mal. Aber dann sind sie meist ebenso schnell wieder weg, wie sie auftauchten. Du kannst sie aber locken. Einladen. Widme dich der Sache, für die du die Hilfe des Zwergenvolks brauchst, in tiefer Hingabe. Am besten vergisst du alles andere darüber. Das mögen sie. Wenn du es nicht ernst meinst, lässt sich kein Zwerg blicken. Es ernst zu meinen, heißt nicht, dass du es nicht auch spielerisch und beschwingt angehen dürftest. Das ist kein Widerspruch. Du musst nur möglichst darin aufgehen. Und nicht daran denken, dass du Hilfe brauchst. Das ist die Schwierigkeit dabei. Das Kleine Volk lässt sich nicht gern bitten ... und schon gar nicht nötigen oder kommandieren. Sie gesellen sich zu dir, wenn du so in deinem Tun aufgehst, dass du ihr Kommen gewissermaßen gar nicht bemerkst. Du spürst nur, wie dir alles auf einmal viel leichter von der Hand geht. Sie führen sie dir, wenn du nicht auf sie, das Schwarzalbenvolk, sondern darauf achtest, was du herstellen willst: auf dein Werk! Dann kann es gehen wie von Zauberhand. Und so betrittst du ihr Reich: ohne Beachtung der Umgebung. Es geht darum, was du dort tust, ausschließlich und nur. Vielleicht wissen die Emsigen selbst nicht so genau, wie es bei ihnen aussieht – immer auf die Sache konzentriert, die sie gerade in Bann hält – vom nächstbesten Handgriff bis zu wundersamen Werken wie den goldleuchtenden Borsten einer rasenden Wildsau ... oder dem Glanz der Sonne selbst! (Denn auch der ist ihr Werk. Wusstet ihr das nicht?)

Rückkehr nach Midgard

Die Trommel ruft uns zurück! Wo werden wir landen? Am Ende womöglich nirgends! Denn die Erde gibt es nicht mehr! Na ja, zumindest nicht so, wie sie zum Beispiel nordeuropäischen Seefahrenden vor tausend Jahren erschien. Immer noch eine Wasserplanetin, die gute Mama Globus, die es feucht liebt (dabei gern in die Tiefe geht) und sich nicht einmal zu vollen 30 Prozent mit Land bedecken mag ... Aber wo ist die Midgardschlange? Sollte die nicht „die Welt zusammenhalten" – an ihren Rändern, genauer erknobelt, um diese herum, damit nicht alles auseinanderfällt? Oder hat gar Thor, der ungestüme Kraftgott, der einst Lokis lange Tochter (eben jene Midgardschlange) aus dem Meer fischen wollte, doch Erfolg gehabt und Jörmungandr (eben jene Midgardschlange) damals doch geköpft? Hatte er das nicht vorgehabt – und wurde er nicht von jenem Riesenkumpel (ja, der Feind der Riesen hat Kumpels unter ihnen – wir kommen noch darauf zurück), der gerade noch rechtzeitig das Seil (die Angelschnur) kappte, daran gehindert? Was wäre eigentlich geschehen sonst? Wenn der Donnergott die Midgardschlange zerschmettert hätte? Wie hätte er dann noch die Menschheit beschützen wollen, unser guter Donnergott? Das wird man doch mal fragen dürfen! Womöglich wäre das Meer ausgelaufen, ohne die Schlange. Und wo ist die jetzt hin? Wir können sie drehen und wenden – na ja, von allen Seiten umfliegen lassen und betrachten: unsere Mama Globus. Aber eine Schlange ist dort nirgends zu orten: keine so große, die das Meer umfasste. Ist der Mythos passé?

Nein. Und wir müssen dafür nicht einmal die Tiefseekabel, die jetzt auf dem Meeresgrund liegen und die Kontinente mit unserem

Geschwätz verbinden (von Katzenbild zu Katzenbild und von Konto zu Konto), zu Midgardschlangen (oder deren Nachfolgerinnen) erklären, die tausendmal länger wären, als sich jene Geschichtenerzählerinnen, die Jörmungandrs Namen kannten und ihn an die Jüngeren weiter raunten, hätten ausmalen mögen. Wir müssen – und können – etwas anderes tun. Es tut mir sehr leid, aber wir müssen noch mal raus. Ja, weit raus. (Haha, vielleicht ist das sogar eine alte Wikingerangewohnheit!) Aber im Ernst: Wie damals müssen wir die Grenzen der bekannten Welt verlassen, um die weiter draußen liegenden zu erahnen. Und wie damals werden wir von der Midgardschlange raunen, ohne sie je gesehen zu haben. Es liegt in ihrem Wesen – genauer: an ihrem Aufenthaltsort. Der ist nämlich unzugänglich. Ja, nicht einmal zu erschauen. Es gibt Wesen, die sind immer dort, wo man nichts mehr messen kann. Oder noch nicht. Die Seefahrerkulturen von früher konnten zur See fahren, und manche ihrer Boote sind ziemlich weit gekommen. Den Meeresgrund nach mystischem Getier absuchen konnten sie nicht. Selbst uns Hochtechnisierten bleibt das Dunkel der Tiefsee fremd. Einen Quastenflosser haben wir gesichtet, den wir für ausgestorben hielten; Riesenkalmare und leuchtendes Getier hat sich an unseren Tauchbullaugen und Robotkameras vorbeigeschlängelt, ohne uns seine Geheimnisse zu verraten oder auch nur Terminkalender zu zeigen ... und bei Schloten in der Tiefe, so genannten schwarzen Rauchern, muckst sich Leben, das keine Sonne braucht. Jörmungandr, die Midgardschlange, da bin ich mir ganz sicher, werden wir dort nicht finden. Nicht auf dem Meeresboden. Sie ist woanders. Vielleicht war sie damals, als wir die Blätter unserer Bronzeäxte gegen solche aus Eisen auszutauschen begannen, noch da unten. Aber inzwischen ist sie umgezogen. Wohin? Hm. Wie bring ich euch das bei. Sagen wir es so: Eigentlich hat sich gar nicht so viel geändert. Sie wohnt – immer noch, oder längst wieder – unsichtbar an den Grenzen der Welt und hält alles zusammen. (Was sich geändert hat, sind nur diese ... Grenzen der bekannten Welt.)

Jörmungandr hält die Welt zusammen. Welche Welt? Diejenige (so steht es schon in der Edda), die der Zeit unterworfen ist! Die Sternhaufen und Galaxien, alles, was sich dort abspielt – das ganze All müsste, nach allem, was wir heute berechnen können, auseinanderfallen! Tut es aber nicht. Die Astrophysikerinnen rätseln seit geraumer Zeit, an welcher Kraft das liegen könnte, dass Raum und Zeit nicht auseinanderfallen. Und sie gaben jener mysteriösen Kraft, die alles so zusammenhält, wie es sich uns darstellt, einen vorläufigen Namen: Dunkle Materie. Ich nenne sie bei ihrem alten: Jörmungandr, die Midgardschlange.

Und wieder spähen wir hinaus in die Randbereiche unserer Wahrnehmung, versuchen zu erkunden, wie es dort zugeht und wie alles beschaffen ist. Verschaffen uns Erklärungen, die unserem Denken, Wissen und unseren Erfahrungen entsprechen. Verwerfen diejenigen, die nicht mehr stimmen (können) – ersetzen sie durch die Nächsttauglicheren. Niemand braucht eine Midgardschlange – oder doch? Braucht jemand Dunkle Materie? Wer immer über den eigenen Tellerrand hinauswill – und sei es in Gedanken – wird zumindest das eigene Vokabular erweitern (müssen. Und können). Für mich ist die Welt beseelt, auch in jenen großen Fernen, die ich als Heutiger ebenso nur in Gedanken bereisen kann wie die Altvorderen, die sich fragen mussten, ob und wo jemals die See endet und was dort ist. Sie lagen, meine ich, mit ihren Vermutungen nicht weniger falsch, schräg oder richtig als wir heute mit unseren. Ich sehe sie schon lächeln: die Neugierigen und Unzufriedenen aus späteren Generationen, wenn sie auf unser Wissen, unsere Eitelkeit, unsere Hybris zurückschauen. Auf unsere Leistungen, unsere Verfehlungen, und hoffentlich auch auf unser Bestes: die Kunst.

Ist unsere Welt größer geworden? Sind die Grenzen unseres Denkens erweitert? Ich lasse die Frage so stehen. Ich meine sie nicht provokativ, nur ernst. Und ich wüsste schon selbst mehr als eine Antwort darauf. Und obwohl ich sie mir alle selber gebe, streiten manche miteinander wie Geschwister. Hast du auch solche Antworten, die sich nicht vertragen? Vielleicht sollten wir uns unterhalten.

TEIL II

GESANG UND ANTWORT

Zur Zeremonie

Hier kommen sie endlich: die Großen, die ich die meinen nenne, die Geister, die mich bevölkern! Kräfte, die mich schufen und die ich, um sie beschreiben zu können, in die Gewandungen von Gestalten hülle, obwohl meine Worte kaum ihr Grundrauschen zu benennen vermögen, von ihren Wurzeln und Kronen ganz zu raunen, zu träumen und zu schwelgen. Die Göttinnen und Götter, mit denen ich zutiefst und vielfach – nein, ganz einfach: ganz und gar nämlich und für immer – im Bunde bin … Alt- wie Neu-Ehrwürdige, ahnbar als gewaltige Bewegerinnen unserer Geschicke, die ihrerseits Bewegte ihrer eigenen Schicksale darstellen … Sie sind ungleich größer als wir Menschen und folglich nur schräg, gewissermaßen aus seltsamen Blickwinkeln zu beschreiben – genau so aber, aus der abenteuerlichsten Verrenkung heraus (und sei es, um das kenntlich zu machen und immer wieder ins Bewusstsein zu kehren, dass es um letztlich Unvorstellbare/s geht, was die Linse unserer Wahrnehmungsenge von Natur aus nahezu unendlich überragt. Womit die Kontur, die wir dem jeweils Beschriebenen geben, um es überhaupt eingrenzen und für uns erfahrbar und diskutabel machen zu können, nicht nur eine künstliche sein, sondern durch ihre Kleinheit die überragenden Inhalte ihrer Begeisterung fast zwangsläufig zur Karikatur verzeichnen muss. Dies dann aber mit einem seufzenden und umso bewussterem Augenzwinkern: Bitte, wenn wir es schon derart verbiegen müssen, dann aber ansprechend – mit eher insgeheimer, verhohlen eingewobener Ehrerbietung), und so doch noch am allerbesten. Allesamt sind wir – Menschen wie Gottheiten – eingebunden in das jeweils Unsere. Aber auch gleichzeitig (als) kleine und große Wirkkräfte im großen weltweiten Gewebe.

„Gesang und Antwort" heißt dieser Hauptteil, und die Beschreibungen der Großen sind so gehalten, dass auf jeweils einen Gesang eine Antwort folgt, nur dass es um immer neue Namen, Gestalten, Wirkmächte und Gottheiten geht. Im Klartext: Die eine wird angerufen und lässt sich auf diese Weise kennenlernen; die Beschreibung der nächsten liest sich jedoch, als spräche oder raune die betreffende Gottheit selbst. Dieser Tanz erfolgt immer im Wechsel: Einer scheinbar angerufenen Gottheit folgt als Nächstes eine, die sich selbst vorzustellen scheint. (Dem folgt auch die Schreibweise. Mit einem großgeschriebenen Du ist hier immer die Gottheit gemeint: So wird sie angeredet. Schreibt sich das du klein, spreche ich zu dir: zu meinesgleichen, zur Leserin.) Denn natürlich sind weder die Anrufungen echt noch die Selbstporträts. Nur die Großen sind es, natürlich: die Göttinnen und Götter, von denen hier die Rede ist.

Sich ihnen tanzend zu nähern – ob mit physischen Bewegungen oder nur so intendierten Worten –, ist eine empfehlenswerte Art und Weise. Tanz braucht Raum, den wir uns damit schaffen. Dabei kommt der Kopf (und hoffentlich auch das Denken) in Bewegung. Wir gehen auf Abstand, verändern die Position, drehen uns hierhin und dorthin, winden, beugen, strecken und recken uns oder kreiseln und springen ... ohne dabei das Ziel unserer Ehrerbietung, Sehnsucht und Hingabe auch nur für einen Moment aus der Wahrnehmung zu entlassen. Sich so auf die Gottheit zu konzentrieren und von ihr lenken zu lassen, fühlt sich so ähnlich an wie das Antanzen einer geliebten Person: Ihr gilt das ganze Treiben. Noch der kühnste Sprung ins Eck ist – wie jede Drehung von ihr weg – eine einzige Annäherung. Das Tanzen lässt auch den Schweiß, die Aufregung und all das Zeug, das wir mitbringen, bei uns, ohne es auf unser Ziel zu projizieren oder es damit gar zu bewerfen. Ihr, der angebeteten – in dem Fall korrekter und gesünder: der angetanzten – Gottheit gilt die Herzensaufmerksamkeit, aber sonst nichts. Alles andere – was wir darüber denken, vom Wahrgenommenen halten, gehört haben, was wir davon jeweils annehmen können oder ablehnen mögen –, all dieser Kram bleibt bei uns selbst und soll die Wesenheit nicht tangieren, für die wir uns so verausgaben. Solch eine Darbietung ist auch ein kunstvolles, ein spielerisches Opfer an die Gottheit: Sieh her, sagt es, ich gebe alles, ich gebe mich Dir hin.

Mein Bild von dieser Sache. Ich singe aus meinem eigenen Tanz heraus: das, was ich empfinde, und wie ich es empfinde. Meine Großen lassen sich, wie ich hoffe, dabei da und dort erkennen oder erahnen. Haben sie Ähnlichkeiten mit deinen? Selbst wenn wir sie bei denselben Namen rufen, was vorkommen kann und darf, muss das nicht zwingend der Fall sein. Ich tanze meine Großen. Wenn ich mich keuchend und durchnässt davon erhole, kannst du mir gern deine zeigen. Wie immer du das machst. Solange du mir meins und meine lassen kannst wie ich dir immer deins!

Die Zerfetzerin

Keine Steintafel kündet von Dir als eine (jene eine, die man fand), kein Gesang preist Dich als der meine (dann und wann), dazwischen ist keine Erinnerung. Als die Deinen starben, war ich noch lang kein Gedanke, doch der meine gilt Dir heute: Baduhenna! Nichts weiß wer von Dir, eine einzige Inschrift verblieb ... nach letztem Stich, letztem Hieb. Nicht mal bekannt, wer die Streiche führte. Was mich zu Dir führte? Was ich von Dir will? Allein den Namen las ich, nahm ihn in mir auf, bewahrte ihn leise, doch rief ihn dann laut: in Bedrängnis, verzweifelt, mit dem Rücken zur Wand, auf bitt'rem Boden ich stand. Sie gaben nach, beide. Ein Krieger darf eine Kriegsgöttin rufen? Mein Schwert ist die Zunge. Ohnmächtig ihr Zittern. Mein Wort vor Gericht: ohne Gewicht! Allein war, allein bin, allein fühlte ich mich. So rief ich Dich. Baduhenna! Da stand'st Du mir bei: Ich fühle Dich. In Weißglut, in Wut, in wilder Zerstörungslust ... bebte nur ich. Mit sehnendem Schrei! Da ich nichts hatte, um mich zu wehren, hab ich sie verflucht: in Deinem Namen. Die ganze Übermacht! Wer stand mir entgegen? Ein Heer scharfer Lanzen ... aus eckigen Worten mit vergifteten Spitzen, in Regeln gegossen, die sie Maßregeln nennen, womit sie zerquetschen wollten, was von mir blieb. Ein Heer ohne Geist, ohne Sicht, ohne Meister. Damit zermalmen sie heute, wo Geist sich noch regt, wo Gefühl noch bewegt. Baduhenna! Mein Geist malte Dich. So schmückt' ich Dich aus: mit dickzopfigem Haar, kunstvoll gewundenen Lianen aus den Gedärmen der Sachbearbeiterinnen, verklebt mit dem Blut der Vorgesetzten, Nachgesetzten, ver- und entsetzten Büttel, verziert mit Schmetterlingsschleifchen aus den zerfetzten Merkzetteln und

Mahnbriefen der Söldner der Bürokratie. Deren Laptops, verkehrt herum aufgeklappt bis zum Scharnierezerbrechen, hingen Dir als Kette lustig baumelnder Rechtecke um den Hals, in den zersplitterten Displays spiegelten sich Sonne, das Blitzen Deines Blicks und mein Lachen. Ich bewunderte das Tattoo auf Deiner Wade. Sie ragte aus dem Dach des Amtsgebäudes, in das Du tratst. Ist das eine Schlange? Oder ein Zeichen? Ich meinte zu verstehen, ich nickte grimmig. Dann riefst Du zurück. Da fiel der Strom aus im Landkreis. Der Traum ging noch weiter, doch als ich erwachte, warst Du schon fort. Es war ruhig im Ort. Und wie ich sah, auch im Briefkasten. Es war nichts geschehen. Das war die gute Nachricht. Verdanke ich sie Dir? Jedenfalls danke ich Dir. Es hat wohl geholfen. (Wen kann ich Dir opfern? Ich sing Dir ein Lied! Meine Schlachtengöttin!) Baduhenna!

Das Ideal

Ehre die Schönheit: innen wie außen, das maßvoll Gelungene, ja, unübertrefflich Formvollendete! Hauche seinen Namen, recke dich danach, das Schönste zu schaffen, bete es an, preise, lobe, besinge, umtanze und beschreibe es: mit allem, was du vermagst, mit allem Können, das dir zur Verfügung steht! Ein Übermaß an Schönheit ist einst in eine Gottheit geflossen – mehr, als Menschen vertrügen, selbst mehr, als Götter gewohnt sind. Ein Gott ist entstanden, den kannst du bewundern, bestaunen und anhimmeln als den Spross zwei der Seltsamsten von allen: des rastlosen Suchers und der allwissenden Bewahrerin (von beiden sei später die Rede) – sehr hoch geachteten und vielberühmten Weisen in der schimmernden Burg von Asgard. Ich mehrte deren Strahlen, denn ich war der Spross. Ich hoffe, nein, weiß: Es strahlt noch nach, obzwar ich seit Langem nicht mehr dort bin. Ich bin der Sohn der spannendsten und energiegeladensten Verbindung, die zwei Gottwesen je eingingen, mein Erscheinen sprengte das Maß und erweiterte es ins Himmelermessliche, meine Geburt teilte die Zeitalter in ein Vor- und ein Nachher, und als es mich gab, war das Vorher vergessen. Niemand wollte mehr etwas davon wissen. Jetzt gibt es nur noch das Nachher. Doch wie es sich ergab, ist es auch ein „nach mir": Ich selbst habe keinen Anteil mehr daran. Das ist das Einzige an mir, was nicht schön ist. Aber auch, was meinem Sein wie seinem/meinem Nichtsein – es wird noch die Rede sein davon – Sinn verleiht. Ich bin das Ideal, du darfst und kannst nach mir streben. Aber suche nicht, mich wahrhaftig oder persönlich zu erreichen. Ich bin nicht am Leben! Und berührtest du mich, nähme ich deiner Schönheit, deinem Tun und Streben das deine. Ihre Lebendigkeit erstürbe!

Sie nannten mich Baldur. Ihr kennt die Geschichte? Ich war unverwundbar. Ich war perfekt. Niemand konnte mir etwas anhaben! Meine Mutter hatte alle Geschöpfe besprochen, ihr zu versprechen, mir nichts anzutun. Doch weil nichts und niemand perfekt ist, nicht einmal meine große Frau Mama, hatte sie damals die Mistel vergessen – ausgerechnet! Und als die Freunde in Asgard zum Spaß auf mich zielten und schossen, was mir nichts ausmachte, was lachten wir alle, zog Loki den blinden Hödur beiseite und gab ihm den Pfeil aus Mistelholz. Und als der nicht von mir abprallte, sondern mich durchbohrte, verstummte das Lachen – meines wie das der anderen. Hat Loki gekichert? Ich weiß nicht, was da überliefert ist. Ich hatte andere Sorgen. Ich fuhr jäh heimwärts zu Hel. Auf der Burg herrschte Panik, mein Vater stieg hinab zur Herrin des Totenreiches und verhandelte wie noch nie in seinem Leben. Die Aschfahle ließ sich sogar erweichen: Wenn alle, wirklich alle Geschöpfe um mich trauerten, wolle sie eine Ausnahme machen und mich, Baldur, als erstes und einziges Geschöpf wieder aus dem Totenreich entweichen lassen. So hofften bald alle, oder fast alle ... Aber weil nichts und niemand perfekt ist ... Ihr wisst, wie es ausging: Ich blieb. Und es ist mir ganz recht! Geworden! Ich sehe mich heute geradezu als Symbol dafür, dass nichts und niemand ... perfekt ist. Wenn nicht einmal ich es sein – es bleiben – konnte!

Ich bin mir nur nicht sicher, ob ihr Sterblichen – oder sollte ich besser sagen: ihr Lebendigen – mich versteht. Ich habe einen Freund gewonnen hier in meiner langen Zeit in Helheim, der schaut ab und zu vorbei, und wir spielen Karten. Manches haben wir gemeinsam, anderes nicht. Ihn haben sie auch umgebracht – Menschen, so sagt er. Als er selbst einer gewesen war. So erzählt er es. Manchmal ist er ein bisschen wirr im Kopf, der Jeschua. Na ja, zu beneiden ist er wirklich nicht. Kaum war er tot, haben sie einen Kult aus ihm gemacht, der immer größer und hysterischer wurde, bis eine ganze Weltreligion daraus eskalierte, die fortan mit dem Blut ihrer Opfer Geschichte schrieb. Sachen gibt's! Er selbst musste, sagte der arme Joschi, „zum Himmel auffahren", er musste es einfach tun. Wäre er in seinem Grab geblieben, er hätte darin derart rotieren müssen seither, dass es mit der Zeit womöglich noch der Erdachse die Neigung verbogen hätte. Tja, Fluch der Hellsicht! Mir sei Dank sehe ich jedoch nichts so schnell voraus. Man muss nicht alles können. Ja, nicht einmal alles verwirklichen, was man kann – sage ich mir heute! Ich habe ja viel Zeit zum Nachdenken. Und, als nicht Lebendiger, auch die Gelassenheit dafür. Wir spielen also Karten in Helheims Foyer und erzählen uns, was wir so gehört haben von oben, von unten und draußen. Das mit der Weltreligion – also durch unser Beispiel oder irgend wessen Nachrufe auf uns – eine solche zu werden, blieb uns, mir und den Meinen, ja Papa sei Dank erspart. Oder Loki sei Dank? Haha, Gemeinschaftswerk, wie immer! Verzeihung, das war ein Insider. Ich wollte nur sagen: Wir hatten ja Ragnarök. Die Götterdämmerung. Wie alles zusammenbrach, was – also wie es eigentlich ohnehin nie gewesen war (hüstel). Davon wurde irgendwann erzählt. Zuerst dachten die Leute, das käme noch auf sie zu. Aber als wir alten Götter mehr und mehr in Vergessenheit gerieten, glaubte niemand mehr so recht daran. Und als dann wieder Leute davon hörten oder lasen (denn inzwischen war es sogar aufgeschrieben worden, wenngleich aus ganz anderen Gründen), dachten sie, Ragnarök – unser Weltuntergang, haha – läge schon lange zurück. Das sei irgendwann gewesen! Und so blieben wir verschont. Von Vereinnahmung durch Verrückte! Na ja, die meiste Zeit. Es ging nicht ewig gut. Es gab einen katastrophalen Einbruch. Aber das ist hier nicht Thema.

Bleiben wir bei mir, beim Ideal. Du darfst dich mir annähern, du darfst nach mir streben: mich zum Vorbild nehmen. Aber hüte dich, mich ganz erreichen zu wollen! Es bekäme nicht nur dir schlecht. Sieh dich um: Überall, wo sie irgendein Ideal über die Menschlichkeit stellen, zieht diese den Kürzeren und kommt bald ganz zuschanden. Das Ideal kann niemand Lebendiges erfüllen. Deshalb konnte ich auch nicht am Leben bleiben. Das wäre nicht gut gegangen. Es war besser, dass ich da ausschied. Ich bin ja immer noch da! Nur nicht am Leben. So ist das mit Idealen. Sie haben ihren Sinn. Aber sie sind nicht das, was ins Leben kommt. Sie können eine gewisse Orientierung bieten. Wer sie ganz zu verwirklichen trachtet, tendiert dazu, andere zu Tode kommen zu lassen. Sobald das Ideal wichtiger wird als das Leben, passiert genau das: Es wird unmenschlich grausam – und wenn es vorher die schönsten und löblichsten Inhalte hatte. Da kannst du nehmen, was du willst. Ab da, wo du es erzwingst, gerät es zu seinem verdammten Gegenteil. Das Beispiel meines Schicksals sollte das lehren – und verhindern.

Zumal selbst das mit meiner Schönheit als lebendiger Gott schon eine gewisse Legende war: ein Mythos im Mythos. Erinnert ihr euch an die Geschichte Skadis und Njörds? Die Schneeriesin kam nach Asgard, um sich den schönsten Mann herauszusuchen. Lustig, wie die Asinnen oft waren in jener Zeit, ließen sie die Jungs alle in Umkleidekabinen antreten (so, wie sie in Badeanstalten der westhemisphärischen Menschheit des 20./21. Jahrhunderts anzutreffen sind). Kennzeichen dieser komischen Kabinen: Von außen sieht man (nur oder schon) die Füße der Insassen. Und so wählte Skadi, die Eisumtoste, den Meeresgott

Njörd, weil der die schönsten Füße hatte. Sie hatte nämlich gedacht, das seien meine! Die Ehe wurde dann auch nur so mittelprächtig, und nach einer Weile ließen sie wieder voneinander ab, aber das ist eine andere Geschichte.

Ich wollte damit nur sagen: Wer das, die oder der Schönste ist, lässt sich oft nicht so verallgemeinern, wie manche das möchten (oder trotz besseren Wissens manchmal tun). Selbst und gerade im richtigen Leben nicht!

Das Ideal – mich (auch stellvertretend für: alle anderen, weiteren, denkbaren, samt der noch nicht ausgedachten und womöglich noch auf uns zukommenden) – lasst mal getrost im Schattenreich eurer Wahrnehmung. Erinnert euch daran, orientiert euch – aber in Maßen. Perfekt ist der Tod und sonst gar nichts. Kürzlich kam ein alter Mann hier an (nein, es war nicht mein verkleideter Papa, den hätte ich erkannt), ein Musiker, der sang mir ein schönes Lied vor, das er, als er noch lebte, selbst geschrieben hatte. Es ist ein Lied über Schönheit und Ideale, es hat mich sehr angesprochen. Handelt es doch davon, dass wahre Schönheit nicht perfekt ist, sondern immer irgendwo einen Riss, einen Sprung hat – mindestens einen. Genau da fällt das Licht herein. So ist es!

Die Unsichtbare

Niemand sieht Dich, dunkle Schwester, niemand nimmt Dich wahr – nur Wenige kennen Dich überhaupt. Die verborgene Verwandte eines der bekanntesten Götter bist Du – oder gar sein wahres Gesicht? Gleichen solltest Du ihm aufs Haar. Was red' ich, auf Krater und Schrund sogar. Doch bist Du ihm ganz und gar unähnlich – sein Gegenteil geradezu! Man sieht Dich nicht! Er zerrt an den Wogen, Er umtanzt die Mutter der Geschöpfe – Du auch, nicht wahr? Deine Macht entsteht in Seinem Schwinden, und sie verschwindet mit Seinem Wiederkommen. Du bist die Schwarzmondgöttin. Bil ist Dein Name. Mit Dir beschwöre ich das Neue, das noch nicht Vorhandene: das, was entstehen soll. Was noch nicht ist, aber sein soll! Du eröffnest mir den mächtigsten Moment dafür, Unsichtbare. Wenn Du die Nacht regierst, Schwarzschöne, ist Manis Macht – die Deines Bruders, des Mondes – ausgesetzt. Sie darf pausieren. In Deine Nacht, in die von Bil, setze ich den Keim des Neuen. Das, was ich loswerden wollte, gab ich Deinem schwindenden Bruder mit, als er am dünnsten war! Das hast Du längst verschluckt mit den Resten Seiner Sichel. Bevor die neue aufglänzt, höre, was ich begehre! Ich schicke Dir den Wunsch mit schwarzen Gedanken über schwarzem Grund: In den Nachthimmel schreibe ich ihn zwischen die Sterne (nur, wenn ich diese nicht berühre, gilt er. Es ist sehr wichtig, auf keinen Fall die blinkenden Sterne zu behelligen mit der Himmelsschrift)! Könnt ihr in Gedanken schreiben? Mit großen Lettern, die sich Lichtjahre weit übers Firmament ziehen? So mache ich es immer. Denn nicht immer habe ich eine schwarze Kerze. Wenn ich eine habe, nehme ich diese. Aber nicht zum Schreiben: Ich wickle den Wunsch dann in ein schwarzes Gefühl. Habt ihr schwarze Gefühle? Von meinen ist es die Grundfarbe, was nur heißt: Sie sind jung, schön, uralt und ungefärbt.

Und ich verrate sie niemandem, so wenig wie den Wunsch dahinter, den ebenso schwarzen. Schwarzschöne! Dir allein vertraue ich mich an, ganz und gar, aus den Tiefen meiner Abgründe heraus. Schwarz die Kerze, schwarz das Herz, schwarz die Flamme: innenwärts. So wahr Dich niemand sehen kann, so wahr wird sein, was hier begann. Als schwarzer Funken in der Nacht, als Träne von mir mitgebracht. Unsichtbar hast Du's vermengt, hast meinem Schmerz den Samt geschenkt. Hast mir das Weh und Ach geküsst, und ich küss Dich – hab Dich vermisst ... Zusammen füllen wir das All. Oder verschwinden dort als Pünktchen! Und wenn Du gehst, bleibt mir das Fünkchen. Tief kreiselt es in meiner Brust – und jeder Stern sich drehen muss um dieses eine Loch herum – bis alle Sterne mich umkreisen – und sich als Milchstraße erweisen. Als Glitzerzier des dunklen Schlundes, im Bann der Gier des kleinen Mundes! Bil, Schwarzmondgöttin! Du vergehst! Die Sichel haarfein oben schwebt! Die Nacht verblasst bald. Ich erwache. Aber weiß jetzt, was ich mache. Bis ich Dich wiederseh' ... Verzeih. Seh Dich ja nie. Doch bleib dabei!

Bil ...!

Eine schwarze Kerze
In der schwarzen Nacht
Dunkelschwarze Wünsche
Stumm dargebracht
An Dein Nichtgesicht
Unsichtbare Göttin
Erhöre mich!
Bil ...!

Eine schwarze Zeile
Auf geschwärztem Grund
Heile, heile, heile
Hauch aus meinem Mund
Aus der schwarzen Seele
Aus dem Untergrund
Abgrund meiner Kehle
Schwarz ist das neue Bunt

Mit der dunklen Ahnung –
Schwarz ist auch mein Gemüt –
Ertaste ich die Verzahnung
Der Möglichkeit, die blieb
Gute Schwarzmondgöttin
Schwester des Bleichgesichts

Das die Nacht erhellte
Aber heute nicht
Bil ...!

In der schwarzen Flamme
An dem schwarzen Docht
Tanzt, was ich jetzt einfange
Wie ein schwarzes Loch
Schwer, aber übermächtig
Schwillt die Hoffnung noch
Unterm schwarzen Wasser
Liegt irgendwo die Furt
Ich warte nicht –
Ich wate
Zu meiner Wiedergeburt ...

Der Sänger

Kennst du die Rune Raidho? Schwingung, Bewegung, Rhythmus sind ihr Wesen. Sie birgt den Zauber der Zeit. Kennst du die Rune Ansuz? Ihr Wesen ist die kosmische Ordnung, die Fügung der Dinge und Ereignisse. Kennst du die Rune Kenaz? Das gelenkte Feuer, das schöpferische Tun – dein Eingreifen ins Geschehen. Die Rune Gebo – den Ausgleich von Geben und Nehmen, vollendete Harmonie? Wunjo – die Wonne der Verbundenheit, samt der Fähigkeit, das Ganze zu feiern? Ich könnte noch mehr aufzählen, aber ich bin kein Lehrer. Wenn ich dir in Menschengestalt erscheine, weil du anders nicht merkst, dass du jemand vor dir hast, dann höchstens, um dir die Zunge herauszustrecken. Da sind sie alle eingeritzt. Ich trage die Runen auf der Zunge, haha! Richtig erraten: Ich bin Bragi. Den hast du hier vor dir (ob menschlich oder nicht). Was muss ich da hören? Nur Teil eines Gottes soll ich sein – eines anderen, größeren, vielschichtigeren? Dass ich nicht kichere! Vielleicht ist dein ganzes Universum nur aus dem Furzgeräusch entstanden, das meinem Instrument entwich, als ich es stimmte! Du kennst mein Instrument: Ich musiziere mit meiner Stimme. Und nicht erst die Luft trägt sie. Vielmehr habe ich sie erst ersungen, mit den Sternen und den Steinen und dem Staub. Denn wir – ich und mein Orchester (oder meine Band oder Gang – nenn und stell dir das vor, wie du willst) – haben die Welt erschaffen. Das, was du so nennst ... inklusive dieses kleinen Teils, den du, Sterbliche, davon kennst. Und diese Welt ist Schwingung. Alles besteht aus Wellen. Kennst du die Rune Uruz? Aber du kennst Materie, nicht wahr? Meinst, sie zu kennen. Sie gleicht dem Sonnensystem oder dem nächstbesten Atom. Vergleichsweise winzige

Teilchen kreisen da umeinander in jeweils unendlich anmutender Entfernung. Klar, die Klumpen können auch riesig sein, wie manche Planeten, aber umso größer ist dann wieder die Entfernung. In dieser wirken noch die größten Riesen nur wie hauchfeine Pünktchen aus Staub, oder weniger. Ob im Aberwinzigsten oder im Allergigantischsten (wie in allen Welten dazwischen): Was du für „fest" und zusammengefügt hältst, was immer dir als anfassbar erscheint, ob Haut oder Brei oder Wand, ist nur die energetische Spannung zwischen jenen unsichtbaren Teilchen. Du merkst nicht, wie die sich bewegen: Das ist – im Kleinsten wie im Größten – weit jenseits deiner Sinne. Aber sei versichert: Alles schwingt. Ich muss es dir nicht schwören, ich weiß es. Aber du kannst es beschwören. Musst nur herausfinden, wie. Ich gebe dir einen Tipp: Achte auf die Schwingung. Das eine schwingt schnell, das andere fast enervierend langsam ... Manches schwingt so langsam, da reichte dein Lebensspännchen, das Hin und Her auch nur wahrzunehmen, nicht aus. Aber das musst du auch nicht. Du hast deine Welt, deine Luft, deine Stimme – oder Hände, Willenskraft ... oder alles zusammen. Was du auch damit anzustellen vermagst: Du erreichst jede relevante Dimension. Denn du selbst bestehst aus solchen Schwingungen, bist ihr – und das vieler anderer – vorläufiges Ergebnis. Musik ist das Abbild all dieser Fügungen. Selbst zusammengefügt aus Schwingungen, beschreibt sie die Beschaffenheit der Welt – zumindest wesentliche Teile davon. Das ist, warum dich Gesang oder anderes Klingen erfreut, wenn es dir in die Poren der Gewohnheit passt (die durchaus auf Neues scharf sein können). Du musst die Tröpfchen der Erregung nur dort abholen, wo sie sind. Dem ganz Neuen und völlig Unvertrauten folgen sie nicht. Da sind sie wie Kinder, die zu essen verlangen, was sie kennen: Es ist ihr

Halt in der Zeit, ihr kleiner wiederkehrender Anker der Gewissheit. Der sitzt noch nicht so tief wie bei dir als Erwachsener, der braucht noch die regelmäßige Bestätigung, dass alles so stimmt und dass es wiederkehrt: ja, möglichst so bleibt. Hand aufs Ohr: Geht es dir nicht ähnlich mit der Auswahl dessen, was du gerne hörst – dir sogar Glücksgefühle bereitet?

Auch ich singe immer wieder dieselben Weisen. Aber nicht nur. Die Welt muss weitergehen und die Musik mit ihr. Sie hängen ja beide zusammen (die Welt sogar mehr an der Musik als umgekehrt. So sehen wir Sängerinnen das. Wir sahen die Welt entstehen in unseren Gesängen. Das vergisst niemand, der dabei war). Musik lebt ja auch von Spannung – und das Nur- und Altbekannte löst keine (mehr) aus ... oder immer weniger. Das Ohr ist ein sehr gemächliches Gewohnheitstier. Was dich vorgestern noch erschreckte, wurde gestern zum gewohnten Kribbeln. Heute nimmst du es kaum mehr wahr oder höchstens noch unbewusst: als selbstverständlichen Bestandteil, der dir erst wieder auffiele, wenn er fehlte. Und morgen wird dich derselbe Aspekt langweilen oder nerven oder beides. Alte Menschen hören oft nurmehr alte Musik: die neu war, als sie selbst jung waren und die mit ihnen alterte. Beträchtlich viele Menschen hören Musik, die älter ist als sie selber. Und manche Menschen werden früh alt. Sie verlieren die Bereitschaft, sich mit Neuem zu befassen, schon sehr bald. Wenn sie sie je hatten über ihre Pubertät hinaus!

Aber es würde euch nicht gefallen, wenn die Sonne befände, sie habe jetzt genug Energie abgestrahlt und gäbe den Rest ihrer Kraft jetzt lieber gleich auf einmal frei (was wir Supernova nennen und uns in solcher Nähe gar nicht gut bekäme); oder wenn die Erde ihres Tanzes um die Sonne müde würde und sie lieber aufhören wollte, sich zu drehen. Klar, die physikalischen Kräfte ließen das nicht zu. Aber sie sorgen auch für neue Winde und ebenso für das Entstehen neuer Gesänge, neuer Musik. Auch das ganz große Lied ginge sonst nicht weiter. So singe auch ich nicht für den Schlussakkord, ritze Runen nicht, um endlich alles gesagt zu haben, sondern tue alles, um – ja, Anstoß zu erregen, ließe sich sagen! Deinem ganz persönlichen Empfinden diesen kleinen Schubs zu geben, weiterzumachen: mit den Tönen, mit dem Singen oder Klingen, mit dem Schreiben oder Malen, oder was immer du gerade erschaffst. Denn es liegt an dir, dass es weitergeht ... mit der ganzen Schöpfung. Ja, an dir, Menschenseele, Findefinger, Zauberhand. Oder Kehle! (Oder was immer du benutzt.) An wem sonst? An mir? Ich streck dir höchstens die Zunge raus, Menschenkind. Lies die Runen. Dafür sind sie geritzt! Und dann ritze deine als Autogramm in die Zeit.

Der Geisterreiter

Deine Zeit ist die zwischen den Jahren. Wann anders traute ich mich nicht, Deinen Namen zu nennen, geschweige denn, ihn zu rufen (für gewöhnlich. Ich will nicht nie sagen). Ein ganz Großer bist Du. Jener mit mehr Namen, als ich über die Zunge bringe, doch in dieser Gestalt kenne ich Dich besonders gut. Obwohl gerade diese ja eher gestaltlos daherkommt. Oder täusche ich mich da? Draugadrottinn! Herr der Geister! Herr meiner Geister! Führe sie an, wühle mich auf aus dem Innersten heraus, ich biete mich Dir dar: rücklings, das Maul weit offen, dass Du hineinfahren kannst – es ist meine geräumigste Körperöffnung –, den Kopf nach hinten, nach unten hängend, rücklings auf allen vieren, Hohlkreuz, das Becken hochgeschoben ... Ja, nimm mich. Ich brauche mich nicht zu schämen, niemand sieht, wie ich Dir diene, wie ich mich Dir darbiete – niemand kann mich einen Spinner oder bescheuert nennen deswegen, denn das hier zu beschreiben, ist ja noch lang kein Beweis. Mein Streben ist immer Hingabe gewesen, und Ihr Großen lohnt mir das mehr, als ich es nennen könnte. Wenn ich es denn aber müsste, verwiese ich auf die nächtlichen Sterne. Alles meins, alle meine – Gefühle, Gedanken, Geister. Seht sie euch an, lasst ihre funkelnde Pracht und die Leere dazwischen auf euch einwirken. Draugadrottinn, mein Nachtgott! Nicht für jede Nacht, beileibe und bitte nicht, aber für jene 12 Nächte umso mehr. Jene 12 langen, die zwischen den Jahren stehen. Wenn das alte Jahr beendet ist, das neue aber noch nicht begonnen hat. Nach der Wintersonnenwende ... Ich zähle meine Raunächte immer ab dem Beginn m/eines Julrituals. Ob ich es alleine begehe, in engerem oder engstem Kreis oder mit so vielen Vertrauten, dass ich mich von den meisten bald wieder verabschieden muss, weil wir uns nur auf ein Wochenende treffen. Mein Julritual beginnt – je nachdem, auf welches Kalenderdatum besagter Wochenendtreff fällt – um die Wintersonnenwende herum (manchmal ein paar Nächte vorher) und endet gewöhnlich, für mich ganz persönlich, irgendwann in den ersten Tagen des neuen Kalenderjahres. Wann genau, ist Gefühlssache, auch wenn das oft mehr als 12 Nächte sind. Und oft stellt sich dieses Gefühl auch schon eine ganze Weile vor der Sonnenwende ein. Manchmal schleicht es sich über Wochen heran ... und ich merke, ich sollte mich beeilen mit der jeweils aktuellen Arbeit, aber genau das geht jetzt nicht mehr, es geht nicht mehr viel. Die Wand zwischen der Alltagswirklichkeit und dem größeren Teil des Universums, die bei mir eh nur ein selbst gebasteltes Provisorium darstellt, das ich kraft meines Verstandes aufrechterhalte, wird dünner, brüchiger und durchlässiger. Bald wird sie mir ganz davonfliegen. Spätestens für die zweite Dezemberhälfte nehme ich mir nichts mehr vor. Keine Termine mehr (außer verwandtschaftlichen oder freundschaftlichen Verabredungen), keine Geschäfte, kein neues Projekt, nichts dergleichen. Manches muss durchlaufen und weitergehen, aber mit so niedrigem Aufwand wie möglich. Für die Trance, den stillen Rausch, der keiner äußeren Stimulation bedarf: Dir und den Deinen weihe ich mich jene Nächte, jene Un-Zeit über, großer Geisterreiter!

Du bringst die Wilde Jagd ... Woanders hörte ich von Perchten, ja fast allen möglichen Göttinnengestalten, die den Schauerzug anführen ... aber ich bin kein Landkind, ich bin mit keiner bäuerlichen Tradition, sei sie gut oder töricht, gesegnet oder geschlagen. Bei diesem Zug kenn ich nur Dich. Wie Hels Cousin oder Sohn wirkst Du da – bleich, fahl, geradezu durchscheinend. Und wie Du einherbraust! Hels Copter hieße ich Dich, hättest Du nicht andere, bessere Namen! Oder windigere, haha! Geschichten erzählen, dass Du einst als Sturmgott begannst. Ist's wahr? Jetzt stürmst Du wieder, in diesen Nächten – und ein ganzes Heer von Dämonen und Unholden führst Du an. Nein, Du bist nicht Loki (nur sein Bruder) und dies ist nicht Ragnarök, weder Götterdämmerung noch Weltuntergang. Außer, von meinen Gefühlen ginge die Welt unter. Manchmal tat sie das. Aber es war dann auch nur meine. Denn was oder wer sind diese Dämonen, wenn nicht meine! Nichts kann dort das Firmament in die Länge ziehen und die Sterne verdunkeln, was nicht auch in mir wäre und aus mir käme. Nichts kann das Schwarz noch dunkler machen als mein Fühlen oder sogar Trachten, nichts bohrt noch tiefer in den Grund und noch unterhalb aller Abgründe als mein Umpf – es gibt keinen Namen für solche Bodenlosigkeit (aber jeder Mensch trägt sie in sich. Die Glücklichen wissen es nicht. Vielleicht sind das aber auch die Deppen).

Du holst sie mir alle heraus, bringst sie alle zum Vorschein. Zurechtgebogene Erinnerungen (und auf was sie in Wahrheit beruhen), verdrängte Gefühle (und wie schlimm es wirklich war), verzweifelte Gedanken (und woher die Blindheit kam in meinem Denken). Alles, was im Alltag keinen Platz hatte und im Selbstwert keinen Sinn – all jene Ungeheuer, die so ungeheuer nervten, störten, schmerzten und lähmten, dass sie nur zu verbannen, wegzusperren, totzuschweigen waren, als ob es sie nie gegeben hätte! Du, Geisterherr, brichst den Boden der Verschwiegenheit auf, nichts lässt Du festgestampft. Mit einem Schrei zerreißt Du die drückende Angststille, kehrst in Seele wie Gedärm das Unterste hoch und das Oberste nach unten: Schaffst Ordnung, indem

Du die gewohnte, das Gewohnte – ja: alles Gewöhnliche auf den Kopf stellst. Ebenso kopfüber empfange, erwarte ich Dich! Damit ich sehe, wie es ist, wie Du bist ... damit bald alles wieder stimmt.

Draugadrottinn, Herr der Geister, bitte nimm mein Opfer an! Ich geb mich ganz hin, wild begeistert tanz ich in der Reihe an! Selbst ein Dämon, selbst ein Ungeist, selbst der grässlichste Mutant! Wohin geht's? Wir ziehen weiter! Niemand hält uns auf noch an! Pocht ein Takt aus hohlen Knochen, pfeifen schrille Melodien, schreit ein Schmerz und zieht uns weiter, hat uns Gespenster ausgespien! Tod und Leben zur Verwandlung, Nacht und Tag sind nurmehr eins ... Spricht der Geisterreiter heiter: Von euch Problemen kenn ich keins!

Stumm steh ich vorm Haus, der Wind durchzieht mich, als wäre ich eine hohle Röhre – singe ich schon davon, entwinden sich mir Töne, die ich nicht forme? Ich weiß es nicht – meine Ohren sind taub vom Lärm der Dämonen. Alle Gefühle, die ich je hatte – ja, sind das denn alles die meinen, oder haben sich da ein paar blind gewordene oder versehentlich angeheiratete Gefühligkeiten dazwischen gemischt? Woher kommen die denn bloß – toben wie eine Windhose rotierend durch mein Rückgrat und aus ihm heraus – ich fühle mich wie in einer länglichen Waschmaschinentrommel beim letzten Schleudergang. Draugadrottinn, Schleudermeister – nimmst Du meine Wäsche an? Andere suchen ihren Kick auf Rummelplätzen (tun sie das? Ich weiß nichts. Andere habe ich noch nie verstanden. Aber sie mich auch nicht), ich lasse den Gott der Wilden Jagd durch mich hindurchfahren und werde selber ein Teil von ihr. Wozu das ist? Kann ich nicht sagen. Wieso balzen Frösche, wozu tanzen Tornados, warum will Magma immer raus (jeder aktive Vulkan hat Chancen) und denken intelligente Primatinnen sich Götter aus? Mein Herr der Geister macht mir eine Grundreinigung durchs ganze spirituelle Gebälk, durch Körper und Geist, Gemüt und Seele. Es ist nicht immer so spektakulär wie beschrieben, aber dauert ein paar ... nun, Raunächte eben. Ich fang dann neu an, danach. Sauber und menschlich. Mit klarem Geist. Ich danke Dir, Geisterreiter. Treff Dich dann wieder in einer Deiner anderen Gestalten!

Die Heilerin

Summ, summ ... sing-sang-song ... Hörst du die Melodie? Spüre ihr nach, lass dich ganz fallen. Ich umfange dich, ich halte dich, ich bette dich. Ich führe dich dorthin, wo alles wieder gut wird. Die Vielgestaltigste der Asen bin ich. So viele Gestalten, die ich habe, so viele Masken, die ich trage – und hinter mancher Verkleidung würdest du mich nie vermuten. Ich bin immer die Richtige, die jetzt genau Richtige. Und ich habe recht. Ich bin die eine Art und Weise – und die andere. Nein, nichts daran ist beliebig, im Gegenteil: hier die eine, dort die ganz andere – immer nur die richtige, die für dich ganz persönlich und in dieser Sache angemessene. Kennst du meinen Namen? Die Vögel zwitschern ihn, die Bäche glucksen ihn, das Meer braust ihn und der Wind raunt ihn dir in die Ohren, wo immer er hin dringt für die, die hören können. Und ich kenne dich. Seit deiner Geburt schon kenne ich dich, und davor wusste ich schon lange, dass es dich geben würde und sogar warum. Ja, selbstverständlich wüsste ich auch, wann du am Ende bist und Raum und Zeit wieder verlässt – wenn mich das interessierte. Dich mag das ja kümmern, aber mich nicht. Was schert mich Sterblichkeit? Und komm mir nicht mit Daten. Ich vergäße sie sofort bei Nennung. Wärst du jetzt am Ende, wäre ich nicht hier. Du wärst dann gar nicht mehr mein Fall. Also lebe! Ich helfe dir, bis du es wieder selber weißt, dich erinnerst und daran glauben kannst, dass du leben sollst – dass es da noch etwas zu tun gibt für dich oder zu erfahren hier auf Midgard, im Refugium von Zeit und Raum. Wie immer du mich wahrnimmst gerade. Ich kann in fast jeder Gestalt kommen. Als Greisin oder Kind, als Erscheinung im Traum, als Mann in Weiß oder in Schwarz oder sogar in den Farben von Pfau und Kakadu, als Bärin, als Fisch, als Schlange, als Funke, als Klang, als Schwinge und Schrei, als tanzende Schamanin ... Was denkst denn du, in welchen Formen ich mich schon an manche Stätte schlich, wo ich gebraucht wurde wie nichts und niemand sonst? Ich bin die Heilerin. Ich füge zusammen, was entzweiging in dir; ich lasse pulsieren, was zu versiegen, zu stocken oder aufzuhören drohte; ich belebe, was sich nicht mehr rühren wollte oder konnte; ich gebiete Einhalt, wo Überwucherung sich selbst vergisst und alles zu erdrücken droht; ich stoppe, wenn dir das Leben entfließt, den Fluss; ich erlöse das Harte von Verhärtung und das Weiche vom Erschlaffen; ich besänftige die Erhitzung und beruhige Angst und Wahn; ich behüte den Schlaf und den Tieftraum bis zur Todesnähe; ich bette die Seele und lenke sie ab, während der Leib kämpft, schwitzt und zittert; ich entführe sie in den Wald der stillen Freuden, wo der Schmerz nicht mehr hinreicht und die Traurigkeit versiegt. Alle Wunden heilen unter meiner Musik.

Ich bin Eir, die manchmal Unsichtbare. Eir, der Wohlklang der Genesung; Eir, die Hoffnung hinterm Schrecken; Eir, die unerbittliche Bejahung deiner Lebenskraft – ja, deiner Heilung. Ich bringe, was du brauchst. Ich bin, was du brauchst, was dein Leben ändert. Dein Siechtum beendet und den Neuanfang einlädt. Gib auf, was dich aufhält! Gib auf, was dich bremst. Gib auf, was dich tötet, während du daran hängst. Gib auf, was dich aussaugt, zersplittert, zermürbt. Gib auf, was du wolltest, aber was nicht mehr wird. Ich bin die Heilerin, die Erlösung in deiner Träne, die ganz leise Wiederkehr deiner Lust. Der eine Sonnenstrahl, der durchs morsche Dach deiner Dauerskepsis fällt, mitten ins wurmstichige, schimmelfeucht vermoderte Gebälk deines Gemütsgemäuers, der darbenden Seelenruine. Der Feinstaub der Verzweiflung tanzt in diesem Strahl wie Fischfutter im Wasser. Dreckig ist es hier und stickig, klamm und trostlos. Ich helfe dir Hoffnung schöpfen, ich helfe dir weinen, ich helfe deinem Gespür zurück auf die Schwelle des Wagnisses. Verlasse die Ruine, da draußen wartet ein Leben auf dich. Ich massiere dein Herz, den Seelen- wie den Körpermuskel. Spürst du dein Blut zirkulieren? Es ist Zeit, einen Schritt zu wagen: hin zu mir, hin zur Heilung. Ich bin die Heilerin. Nein, du musst keine Wunder wirken, ich tue das auch nicht, obwohl du nicht die Erste wärst, die sich wundert, was alles geht. Ja, trotzdem und dennoch. Komm auf mich zu: Der Gedanke gilt. Dann komme auch ich näher, bis ich ganz bei dir bin. Hörst du den Wind meinen Namen singen? Hörst du dein Herz? Es will mich dir näherbringen. Ich kenne es schon lang. Ich weiß noch, wie es begann. Willst du wissen, wie es jetzt weitergeht? Dann zeig mal, was in dir steckt. Zeig mir, was lebt.

Der Besinner

Dich lernte ich kennen, da war ich für die Deinen gerade erst bereit. Von Dir hatte ich nichts gewusst, noch nie von gehört und habe Dich nicht anschleichen hören. Bis heute höre ich selten Deinen Namen. Rufe ihn selbst nicht oft – was aber daran liegt, dass ich zu Dir ein eher schweigsames Verhältnis habe. Genau das war's, was Du mich lehrtest: meinen Mund auch mal zu halten. Am Feuer war's, das wir dann Schweigefeuer nannten, ein Freund und ich. Wo wir beschlossen, er und ich, schlicht unsere Schnauzen zu halten: keine Worte mehr zu machen, so lang wir es aushalten würden. Sich allein mit Gesten zu verständigen, lernten wir, gerät rasch an Grenzen: Wie's dir grad geht, kannst du noch stumm mitteilen – aber schon nicht mehr, wo du gestern warst, morgen oder noch viel später hinwillst, wen du da treffen wirst oder trafst und was du dabei dachtest und vielleicht sonst noch alles vorhast ... oder dir so denkst, und was dir wo und wann mal widerfuhr. Nichts davon ist wortlos ausreichend klar zu vermitteln. Also gibst du es bald auf. Nach ein paar größeren, mehr oder minder phantasievollen Verrenkungen, die dem Austausch banaler Oberflächlichkeiten dienten („kalt", „warm", „müde", „Tasseninhalt lecker" ...) und zum Abnicken oder Kichern taugten, starrten wir nurmehr in die Flammen. Man wird ein bisschen dösig-trüb dabei. Das ist der Sinn der Sache! Was hat das alles nun mit einem Gott zu tun?

Forseti! Du bist der Schlichter vor Gericht, in allem Streit: ein Gott des Friedens. Vielleicht wissen deswegen so wenige andere überhaupt von Dir (muss ich mal grimmig lachen)! Am Schweigefeuer fand ich Dich. Mein Mund war stumm, mein Herz ganz weit. Ich mach sonst immer Worte. Zog Dich die Unterlassung an? Auf einmal hörte ich – der Stille zu? So still war's nicht: Es prasselten die Flammen, Holz knackte, Luft bewegte sich, und auch die Nacht war leise am Werk. Ich lauschte meinem Leib beim Stützarmwechseln, dem Blechtassengeklapper des Kumpels, dem Klang des Teestroms aus der Kanne. Schon müde geworden, dachte ich nicht mehr viel.

Und Du, Forseti, hast auch nichts gesprochen. Mich nur begreifen lassen: Ein solches Feuer – eins, an dem die Umsitzenden alle schweigen – wäre gut für jede Art Verhandlung. Am besten zu Beginn – je uneiniger sich Parteien wären, desto länger müssten alle sitzen. Um solch ein Feuer sitzen und die Fresse halten. Kein Wort austauschen dürfen! Stundenlang. Je ärger, desto – wie gesagt. Je ärger sie sich uneins wären. Ich würde gern prüfen, wie das Verhandlungen beeinflusst. Wenn alle sitzen in ihrem eigenen Saft, in ihrer Wut, im Ärger – und mit keinem Wort sich Luft und Erleichterung verschaffen dürften. Stumm ausharren müssten! Schweigen als Anforderung. Forseti! Schlichter! Den Vorschlag habe ich von Dir – bin ich mir sicher. Du weißt, wie Menschen sind. Was sie vermögen, und was nicht. Was wir brauchen und wozu wir darüber hinaus alle neigen. Was bringt Hitzköpfe zur Besinnung? Was lässt heiß oder lang aufgestaute Wut in langsamere, ruhigere Atemzüge münden? Was lässt die Leute ähnlich werden mit der Zeit, sei's im trüben Anschein und rein äußerlich nur – wenn sie einander noch so hart verachten? Ein Schweigefeuer böte dies. Es muss nur lange dauern. Sie alle säßen da ganz fies herum und würden sich belauern. Säßen mit verschränkter Brust und würden grimmig mauern. Säßen mit Gedanken da, die Mord und Totschlag wollten. Worüber sie jedoch nicht sprechen, nicht parlieren, nicht herumlavieren dürften

– sondern nur schweigen sollten. So lange, bis es allen ultra-öd wär, und vor lauter nicht mehr enden wollender Langeweile ein Großteil auch der Wut verrauchte. Erst dann, wenn sie gewöhnt dran wären: Wie sie sitzen, wie sie glotzen, schnaufen, grimmen – würde ein Schiedsrichterinnenwort was bringen. Als Anstoß der Verhandlungen, die damit erst verbal begännen. Ich meine echt, das brächte was.

Forseti! Friedensschlichter! Dich rufe ich immer nur zu mir ... allein. Wenn ich im Streit mit anderen liege, handelte es sich dabei nie um Menschen, die Dich kennen, oder Dich verehrten, so wie ich es tue. Drum kam ich nie auf die Idee, Dich als Mediator zu bestellen – Dich damit zu behelligen, wie oder dass ich klarkomme mit meinesgleichen. Nur in mein Inneres bitte ich Dich öfter: In meinem Ego-Parlament ein Friedenswort zu sprechen. Was Du nie tust. Dein Kommen reicht. Wir – ich und ich (einschließlich mir – und das da auch, dies andere Ich von mir, und jenes noch) – wir halten dann die Fresse. Besinnen uns. Ja, ich ... und ich ... besinne mich dann ... meistens eines Besseren. Wie einen Lehrmeister, einen göttlichen, ruf ich Dich an, Forseti! Mein Rückgrat zu bewerten. Halt ich mich aufrecht, lebe ich aufrechten Gang? Ich meine nicht meinen Körper. Und wenn ich konkret etwas frage, schaust Du nur – und weist in weite Ferne. Sehr oft aufs Meer (vor meinem inneren Auge)! Und was dort schäumt und wellt und wogt, enthält die stumme Antwort. Sprichst Du denn nie? Doch! Mitunter hörte ich schon das eine oder andere „Gut gemacht!“, oder ein vielsagendes „Meinst du?“, oder „Bist du sicher?“ – wenngleich meist nur gemurmelt. Oder gedacht? Im Kopf kaum unterscheidbar. Mein Bauch weiß wohl, was Du dann meinst. Ich opfere Dir meine Eitelkeit ... dankbar, auch wenn es noch ein bisschen schmerzt ... in Form von Glaubenssätzen, die

die Zeit mir einst flocht zu langen, schweren Zöpfen. Schnipp-schnapp! Sie wachsen ja auch wieder nach, doch dürfen sich Zeit dabei lassen. Du lehrst mich auch, welche zu haben – mir die, die nötig ist dafür, zu nehmen. Mein weiser Friedenshüter!

Die Entflammerin

Ob ich komme oder nicht, hängt nicht von dir ab. Wenn ich komme, bist du dran: Du entkommst mir nicht. Ich komme am liebsten zur Unzeit: wenn du mich nicht erwartest. Erwartungen zu erfüllen, gehört nicht zu meinen Gewohnheiten. Ich diene nicht, ich herrsche. Über wen oder was, wähle ich mir selbst aus und sehe keinen Anlass, das zu diskutieren. Ich komme, wann ich will, und ich bleibe, solange es mir passt. Wer mich festhält, verliert mich früher – um nicht zu sagen: gleich. Ich bin nicht zu halten – in keiner Richtung, in keiner Hinsicht, in keiner Bedeutung des Wortes. Ich bin nicht zu ersetzen, obwohl das natürlich am bequemsten und verlockendsten wäre, weil ich nicht nur unbequem bin, sondern gefährlich: für so ziemlich alles, woran dir liegt. Wer mich zu vermeiden sucht, schafft das manchmal. Das sind die ganz Unglücklichen, die Jämmerlichsten von allen. (Nebenbei ruinieren sie die Welt. Haben ja auch nichts Besseres mehr zu tun.) Wer mir aus dem Weg gehen will, kann gern Katz und Maus mit mir spielen – wobei ich die Katze bin, immer und sowieso.

Ich bin mehr, als du meinst, und bringe immer mehr mit, als du denkst – ich habe Folgen. Gern fürs ganze Leben. Die Folgen, nicht ich! Du denkst, du kennst mich? Ihr habt alle keine Ahnung. Ihr fürchtet den Kontrollverlust. Nun ja. Der bin ich. Oder sagen wir: Den bringe ich mit als eine meiner Begleiterscheinungen. Und wie ich finde, nicht einmal die größte oder bemerkenswerteste. Was fürchtet ihr so daran? So, wie ihr euer Leben verplant, ist er am Ende die einzige Chance, die euch noch bleibt. Ihr seid nicht gern machtlos, nicht wahr? Und meint, wenigstens eure eigenen Gefühle unter Kontrolle zu haben.

Damit unterschätzt ihr aber ihren Kosmos und seine Herkunft. Ihr unterschätzt euch selber damit, ihr verachtet ein ganz wesentliches Potential! Ich bring euch zurück zum Kern des Geschehens, zurück auf Anfang, ich befehle euch keine Wahrnehmung, ich zwinge euch dazu: Und wenn es das erste Mal ist! Oder das x-te – das ihr euch nicht mehr zutrautet – vielleicht, weil ihr tausendmal denselben Fehler begingt ... und jetzt die Chance bekommt, ihn zum tausendundersten Mal zu begehen ... oder endlich dazuzulernen. Wie ich schon sagte: Und wenn es das erste Mal ist!

Ich verwandle den Lärm um dich herum, vor allem aber das trostlose Getöne in dir drin in Musik. Ich bin der Sinn deines Lebens, zumindest aber die größte Kraft im Universum (nicht nur in deinem. Nicht nur in diesem). Ich bin die Zauberin, die dich leben lässt. Ich bin das Wunder, das den trockenen Kohlestaub in deinem Herzen in schimmernden Diamant verwandelt. Manchmal reichen ein paar Tränen, manchmal kostet es mehr. Vielleicht sind die Tränen selbst die Diamanten – dein kostbarster Schatz. Weine sie. Es macht reicher, diesen Schatz herzugeben, als ihn für sich zu behalten. (Mit wahren Schätzen ist das so.) Ich bin selbst die Tränenschöne. Das ist einer meiner Namen, und allein dieser hat mehr Bedeutungen, als die meisten auf Anhieb erkennen. Gehörst du zu den meisten? Ich mache dich zu etwas Besonderem – erinnere dich an deine Besonderheit. Es ist nichts Besonderes, einzigartig zu sein. Das ist von der Schöpfung so angelegt. Du tätest gut daran, dich deiner Natur zu erinnern – oder sie zu entdecken. Du weißt schon: Und wenn es das erste Mal ist ... Diese Art Erneuerung ist typisch für mich, obwohl ich gar keine Erneuerin bin. Ich fühle mich nur so an. Mich triffst du immer, als wäre es das erste Mal. Das liegt an der Wahrhaftigkeit, der Größe und der Intensität: dessen, was ich in dir freisetze. Was ich entflamme. Du dachtest immer, es ginge nur bis 100 Prozent? Tja. Da fangen wir doch erst an. Die Welt ist größer, tiefer und weiter, als du denkst – und mit mir verhält es sich erst recht so. Ich bin die Flamme der Vanir. Vánadis nennt man mich, Vanen-Dise. Was immer mir entgegengesetzt wird, und sei es ein Weltreich mit Armeen, ein Konzern mit Werbemacht, ein Medienimperium mit geölter Illusionsmaschinerie – es zielt immer auf die Falschen. Ich bin nicht totzukriegen und nicht aufzuhalten, überhaupt bin ich nur wahrnehmbar für diejenigen, die ich berühre, die aufwachen durch meinen Stups, meinen Kuss oder mein Vorbeirauschen – und nur für meinesgleichen halte ich an: Nicht selbst göttlich sein müsst ihr, aber Göttliches wahrnehmen können. Ich bin der Fluch in der Planung, der Sieg der Praxis über alle Theorie, die Irre am Tanzen, die Hexe am Hebel, die Wildsau im Wohnzimmer, die Verschlammung des Teiches, die Kröte auf dem Tischtuch, das Zerfetzen, Zerbröseln oder Vergehen des Idealbildes und der geborstene Präsentierteller, das Blut im Herzen und das Blut am Finger. Und das heilige Mondblut aus dem Schoß! (Wer es nicht ehrt, lebt verkehrt.) Ich bin die Wirklichkeit befreiten Fühlens und alle physikalischen Gesetze sind mein Gefolge – kniet nieder, Sterbliche, und senke, wer nicht versengt werden will, den Blick – ich bin die Liebe.

Nennt mich Freyja, Syr oder Mardöll ... Denn ich bin eure Herrin, die große Sau, und auch „Die, die das Meer erleuchtet“: Trägerin des Sonnenglanzes, jenes Amuletts, das die Zwerge mir schmiedeten, mit denen ich dafür schlief. So kam das Licht in die Welt, mit ihm der Zauber der Farben und mit ihnen die Lust in die Liebe – das Schreien vor Glück. Meint ihr, das wäre schon alles? Mir gehorchen nicht nur die Lebenden, ob sie wollen oder nicht, mir folgen auch noch die Toten. Diejenigen, die ich einsammele! Seltsamerweise scheinen viele vergessen zu haben, dass ich die erste Wahl habe auf dem Schlachtfeld. Ja, die Göttin der Liebe hat dort viel zu suchen. Nicht mein Problem, nicht meine Schuld, wenn ihr nur einen einzigen Aspekt von mir seht, nur einen Flecken feuchter Haut an mir wahrnehmt – wobei euch der schon zu viel ist, weil ihr ja bereits den nicht in euer Denkkästchensystem sortiert kriegt. Zurück zu den Toten! Wer von den Valkyries des Leichenschwelgers aufgelesen wird, ihnen nach Walhall zu folgen, ist von mir liegengelassen worden, unbeachtet geblieben. Vielleicht das Gros, haha! Wer zählt all die Überreste? Längst bei mir sind die Besten der Besten, die tapfersten Kriegerinnen und die kühnsten Krieger, in welcher Schlacht sie auch fielen (nicht jeder Krieg, nicht jeder Kampf hinterlässt ein Schlachtfeld mit sichtbaren Leichen – und mir entgeht keins)! Sie alle – diese von mir Auserwählten, und nur diese – kommen nach Folkwang, in meine heiligen Refugien ... Und was wir dort tun und woran wir uns fortan erfreuen, geht euch nichts an, Sterbliche! Mag die zweite Wahl in Walhall herumturnen, saufen, streiten und wieder und wieder das Sterben üben (als brächten sie es noch einmal so hin, die eitlen Irren) – bei mir, bei uns in Folkwang geht es anders zu. Auch dort lässt sich wiederholen, was du schon kennst – oder ahnen durftest – im Leben. Aber worin wir unter uns schwelgen, ist anderer Natur und – um es mal so zu raunen – von ganz anderer Dimension. Mehr sei hier nicht verraten. Das Diesseits kümmere dich: Da bist du, Mensch, zu Hause!

Ich bin die Königin des Räkelns in Würde; wer mir gefallen will, trägt das Haupt hoch und übt Müßiggang. Nimm dir ein Beispiel an den Katzen, die wissen ihre Zeit und ihre Kraft gut einzuteilen. Du musst nicht elegant sein, wenn dir das nicht liegt. Mein Tier ist auch die Sau: die wilde wie die träge. Doch gib dich ganz, ich nehme nur, wer aus dem Vollen schöpft, für voll. Ehre die Leidenschaft, die Verzückung und Beglückung, doch auch das zornige Hochfahren der Gefühle! Sieh zu, dass du noch andere Große neben mir verehrst, sonst fress ich dich mit Haut und Haaren! Ich bin die Größte – du wirst einige und einiges aufbieten müssen neben mir. Mich schaust du nicht ohne Dammbruch in den Augen; mich erfährst du nicht ohne Herzensaufwallungen; mir zu begegnen, bedeutet innerste Erschutterung – der Seele, und vielleicht sogar deines ganzen Lebensgebälks. Es wird zusammenbrechen bei unserer Begegnung, wenn es auf Lügen gebaut ist. (Gern geschehen). Gegen mich gibt es nichts. Niemand kommt mir aus. Es gibt keine Macht gegen die Liebe.

Im Tanz und vergleichbarer Hitze – immer derjenigen des eigenen Erlebens und Erfahrens – kannst du mich finden. Alle Tiefen und Höhen, Schründe, Falten, Tauchfahrten und himmelhohen Flüge der Lust sind meine Rituale; im Bersten sinnlichen Schwelgens erfährst du meinen Segen, in selbstvergessener Hingabe fährst du an meinen heiligen Ort. Möchtest du ihn berühren? Küsse alles, was du schmecken willst; erforsche Haut mit Haut und Zunge mit Zunge und umgekehrt; befühle Falten und Glätte und lass dich befühlen, kosen, entdecken und entführen an die Gestade der Ewigkeit. Du spürst sie immer nur kurz, aber dort ihre Macht. Für den Moment kannst du, wenn du geübt bist im Genießen, die Zeit vergessen und hast alles für immer. Nimm Urlaub von deiner Sterblichkeit, indem du dich ihr hingibst, dich und dein/e Gegenüber ganz annimmst, bis euch die Grenzen zerfließen. Koste es aus. Lass alles zu, was schwellen, nässen, glänzen, perlen und tropfen oder gar sprühen will ... Jeder Laut, der aus Wonne ertönt, nennt mich beim Namen. Jedes Mal einen anderen, ich trage unendlich viele. Opfere deine Kontrolle, deine Beherrschung. Lass mich deine Herrin sein und dein Erleben leiten. Und halte diese Sinnentänze heilig, sonst verrottet dir die Seele im lebendigen Leib. Du kannst mich nicht halten und schon gar nicht zwingen – nur locken und rufen. Manchen gelingt es manchmal, doch am Ende komme ich, wenn es mir passt. Lass einfach alles liegen und stehen, wenn ich komme!

Entrückst du dich von der Welt, geht dein Blick nach innen; hörst du Flüstern, wo anderen nur der Wind bläst; stocherst du im Trüben und kommst dort zu Erkenntnissen, die außer dir niemand versteht; hältst du jäh inne, um einem flüchtigen Eindruck nachzuspüren; entlässt dich der Strom der Dahineilenden und bemerkt dein Fehlen kaum oder gar nicht; kennst du den Rand des Geschehens meist besser als sein Zentrum? Dann findest du mich in Pflanze und Tier: in der Botschaft jeder Kreatur, die dich anspricht, ohne dabei Laute von sich geben zu müssen (oder es zu können), aber für dich sind es Worte. Dein Hirn übersetzt die Eindrücke wie automatisch. Du spürst, wer und was zu dir spricht. Dies alles sind meine Botinnen und meine Zeichen. Deine Entrückungen sind alle richtig, du findest alle Schlüssel in deinem Inneren, alle Gaben, alle Zauber, alle Möglichkeiten. Ich bin die Göttin der Hexen und Zauberinnen, der Traumweber und Nachtsängerinnen, der Nebelgänger, Nischenforscherinnen und der zu viel Fühlenden, die das, was die anderen alle wegdrängen oder verstecken, mitfühlen und mitschleppen müssen, als wäre es ihr Eigenes – und wenn sie es nicht zu unterscheiden lernen, was ihres ist und was nur eingefangen, drohen sie daran zugrunde zu gehen, denn was dann von außen auf dich einstürmt, ist immer zu viel. Hexen heißt auch, sich davor schützen zu lernen: darüber Macht zu erlangen, was in dich eindringt und was nicht – in jeder Hinsicht, in jedem Bereich. Ich bin die Göttin freier Frauen (und auch derjenigen, die keine Frauen, aber Manns genug sind, sich mitgemeint zu fühlen und derlei Ausgleich als wohltuend empfinden: zurück in die Balance). Wer sich befreit, hat mein Wohlgefallen, und alle, die Eigenständigkeit und Einzigartigkeit anstreben, meine Gunst. So findest du keine Gleichförmigkeit unter den Meinen, die Vielfalt der Natur selber ist meine Armee. Ihr musst du es schon gleichtun, eigene Formen, Farben und Töne mindestens anstreben! Bis zur Kunst leite dein Ich, wenn du es zulässt. Es möge zerbersten, es wird zerschellen! Und damit seinen heilen und heiligen Funken offenbaren, um dessentwillen du auf die Welt kamst: in dieser Form (deiner Gestalt), in dieser Runde (auf Erden). Diesen Funken bringt auch die Liebe. Suche nicht nach ihm noch nach ihr. Du verirrst dich nur – und wenn du sie triffst, bist du doch nicht bereit ... solltest aber zugreifen, sonst wird der Umweg größer. Du begehrst sie dennoch zu erfahren? Oder willst nicht mehr, weil du meinst, sie bringe nur Leid? Es ist nicht mein Problem, nicht meine Verantwortung, was du damit anstellst. Ich bring sie dir beide: den Funken, die Liebe. Mach was draus. Ich entflamme sie dir nur. Oder dich, wenn du so willst. Und jetzt muss ich weiter!

Der Verästler

Einen kenn ich, der begann, das entstandene Leben zu teilen auf bislang nie dagewesene Art: nicht mehr aus sich selbst heraus, sondern in Verbindung mit einem Gegenüber. Das geschah in den jungen Äonen von Mutter Erde und nur auf ihr ergab sich das; von woanders ist dergleichen (zumindest uns Menschen) nicht bekannt. Das geschah lange, bevor es uns Menschen gab, denn auch wir sind erst dieser großen und ungeheuer vielfachen Verästelung entsprossen, als ihr bislang (soweit wir wissen) letzter oder jüngster Zweig. (Sie wächst gewiss noch weiter. Wie und wohin lässt sich natürlich nicht voraussagen. Die Zeiträume, in denen sich Arten verändern, vergehen und neue entstehen, sich aus bisherigen entwickeln, sind gar zu groß. Könnten wir uns weit genug entfernen und alles eine Ewigkeit lang von außen betrachten, wir sähen die Evolution tanzen. Ganz langsam, vielleicht, aber auch ungeheuer anmutig! Eine Baumfrau oder Krakin, der immer neue Äste oder Arme entsprießen, und sie bewegt sie alle.)

Eine Rune kenn ich, die hat die Form eines Karos und bedeutet Ei. Sie ist Ihm geweiht: Ingwi-Freyr, dem Tanzlehrer der Evolution. Natürlich kannten jene Menschen, die erstmals eine Inguz ritzten, noch nicht die wissenschaftlichen Grundlagen der Genetik, womit sie sich auch keine spiraligen Bilder von DNS-Strängen oder dergleichen machen konnten. Längst aber wussten sie, dass bestimmte Erbmerkmale gern eine Generation überspringen. Und dieses Prinzip in einfache grafische Form abstrahiert, ergibt ebenfalls eine Spirale. Wie die Doppelhelix der Genetik! Reihe mal eine Reihe von Inguz-Runen aneinander, so dass sich ihre Spitzen berühren ... Siehst du.

Hast du dir schon mal vorgestellt, du seist selbst eine Spirale? Beim Tanzen, meine ich?

Einen Faun kenn ich, der tanzt in meinen Träumen ein neues Männerbild: glänzend vor Schönheit und bockswild in seiner Sanftheit, die Zotteln geschmückt und den Phallus gereckt, und wo er verhüllt ist, dient es nur dem Reiz des Anblicks – ein Mannsbild für alle, die Männer mögen, und er riecht nach Verführung und flüstert in der Sprache der Wälder – verstehst du die Waldsprachen? Ich schaffe mir meinen Lustgott nach meinem Bilde – das bin ich ihm schuldig: Er hat mich befreit. Dich, Freyr, rufe ich tanzend!

Einen Gott verehre ich, der ist der Bruder der Feuchtschönen und Heißblütigen – beide sind die Kinder Fjörgyns (oder Nehallennias oder Nerthus', oder von Mama Globus, wie ich sie gern nenne), und sie reiten manchmal auf wilden Schweinen mit leuchtenden Borsten (diese Schweine wurden von den Zwergen erschaffen). Stellt euch passende Musik dazu vor! Horch her, mein Lustgott, schau, wie ich mich bewege, winde, biege und strecke – und wie ich reite (auf meinen eigenen leuchtenden Schweinsphantasien): Ich rufe Dich!

Ein Gesetz kenn ich, das sorgt für Ordnung in der Natur: Es ermöglicht die biologische Nachkommenschaft innerhalb von Arten. Was sich miteinander vereinen und Nachwuchs hervorbringen kann, ist demnach von ein und derselben Art: Merk dir das, Mensch (denn alle, mit denen du Nachwuchs haben kannst oder könntest, sind exakt deinesgleichen). Natürlich muss kein Mensch auf Nachwuchs aus sein, um zu lieben und die Liebe zu leben. Pinguinmänner brüten, Seepferdchenmänner tragen Kinder aus, Gottesanbeterinnenmänner ejakulieren nur kopflos, manche Baumart vereint zwei Geschlechter in sich, und manche

Tiere wechseln ihr Geschlecht unter Umständen. Du als Menschperson lebe deine persönliche Neigung, du bist da ganz frei. Freyr, Tänzer des vielfältigen Lebens und all seiner Farben und Formen, süßzarten, herb scharfen, dunkelschönen, immer wundervollen Vermischungen, ich tanze Dich!

Eine Lust kenn ich, die sorgt für Unordnung in der Gewohnheit: Sie sprengt Fesseln, Ketten und Schlösser und bringt einem Tier das Bewusstsein, dass es frei ist, wild und erwachsen. Einen Gott kenn ich, der fährt in junge Menschpersonen und macht sie bockig und störrisch und lässt sie wild werden – das gehört zum Abnabeln vom heimischen Nest (und zum Überprüfen und notfalls Verabschieden von angelernten und einengenden Vorstellungen: Denn jede Generation sollte einen – ihren ureigenen – Schritt weiter gehen als die vorige konnte, mochte oder vermochte. Oder anderswohin: immer über die Grenze des bis dahin Gewagten hinaus! Die Richtung, die sie damit einschlägt, verantwortet sie jeweils selbst und alleine). Bocksbeiniger Herzensaufwühler, Du tanztest mich!

Eine Kuppe reibe ich, die spritzt ihr Fontänchen Dir zu Ehren, Herr meiner Lüste und meiner Fruchtbarkeit. Nicht nur der jedweder Genitalien (was immer wir damit anstellen), sondern auch der aller Schöpferkraft, jeder Seele Einfallsreichtum und eines getriebenen Willens Beharrlichkeitsstärke. Du, großer Verführer, Befruchter, Verästler, bist der Hüter allen Werdens, Entstehens und Erschaffens. Klar nicht der einzige magische Mentor hingebungsvollen Könnens und Kunstschaffens – hier mag Dein Befruchten, Keimen und Ausschlagen im Schatten der großen Schwester und ihrer kleinen Gehilfen stattfinden. Und auch noch andere Große beteiligen sich an solchem Tun oder unterstützen es auf ihre Weise, was Deinen Anteil nicht schmälert. Ich rufe Dich, Ingwi-Freyr, auch als Schirmherr der ersten acht Runen (des Älteren Futhark). Diese allen Schöpfungsvorgängen geweihte Reihe trägt Deinen Namen: Freyrs Ætt.

Einen kenn ich, der wurde gesehen und nicht gesehen von Spaziergängerinnen im Wald. Die einen sagten, da sei womöglich ein komischer Typ unterwegs, während die anderen meinten, es habe wohl nur ein Tier im Unterholz geraschelt. Rücklings an der Eberesche (ich hoffe, dass es eine ist, denn das ist doch Dein Baum, oder? Eigentlich unverkennbar – ich müsste mich schon schwer täuschen) krallen sich meine Klauen ans Holz. Ich schwitze leicht, obwohl es nicht warm ist. Sind die Wandernden bald außer Sicht- und Hörweite? Ich hätte mir einen Schutzkreis ziehen sollen, hatte es aber nicht für nötig gehalten – oder einfach nicht daran gedacht. Ist hier ja nicht weiter tragisch. Ich will nur ungestört bleiben und niemand irritieren. Freyr, Wildblut meiner Lustseele und meines Menschenleibes, ich tanze Dich!

Die Verwahrerin

Was haben der Kiesel, der am Wegrand ... nein nicht dieser, der andere! Nein, der kleinere da, jener unregelmäßig geformte weiter links, die schmelzende Butter in der Pfanne, die Borke der Buche, das brechdünne, abgestorbene, schon in sich eingekräuselte Blatt und die verlorene Feder des Eichelhähers gemeinsam? Mit auflisten ließen sich all die ausrangierten Satelliten, die um die Erde kreisen (der Sinn der noch funktionierenden erklärt sich den meisten ja fast wie von selber, nicht wahr), die versteinerten Knochen des jüngsten, noch nicht endgültig klassifizierten Fossils, der plattgefahrene Eisennagel und natürlich der Jupiter (der Gasriese. Fünfter und größter Planet des hiesigen Sonnensystems). Ja, die Beispiele sind wahrlich beliebig. Welche wir auch stattdessen oder zusätzlich hernähmen, all das Genannte besteht aus Sternenstaub. Hat solchen zum Ursprung – großräumig und langfristig gesehen. Wie sah dein Leben vor, sagen wir, zwölf-dreizehn Jahren aus? Was hast du empfunden? Weißt du es noch? Was weißt du noch genau und was davon meinst du nur zu wissen? Was hat sich dein Gedächtnis in Wahrheit vielleicht nur so zurechtgebogen und es sich als wahr ins Gebälk gestempelt?

Bequemlichkeits- oder überlebenshalber! Und wie sah das Leben hier, wo du wohnst, vor 300, vor 3.000 oder gar 300.000 Jahren aus? Je weiter der Zeitraum, desto schwerer lässt sich etwas darüber feststellen – für euch Menschen – und das sind noch lang nicht die Äonen, in denen wir Großen denken. Von jenen aber bin ich die der größten Räume und der längsten Zeiten. Fensalir, Nebelsäle, nannten manche Weitahnenden meine Hallen. Kannst du ermessen, welchen Faden ich hier spinne, und worin er sich noch unterscheidet vom Gespinst der Nornen, den Weberinnen all dessen, was ist, war und sich ergeben haben wird? Weit über uns Großen stehen sie – denn auch wir Göttinnen und Götter sind nur Bestandteile oder Bewohnerinnen ihres großen weltweiten Gewebes. Aber du, mein lieber Mensch, wirst mir nicht sagen können, wohin mein Faden reicht, wie, woher oder weswegen ich ihn überhaupt spinne – denn so weit reichte dein Lebensfaden nicht einmal, wenn ich die Fäden all deiner Ahninnen und Vor-Ahninnen zusammen nähme und hinzurechnete. Was nützte dir auch eine Zahl, wären solche nennbar! Wir Großen hüten die Welt dort, wo sie zu groß würde für euch. Nenn mich Frigg.

Der eingangs erwähnte Kieselstein ist schon auf den zweiten Blick vergessen, nicht wahr, das Bratfett geschmolzen, das tote Blatt endgültig zerbröselt, die blaue Feder fort – weißt du wohin? Ich sah Jupiter, den Gasriesen, entstehen und kenne sein Ende: Für mich nicht schwierig, das vorauszusehen – es ergibt sich aus seiner Bahn, seiner Beschaffenheit und Bewegung (und natürlich einigen Faktoren, die sich selbst Dichterinnen schwertäten zu beschreiben, wenn sie es denn wüssten. Ich möchte nichts beschreiben). Ähnlich, wie du das Niederbrennen eines Scheites Holz vorausberechnen könntest, so du schon öfters welches brennen sahst und vielleicht sehen wirst, ohne deinen Kopf groß anstrengen oder dafür gar arithmetische Künste anwenden zu müssen ... Oder, wie auch das völlige Zerbröseln des morsch verkrümmten Blattes kein Wunder für dich wäre (außer, du wärst Wissenschaftlerin, die solchen Wundern nachforscht). Anders als du, als ihr, merke ich mir alles. Das ist meine Profession, ja meine Natur. Die Drehungen des Gasriesen – ich habe sie nicht gezählt, aber kann mich an jede erinnern und werde jede weitere in mich aufnehmen, die noch folgt, ebenso wie das Zerlaufen der Butter in der Pfanne – aller Fettstückchen in allen Pfannen, seit dies und derlei das erste Mal passierte: Ich kenne das Schicksal jedes verdunsteten Tropfens und es bleibt in mir präsent wie dir ein soeben erst ausgelesenes, ganz und gar erschütterndes Buch. Ich bin das Wissen. Mehr noch, ich wahre die Erinnerungen all dessen und an alles, was je geschah in der Welt. In dieser, in anderen: Ja, ich glaube, in allen. Ich kenne die Drehungen aller Gasriesen und Bewegungen jeder Pfanne auf oder über heißem Grund und den Verbleib jeder blauen (oder andersfarbigen) Feder. Und all das bleibt mir, halte ich mir präsent. Ja, und deshalb kenne ich natürlich auch dich: Ich weiß, woher du kommst und wie du wurdest, was du bist, und habe recht genaue Vorstellungen davon, was wohl weiter geschieht. Ich möchte nichts davon schildern. Ich merke es mir besser so. Und du lebst es, glaube mir, besser, wenn du es nicht vorausweißt. Du würdest es beurteilen, einteilen in Gutes und Schlechtes – du könntest gar nicht anders. Aber was sollte das? Außer, dich verrückt machen? Verrückt kannst du, wenn du das magst, oder musst oder brauchst, auch anders werden. Du bist nicht wegen solcher Urteile auf oder in der Welt, und ich auch nicht!

Ich spielte an mir herum, als der Nukleus keimte, aus dem das Universum – ja, das deine (denn das ist es ja auch, haha) – entstand; ich tanzte mit den Farben, bis sie sich zu Gestirnen formten und von mir und den Meinen erstmals zum Balancieren gebracht wurden, woraus sich ihre Bahnen zu bilden begannen, als wir die Schwerkraft erfanden. Mir gefiel das Kreiseln. Ich merkte mir alles. Ich ließ die Sonnen altern und erbleichen, und ich ließ sie explodieren, damit sich diejenigen Elemente bildeten, aus denen alles entstehen konnte, was ihr Schöpfung und Leben nennt. Wir trennten das Schwere vom Leichten und gaben beidem seinen Weg. Ich hielt das Ei deiner Mutter, bis das Spermium eingedrungen war, das es aufblühen ließ, als du noch keinen Namen hattest und noch lange kein Mensch warst. Ich halte die Fäden deiner Erinnerungen, all deiner Spinnereien, die du schon längst aufgegeben, verloren und vergessen hast – unter welchen Umständen oder aus welchen Gründen auch immer –, und ich werde sie noch halten, wenn die Spuren deines Wirkens sich im Auf und Ab des Zeitmeers verloren haben und für deinesgleichen nicht mehr auffindbar oder nachweisbar sind. Ich werte und bewerte nichts – mir sind sie alle gleich – und gleich viel wert: nicht nichts, sondern alles. Ich sammle nur Kostbarkeiten und Bewahrenswertes. Ich sammle und bewahre, was ist. Das meiste davon war längst gewesen: Ist nicht mehr in der Wahrnehmung derer, die noch sind. Aber wer oder was sind diese? Es sind nur die Heutigen – welcher Herkunft und welchen Hingangs, haha, auch immer. Ahnst du, wie viele dir vorangingen, vorauslebten, ihre Zeit prägten wie du deine, ihre Irrtümer dachten, ihre Gewissheiten und Gewohnheiten pflegten, ob sie sie für edel hielten oder sich ihrer schämten? Und denkst du zuweilen daran, wie viele jenen schon vorausgegangen waren und wie ähnlich oder unähnlich sie jenen waren, denen sie selbst nur folgen konnten, ohne es zu ahnen?

Ich war dabei, als der Verästler – jener junge Spielfreund, dem das geschaffene Leben zu langweilig war – in die Zelle fasste, die sich teilen wollte, und sie daran hinderte. Stattdessen schubste er sie zu einer anderen hin und ließ nicht locker, bis die beiden sich zusammentaten und ihr Erbgut vermischten. Sex hat mehr bewirkt als alle Zellteilungen vorher, es hat eure Mutterplanetin verändert und zu einem Paradies erblühen lassen, wie ihr kein zweites kennt (warum denkt ihr euch noch weitere und ganz jenseitige aus? Reicht euch das real vorhandene nicht, habt ihr irgendein Problem damit, oder seid ihr euch – wie eins fast meinen möchte – selber nicht grün?) – ich bin mir nicht sicher, ob es eine so gute Idee war, mit euch eine Art zu schaffen, die unablässig in Brunft ist. Die beiden Vanengeschwister wollten es so, sie waren ganz besessen davon. (Fruchtbarkeitsgottheiten anderer Kulturen gefiel das auch. Sie waren, glaube ich, alle ganz besessen davon. Ich weiß, wie es endet. Aber ich erzähle es nicht. Wozu sollte ich?).

Und ich war dabei, als die Sehnsucht nach Erfüllung, Liebkosung, Vereinigung sich in deinem Leib ausbreitete. Weißt du noch, was du dachtest? Was du erhofftest, und was du befürchtetest? Wie es dir erging in der Wandlung? Ich weiß es noch – und ich bewahre es für dich. Wenn du es nicht mehr willst oder nicht mehr daran denkst – ich bewahre es weiter. Du weißt ja: Ich sammle nur Kostbarkeiten. Ich werte nichts, und ich erzähle niemandem etwas davon.

Ich mache es ganz – oder fast – wie jene eurer Satelliten, die nicht mehr senden. Würdet ihr mich erkennen, sagtet ihr vielleicht auch über mich: Die funktioniert ja gar nicht! Und zucktet mit den Schultern und setztet mich gleich mit dem Schrott, der euer geplündertes Paradies umkreist. Der Himmel mit seinen Sternen, endlosen Weiten und fernen Galaxien zeigt euch mehr Vergangenheit, als ihr selbst je haben werdet. Die Vergangenheit aber, in der ihr grabt (ohne ganz verstehen zu können, was wirklich war und dazugehörte – und wie sich das anfühlte), wirft euch unwillkürlich zurück in die eigene Gegenwart. (Denn nur aus dieser könnt ihr deuten.) Versteht ihr wenigstens mit ihr etwas anzufangen? Die meisten von euch wollen gar nicht wissen, wo der Kiesel herkommt oder wo die Feder hin ist. Gasriesen kümmern sie schon gar nicht. Das Universum, in dem ihr euch befindet, atmet seit seiner Entstehung aus. Ebenso lange nach eurer Zeit wird es einatmen und damit seinen ersten Atemzug vollenden. Das sehe ich so voraus, wie ihr das Fett im Pfännchen schmelzen seht. Und du willst von mir erfahren, welchen Sinn das habe? Ich fühle mich nicht zuständig für deinen Sinn in deinem Leben. Wer wäre ich denn? Ich bin nur die Königin von Asgard, die große Göttin mit der Spindel in der Hand. Es sind immer eure Bilder, nicht unsere oder meine. Es ist immer euer Sinn, den ihr hineingebt – oder herausholt. Für wen ist das dann, hm? Die Antwort ist dieselbe.

Ich lebe schon so lang, dass ich überlebte, was ich gebar. Das Schönste, was ich ins Leben brachte, ist schon lange nicht mehr dort. So, wie es war, ist es nie mehr geworden. Das gilt auch für alles andere: Der Rest passte sich an, als das Schönste nicht mehr wiederkehren konnte. Ich habe den Aufstieg mitgemacht und die Schöpfung mitgeschaffen. Ich werde ihren Niedergang entlangschreiten, die Musik in mich aufnehmen, die sonst keine mehr hört, und auf Worte dazu verzichten: Die Reden wurden alle schon aus nichtigeren Anlässen gehalten, sie sind verklungen. Ich habe sie noch in einer Nische meines Gemüts, und die wilden Gefühle, von denen sie getrieben waren, auf einen Teich gesetzt in meinem Garten: Da schwimmen sie jetzt als stille Blüten. Ich habe das Feuer ausgehen lassen unter den Kesseln und dem ganzen Hausrat frei gegeben: Jeder Löffel, jeder Zahnstocher, jeder Satellit durfte gehen oder fliegen, wohin er wollte. Ich ließ die Schöpfkelle sinken, ich mochte nicht länger schöpfen, und am Ende – irgendwann danach, die Zeit mochte niemand mehr messen – sogar die Spindel sinken. Mein

Werk war getan. Ich bin Frigg. Ich erinnere mich all dessen, was war. Was gelebt hat, vorhanden war, vorbeikam, entstand, sich entwickelt hat, und gelebt haben wird – sogar, was vorhanden gewesen sein kann. Denn da sind mehr Räume und Zeiten, als ihr wissen könnt und als ihr zählen könntet, wenn ihr wüsstet. Ich kann nicht ganz den Kreisläufen entsteigen, ich gebe mich ihnen hin, nehme weiterhin in mich auf, was ist und was kommt, jeden Funken und jeden Tropfen, jeden Hauch und jedes Beinahe, auch das um ein Haar Gewordene und das nur unmerklich kurz Gewesene ... Und ich verwahre es und kleide mich darin, und drehe mich und tanze, als wäre ich selbst dieses Kleid aus unzähligen Schichten von Zeiten und Geschehensebenen und als hätte ich selbst keinen Leib darin – habe ich einen? Oder wurde die Schöpfkelle von keiner Hand geführt, hat sich die Schöpfung am Ende selbst erschaffen, die Ursuppe selbst erschöpft – zu all dem, was daraus wurde? Das wüsstet ihr gerne, nicht wahr, ich kenne euch doch. Ja, ich weiß es! Natürlich. Ich erinnere mich an alles, und wenn ich es genau nehme, sogar an noch etwas mehr. Nenn mich Frigg. Ich möchte nichts erzählen. Ich sammle nur Kostbarkeiten!

Die Schwelgerin

Eine maßlose Person braucht maßlose Götter ... Und maßlose Genießerinnen wie ich, die sich nicht für die Grenzen von Genüssen, sondern mehr für deren Erweiterungen interessieren, können eine Göttin fürs Schwelgen und für Völlerei brauchen. Irgendwo müssen die Glücksgefühle ja herkommen, und wer keiner übergeordneten Macht für die Erfüllung ausgefallener und feinsinniger Wünsche danken kann, braucht auch keine fürs Weiterfließen des Blutes in den eigenen Adern, denn das besorgt ja ein Muskel: die körpereigene Blutpumpe, nicht wahr, mein Herz? So ist diese Göttin die Einzige, die mich je zum Missionieren verführen könnte – natürlich nur zum Spaß: „Einen saugeilen guten Tag, die -hicks- Hörrschaft'n! Hätten Sie ein Schsch ... Schtündchen, sisch mit unsch ein büschen über unsere Herrin und Erlöserin auszutauschen, die Üppige mit dem Füllhorn, unsere liebe Kennerin der Kostbarkeiten, die Freuden spendende, in Bewunderung badende, Gourmets und Genießerinnen besonders gewogene Erfüllerin und fickengeile Vergnügensförderin Fulla?"

Und selbstverständlich stünden wir nicht wie die Zeugen des Sofas vor der Tür, sondern wir hingen, lägen, fläzten und schwankten dort herum mit befleckter, derangierter Garderobe (ohne Anspruch auf deren Vollständigkeit) und zerzaustem Haar, achtlos Weinflaschen schwenkend (wenn sie überschwappen, war noch zu viel drin – oder war das gerade Champatschi-pitschepüh? Wir sind keine Impfgegnerinnen, wir nehmen, was wir kriegen, hihi), zwischen den Fingern der anderen Hand noch die qualmende oder gerade eben ausgegangene Tüte (den geladenen Joint). Ascher brauchen wir keinen, wir nehmen den großen ... Ihr versteht, was ich meine? (Stellt euch eure eigene Orgie vor. Wie staffiertet ihr sie aus? Wen lüdet ihr ein, wen betrautet ihr mit der – hmtja, nicht nur der Speisenfolge, sondern überhaupt der Dramaturgie des Festes? Was müsste geboten sein und wie ließe sich das dann steigern? Was macht ein Fest zum Fest? Was darf dort alles passieren – und wie lässt sich das reizen? Welchem Höhepunkt sollte es entgegenstreben, und wie könnte gesorgt werden für dessen charaktervolles Abebben? Wie lange dürfte sich das hinziehen? Fragen über Fragen ... Hach ... wie viel menschliche Arbeitskraft und Kreativität ließe sich in solch nützlichen Unterfangen binden – und damit abziehen von den weniger brauchbaren bis ganz und gar schädlichen, von der Bürokratie über die Börse bis zum Militär!)

Nun ist Fulla – dafür opfere ich mein unbenutztes Weinbergschneckenbesteck – selbstverständlich keine Orgiengöttin. Aber eben auch keine, die sich mit einer Hostie abspeisen ließe! So richtig asketisch wird's nicht mit der Göttin der Fülle. So richtig sparsam aber auch nicht. Die lehnt nicht das letzte Stück Torte ab, nachdem sie erst drei hintereinander hatte. Die leert das Horn bis zur Neige, auch wenn das gierig aussieht (was aber ohnehin nur daran liegt, dass das Trinkhorn krumm ist und, wer sich den Inhalt nicht ins Gesicht platschen lassen will, die Spitze Richtung Geschlecht hält und nicht gen Himmel). Das mit dem Horn beschrieb mir ein Freund mal so: Die Spitze eines geweihten Trinkhorns reiche immer in Odrörir hinein ... und mit dem heiligen Met der Götter nähmst du auch etwas von ihrer göttlichen Weisheit in dir auf. (Ich fragte mich nicht lange, was die Besoffenen alle falsch machen, sondern nahm den Geheimtipp mehr bildlich als wörtlich.) Gedanklichen Inhalten nach zu urteilen, ist es ohnedies eher Fulla, die mir die Hörner füllt. Wäre sie von menschlicher Gestalt, sie wäre so dick wie wir beide zusammen (was immer du wiegen magst und dein Leibesumfang misst). Immerhin verkörpert sie Üppigkeit. Wollte ich sie malen, ich führte den Pinsel immer weit über die Leinwand hinaus! Und ich kleckerte schwungvoll herum, bis bald auch alles ringsum voller bunter Farbe wäre! Mein Werk aber beschriebe ich singend mit vollem Mund ... Die Göttin des Wohlstands kannst du nicht knickerig feiern.

Ich habe nichts gegen Wohlstand (ich mag ihm nur nicht sämtliches Seelenheil anvertrauen. Einige meiner hartnäckigsten Geister sind Wohlstandsdämonen, haha). Doch vor Fulla knie ich in erwartungsvollem Behagen wie ein Kind, das genau weiß, dass es reich beschenkt wird und nur noch nicht weiß, womit. (Der selbst geschriebene Wunschzettel ist in dem Moment vergessen.) Was wünschst du dir für die Fülle? Auf welchen Wohlstand bist du aus? Ich danke Fulla für alles, was meinem Leib und Gemüt guttut. Das scheinbar Selbstverständliche, das Alltägliche ist dabei. Ich weiß vermutlich nicht wirklich, was es bedeutet, zu hungern. Aber ich weiß, was es heißt, satt zu werden und das weiterhin erwarten zu dürfen, so gut wie unabhängig davon, was ich so anstelle oder auch lasse. Nebenbei bemerkt, ging es mir schon schlechter, als sich die meisten deutschen Eingeborenen vorstellen können (oder bereit wären, sich das halbwegs realistisch auszumalen). Ich kenne Mangelwirtschaft allzu gut, auch wenn es vornehmlich meine eigene war ... meistens. Tempi passati. Fulla, die Üppige, ist mit dem Glück verwandt: Du musst es erkennen können, um es willkommen zu heißen. Es kommt ganz leicht – es lässt sich nur nicht drängeln oder herbeizitieren. Und ebenso geht es: wann und wie es will. Dem liebsten Gast ruft man keinen Schimpf hinterher, auch und gerade dann nicht, wenn er geht. Das

Glück, das dich beglückt, ist dein Gast, nicht deine Geisel oder dein Gefangener. Und irgendwann bricht jeder Besuch wieder auf. Soll sie nicht wiederkommen, so bald wie möglich?

Fulla! Du kennst mich! Du siehst mich! Dich spüre ich im Dunstkreis der großen Frigg! Deine Schätze, Fulla, sind die des Gedeihens, Behagens und Wohlergehens! Darf ich Dich zu den Vanir zählen? Das ist Dir egal, was? Dein Reichtum komme! Deine Fülle geschehe! Wie im Willen, so im Werden! Und erlöse uns von der Armut – auch der unterernährter Vorstellungskraft und übersättigter Gleichförmigkeit! Und verführe uns mit der Versuchung, auf dass wir kosten vom Besten und dann noch um Nachschlag betteln! Und nicht nachlassen können, immer vom Besten zu träumen – was uns andere auch vorsetzen oder zumuten mögen. Fulla! Dein Füllhorn neige und ergieße sich über uns – auch über unser Erkennen. Denn Dein ist nicht nur der handgreifliche Wohlstand, sondern auch und besonders des Wohlbefindens unsichtbare und geheime Seele. So öffne mir meine, oder steh mir bei, das zu tun! Lass mich erkennen, was ich habe, auf dass ich es nutze und mein Geschick damit vermehre!

Wie ein Trinkhorn hat die Erfüllung zwei Enden: eine große Öffnung, aus der – je nach Neige – wieder herausfließen kann, was du hineingabst, aber unterhalb derer es immer schmaler und schräger wird, bis das Ganze in eine enge Spitze mündet, die selbst kaum etwas enthält. Aber diese unscheinbare Enge hält alles zusammen. Wäre dort ein Loch, strömte alles sogleich wieder heraus. Das Horn könnte nichts bei sich halten, sondern verlöre, was immer man oben hineingäbe, fast ebenso schnell, wie es sich nachfüllen ließe. Mein Wohlstand und Wohlergehen sind die große Öffnung meiner Erfüllung. Wie sich meine

Genüsse und Sinnlichkeiten entwickeln über die Jahre und Jahrzehnte, lässt sich vergleichen mit dem gebogenen, sich verjüngenden Rumpf des Horns. Ja, das wird immer schmaler, aber auch fester. Und es zeigt wohin. In dem Fall auf Fulla. Sie öffnet mir den Zugang zum Meer der Fülle: dem inneren. Aber es wirkt sich nach außen aus.

Dem Alltag rechnerisch fixierter, womöglich calvinistisch gebremster Gemüter bleibt solch erfülltes Fühlen wesensfremd. Wo immer es wahres Schwelgen hervorbringt (wie Mutter Natur es mit nahezu allem tut, was sie gebiert und wo wir sie lassen)! Denn es nährt sich von Gefühlen und bringt weitere Gefühle hervor, gibt sich mit Juchzen oder Schluchzen hin und wälzt sich, ja vereinigt sich mit ihnen. Vergisst sich ganz und gar, um sich dadurch erst zu finden. Und Fulla thront darüber – oder besser: darinnen – wie ein weiblicher Buddha, nur natürlich mit mehr Leibesfülle, und sie lächelt dazu nicht weise, sondern grinst blöde: zu vertieft ins Geschehen, um sich zu verstellen! So ist auch meine Lust kindlich, ekstatisch, überschäumend lebensfroh oder zu Tode betrübt: immer die volle Ladung bis zum Biegen, Platzen und Bersten. (Nun gut, ich übertreibe: Leibhaftig geplatzt bin ich noch nie, aber meine Hoffnungen taten es schon, mein Schmerz aber auch. Und barst nicht dein Herz ebenso und schlägt doch immer noch?) Daher muss ich das große Bild malen und die grellen Farben nehmen, diese Göttin nicht beflüstern, sondern ihr zuschreien aus voller Kehle: wie das verzückte Kind, das seine Mama ruft – und sei es für ein „Guck mal da!“, für die nächstbeste Banalität, die Erwachsene übersehen, weil sie schon alles längst zu kennen meinen. (Sie täuschen sich zu oft.) Dies aber ist Fülle, wie Fulla, die Erfüllende, mich lehrt: Nichts, was das Herz füllt, für den Moment zurückzuhalten.

Die Herbeischafferin

Lang ist der Zug der Wünsche, Bedürfnisse und Sehnsüchte, und viele von ihnen ziehen mit gebeugten Schultern und hängenden Häuptern ihres Weges, denn die Hoffnung zieht nicht mehr mit ihnen: Sie hat sie verlassen, sie wurde abgezogen, abkommandiert – wohin? Das wissen nur die Menschen, die das verantworten – oder haben sie es selbst vergessen? Möglich ist auch das. Ich selbst mische mich gern unter die Fahrenden, halte mich unscheinbar. Damit bin ich nicht die Einzige unter den Asinnen, auch wenn andere dafür berühmter sein mögen ... Ich lasse mich lieber unterschätzen und ergötze mich dann am Staunen derer, die es nicht fassen können, was geschieht – weil sie mit so etwas, wie ich es bin, nicht rechneten. Gefjon nenne mich: Ich bin die Gebende. Mich kannst du rufen, wenn du etwas dringlich brauchst, was du nicht hast, aber haben solltest. Doch gemach! Ich bediene keine Habgier ... Auch um Gerechtigkeit geht es mir nicht, die sei eure Sache, oder wessen auch immer. Es gibt eine Geschichte über eine fahrende Sängerin, die einen König erfreut haben soll mit ihrer Stimme und ihren Liedern. Er, so heißt es, versprach ihr dafür so viel Land, wie vier Ochsen durchpflügen könnten bei Tag und bei Nacht. (Ja, das waren Tage, in denen das Singen unter den Menschen noch geschätzt und handfest belohnt wurde.) Was jener Mann nicht wusste, war, wen er vor sich hatte. Denn sie selbst war Mutter von vier gewaltigen Ochsen, die sie nach lustvoller Vereinigung mit Unholden aus Jötunheim geboren hatte. Der König hatte ihr das nicht ansehen können in ihrer jungfräulichen Anmut. Rein wie frischer Morgentau erscheine ich den Menschen, und besonders die Unvermählten unter ihnen verehren mich, da ich ihnen im Wesen so gleiche: unberührt, als hätte ich noch nichts erfahren; unzerzaust, als hätte ich nie gespielt. Ich gebe mich immer gern wie neu – das ist's, was ich mir selber gönne. Doch dem König nahm ich das Land, das meine Kinder, die Riesenochsen aus Jötunheim, dem Festland wegpflügten als eine seither abgetrennte Insel. Ich wohnte später dort mit einem von Odins Söhnen, wie hieß der Junge gleich nochmal? Haha, ich glaub, es ist zu lange her. Ich merke mir meine Spielgefährten nicht immer alle, ich habe auch ohne sie genug zu tun.

Ja, ich bin unvermählt geblieben: im Herzen immer ... und kenne die, denen es genauso geht. Kann oder mag ihnen nicht die Einsamkeit beenden – hab doch die meine selbst gewählt und weiß, warum. Doch mein Verständnis haben sie, die niemand spiegelt, und deren Hand, auch wenn sie sucht, entweder unergriffen bleibt, oder bald wieder losgelassen wird, meist ohne ein Erkennen. Wenn ihr die Liebe sucht, euch all das wirklich antun wollt, was sie so mit sich bringt (denn sie kommt nicht allein, sie ist nicht ausschließlich und folgenlos zu haben), so ruft die große Sau oder den Wunscherfüller. Doch beklagt euch, wenn das Erfolg hat, hernach nicht bei mir. Ich stifte weder Ehen noch geschlechtliches Geplänkel. Ich treibe es mit Unholden, sowie mir danach ist, gebäre Rinder oder noch ganz andere Geschöpfe, was wisst ihr schon, um mich hernach wieder so herzurichten und zu erscheinen wie kurz vorm ersten Kuss. Was könnte oder sollte ich euch raten?

Ich gebe Handfesteres von mir, lasse dir Boden unter die Füße pflügen, wo vorher nur Wasser war oder wo dir nichts gehörte, nichts gelassen wurde, wo du stehen kannst. Dann rufe mich: Ich komme. Aber die Meinen sind auch alle meist nicht weit. Wirst sie noch kennenlernen! Dann ... Vielleicht! Nicht nur die Lieben und die Schönen, nicht nur die

Großen und die Ehrenhaften. Wie gesagt, ich wälze mich womöglich auch mit Monstern, die du (als Menschenwesen, das du bist) nicht einmal unterm Bett haben wolltest, geschweige denn darin. Sind sie, die du als Kind dort fürchtetest, inzwischen in den Briefkasten verzogen – wird dir heut bang, wenn du den öffnest? Vielleicht kann ich dir helfen gegen die! Ruf laut nach mir: mit ganzem Herzen. Gefjon kommt und gibt her, was ihr kein Mensch vom Anschein zutraut, was sie hat und was sie kann ... und bringt mehr mit sich, als selbst Seher ahnen. Ich mehre weder Reichtum noch Gerechtigkeit. (Was – beides gleichzeitig gedacht – wohl auch recht widersprüchlich wäre. Da pflege ich schon genug eigene Widersprüche, die euch nicht alle aufgehen werden.) Ich gleiche aus nach meinem Gusto: so und nur so, wie ich die Sache sehe. Ganz, wie sie mir erscheint. Ich komme viel herum. Bin eine Fahrende, nie allzu lang am selben Ort. Nicht so allein, wie ich erscheine, doch selbst in Gesellschaft oder Liebschaft gar nicht so gesellig, wie es andere gern hätten ... manchmal.

Zu geben schafft mir Freiheit, die ich brauche wie du Luft zum Atmen, Mensch. Kannst dir ein Beispiel an mir nehmen, wenn du wirklich Neuland schaffen willst in deinem Leben. Wird nicht gelehrt bei deinesgleichen – und ich kann's doch empfehlen. Was gäbst du freiwillig dahin? Was opferst du mit Hingabe und gern? Von dem nur, was du selbst noch wertschätzt! Ein Tipp: Die Masse macht's nicht. Es lässt sich nicht errechnen. Nichts gegen mathematische Genauigkeit und ausgewogenes Handeln. Doch das ganz große Gefüge lässt sich nicht ermessen, indem eins Erbsen zählt oder um Krümel feilscht. Wer dies tun muss (oder meint, tun zu müssen), ist – je nachdem – arm dran. Wer's ohne Not tut und aus Fleiß, hat ein Loch im Herzen, das die

Habgier niemals füllen kann: Das wird zur Todesspirale. Wer gibt, ohne zu müssen, erlangt Größe: im Maß weniger des Gabenwertes als der Wahrhaftigkeit der Geste. Gib intuitiv und großherzig. Und gib den Richtigen, den Bedürftigen, die auch neue Hoffnung brauchen. Du erlangst meine Gunst dadurch. Und für die wirst du dankbarer sein wollen, als du denkst. Gib mir Grund, dich zu beschenken. Und achte fahrende Sängerinnen. Die nächste könnte ich sein. Die Göttin, die nimmt und gibt.

Die Blühende

Die Mutter aller Geschöpfe – sie ist auch Deine, natürlich. Doch Du, Gjerda, bist nicht nur eine einzige Kreatur. Ganz viele bist Du, unzählige sogar – und doch etwas Besonderes, denn diese vielen, aus denen Du bestehst, haben eine gemeinsame Aufgabe. Deine Mutter Fjörgyn trüge (überall dort, wo sie nicht untertaucht und planscht: in flachen oder tiefen Fluten) nichts als nackten Fels ohne Dich. Du bist Ihr Gewand, Gjerda, Ihr blühendes Kleid. An manchen Stellen – weiter oben im Norden, wo die Sonne sanfter scheint, die Winde aber rauer blasen – ziehst Du Dich über den Winter zurück, um dann im Frühjahr bunt vor Glanz neu hervorzubrechen, die Erde wieder einzukleiden. Du bist das blühende Leben: die Wiese, der Blätterwald, das Summen der Bienen und Hummeln und ihrer nahen und fernen Verwandten, das Explodieren der Pollen und das sich Öffnen der Blüten. Du brichst als Krokus aus dem Schnee und klammerst Dich als Ranke an die Mauer, bist die erste und letzte Eichel des Waldes und das landesweite, ja von Natur aus länderübergreifende Kraushaar seiner Kronendichte vom Nordwald bis zum Dschungel, von den letzten Sümpfen bis zur nächsten Steppe, von artenreich durchtummelten Savannen bis zum letzten zähen Strunk, der als einsam-störrisches Gewächs einer der endlos weiten Wüsten trotzt. Du schmiegst Dich als Moos an die Borke des Baums, seinen starken Stamm an der Wurzel küssend ... Reckst dich als Pilz unter Pilzen aus der Feuchte im Boden, gerufen vom Regen und beflüstert von Geschöpfen, die wir nicht beim Namen nennen, denn sie haben keinen. Die Menschen kennen sie nicht. Nichtsdestotrotz sind sie da. Wie so vieles, was Deinen Wandelzauber ausmacht und ihn belebt! Was lässt Dich so erblühen, jedes Jahr aufs Neue? Sind es der Same und die Liebkosungen Deines Gatten, des wilden Verästlers Ingwi-Freyr, dessen Kitzeln, Gurren und Streicheln die Vegetation zu solch hemmungsloser Selbstdarstellung treibt, ihr derart ausgefallene Reigen entlockt? Ruft Er, wenn Er Dich befruchtet, Deinen Namen? Riesig bist Du und dabei noch viel, viel formenreicher, staungestaltiger, einfallsüberbordender und phantastischer als jede noch so irre und visionär begabte Seele sich das ausmalen kann. Die kühnsten Träumenden überraschst Du allerorten noch mit Deiner Wirklichkeit. Ja, eine Riesin bist Du. Aber genau von jener geheimnisvollen Art, die zumindest ich Sterblicher nicht von einer Göttin unterscheiden kann oder mag. Ja, zugegeben, ich nehme es nicht allzu genau mit derlei Herkünften. Spätestens im Rausch solcher Ergebnisse habe ich ganz andere Sorgen und Genüsse. So prachtvoll wie Du kann ich aber gar nicht schwelgen, selbst wenn ich es wünsche und mich bemühe. Ganze Bücher und Buchreihen möchte man schon Dir allein widmen – um es dann doch beim Planen zu belassen und bereits nach der ersten Halbzeile abzubrechen, denn was wäre die schönste Beschreibung Deiner Göttlichkeit (oder auch Riesenhaftigkeit, haha) gegen Deine leibhaftige Umarmung oder auch nur Deinen Anblick? Und die Gerüche, die Dir entströmen! Vom tiefschweren Duft der Rosen über den samtigen Hauch von Lavendel bis zum dunkelzarten Stechen des Rosmarins, vom lieblichen Schmeicheln der Jasminblüten bis zum sich vordrängelnden Aroma frischer Minze – Du fächelst mir mehr Nuancierungen in die Nüstern, als ich Worte finde, die diese Eindrücke auch nur annähernd beschrieben! Und Du bringst die fantastischsten Formen hervor. Nie vergesse ich meine Begegnung mit einer einsamen Distel auf einem eher kahlen italienischen Berghügel. Ich weiß nicht mehr, was mich aufmerken ließ – aber bald versank ich ganz in der Betrachtung des Gewächses. Es erschien mir als das schönste, mindestens aber merkwürdigste Geschöpf, dem ich je begegnet war. Der grazile Schwung seiner Linien, der sich durch die nadeldünne Verzweigung bis in die Dornspitzen zog ... Die entschiedene Vermählung von Lilatönen und Weiß, die eigenständig blieben, obwohl sie hier offensichtlich zusammengehörten und sich bestens vertrugen ... Jung und ahnungslos, wie ich noch war, folgte ich einem Impuls, diese Pflanze pflücken zu wollen. Griff ihr ans Unterstämmchen und schickte mich an, sie dem braunen Erdreich zu entreißen. Da erschrak ich über einen schrillen Schrei in meinem Kopf. Der nicht nur eingebildet sein konnte: Auch meine Gefährtin, die unweit von mir stand, hatte den gehört. (Und wir waren weniger miteinander verschmolzen als die Farbtöne der schönen Distel.) Die Pflanze ließ ich, obwohl ich weder von Naturreligion noch Magie den geringsten Schimmer hatte damals, am Leben und in der Erde und bereute meinen Impuls, obwohl ich ihn gar nicht ausgeführt hatte, rasch. Nie wieder versuchte ich so etwas. Jahrzehnte später erntete ich wiederholt Petersilie und Chilischoten, die aber extra dafür von meiner Schwester in ihrem eigenen Garten, den ich mitbenutzen darf, angepflanzt wurden.

Immer wieder jedoch gebe ich mich, wo und wann ich Gelegenheit dafür finde und mir Zeit nehme, hin an eine Deiner Gestalten, Gjerda ... Betaste die sanft-raue Wölbung der Adern eines Blattes, das mich mit federweichem Bewuchs feinster Härchen überrascht, oder rieche und schmecke an Gräsern und Halmen, die nicht für ihren Geruch bekannt sind, mir aber trotzdem etwas mitteilen ... Manchem Baum nähere ich mich nur mit einem stummen Grüßen (oder anderweitig respektvollem Wahrnehmen) seiner mutmaßlichen Grenze. So weit die Krone reicht an ihren Rändern und Ausläufern, so weit wird auch der Boden, auf dem ich schreite, verwurzelt sein von demselben Geschöpf. Wie es wohl ist, immer am selben Platz zu stehen, den ein Lebtag nicht zu verlassen, was auch geschieht ... Sich gemächlich nach dem Licht zu recken und zu verzweigen über Nächte, Tage und Monde ohne Zahl ... Aus der Tiefe aber Wasser zu ziehen, Ewigkeiten zu überdauern und die Eiligen und Kurzlebigen, die weder Ruhe noch Wurzel kennen, herumhasten und herumwuseln zu lassen?

Ich habe auch schon Lindenborke geküsst und umarmt – nicht aus grundsätzlicher Passion, sondern aus Gründen. (Ich küsse sonst nur Menschen, doch jene Linde war eine mir wohlbekannte gewesen, zu der ich ein besonderes Verhältnis hatte ... ein langjähriges dazu) ... oder mit Brennnesseln gesprochen, die ich barbeinig streifen würde beim Weitergehen, weshalb ich sie darum bat, mir nicht die Haut bis zum Juckreiz zu ätzen. Ich wäre auch schnell und sanft und vorsichtig und würde nicht hindurch bulldozern, keine Blätter zertrampeln oder Halme knicken, sondern auf spitzen Zehen und kürzestem Wege vorbeieilen. Sie erhörten mich! Und für mich gehört es dazu, mir derlei erfahrene Nachsicht (die mir ohnehin nur ausnahmsweise gewährt worden sein mag) nicht zu Kopf steigen zu lassen und mich für herausragend begabt oder gar für einen Beschwörer der grünen Welt und ihrer Geheimnisse zu halten. Die nächste Brennnesselbrigade, die ich streifen muss, brennt mich bestimmt wieder.

Blühende heiße ich Dich, Gjerda, weil Du alles bist, was blüht und aus Wurzeln wächst: Das lebendige Kleid der Erde bist Du – Ihr kleines Grünes, wie auch Ihr Großes. Du bist die Vegetation: das Gras und das Obst und die Frucht und der Kern, die Nuss und das Blatt und der Zweig und der Baum, der Strauch und der Dorn und der Keim im Boden, die fallende Spore, die sich öffnende Pore, die Ader im Blatt und der welkende Kelch, der junge Spross und der tote Ast, der glitzernde Tau und das Grün überall, das Streben der Erdentsprossenen und Urgrundverwurzelten nach Licht: Du huldigst der Sonne. (Wir alle sind Ihre Kinder.)

Du machst die Welt schön. So blühst Du nicht nur ringsum, wo etwas wächst, sondern auch in mir drin ... in uns allen, meine ich. Oder baut hier irgendjemand Betonflächen, planieren wir Landschaft? Wir doch nicht. Weder Piste noch Flugplatz. Nicht Stadt noch Straße, weder Industriegelände noch Bauprojekte noch Fabrik. Keine Gleisanlagen, keine Lichtflutorgien, keine Schiffsschrauben, Containerriesen, Treibnetze, Hochseeverklappung, Flussbegradigung, Zersiedelung, Beackerung, Überdüngung, Vergiftung, Brandrodung, Versteppung, Restwaldverzahnstocherung – gar nichts. Keine Hallen, keine Halden, keine Dome und Stadien, keine Baukräne, Bagger oder gar Panzer. Weder Riesenstaudämme noch Wolkenkratzer. Weder Skipiste noch Hotelkette und nicht Hoch- noch Tiefbau, kein einziges Kraftwerk kennen wir. Oder doch, ganz viel davon sogar?

Aber Du bist es nicht, die sich fragen muss, wie lange das noch so weitergehen soll – oder kann – mit uns. Was mit all dem aus uns noch werden soll. Oder ob! Dein Gedächtnis ist länger als unser Atem, und Deine Triebe sind nicht nur die älteren, sondern auch zahlreicher als selbst unsere Ein- und Ausfälle, von den zwischendurch guten bis zu den dauerhaft schädlichen oder auch nur verrückten und aberwitzigen. Es waren schon Mächtigere da, die länger auf Erden wandelten, als wir, die allerjüngste Spezies, uns sinnlich ausmalen können. Aber auch jene sind schon lange gegangen. Sie waren nicht die Ersten ... und wir werden nicht die Letzten sein. Wann immer wir soweit sind und was wir auch hinterlassen: Du, Gjerda, wirst es überranken, überwuchern und Dir einverleiben. Vielleicht wirst Du ein paar Tage krank davon, machst ein paar seltsame Verrenkungen, spuckst oder hustest etwas, schläfst Dich dann aber aus und blühst bald wieder aufs Neue, einmal mehr und einmal wieder. Du wandelst Dich nicht zum ersten Mal radikal, mit mehrheitlich neuen Arten, die dann wieder in Dir und von Dir leben (wie alle ihre Vorgängerinnen, zu denen dann auch wir gehören werden, wir konkurrenzlos Oberschlauen – und bis dahin längst Vergessenen). Diese „paar Tage" ... Für uns wären es Jahrhunderte, Jahrtausende, womöglich Jahrmillionen. Wahrscheinlich dauert es länger, als wir überhaupt da waren. Aber das zählt dann nicht mehr. Die Zeit läuft uns davon, nicht Dir und den Deinen. Wir haben nur unser Jetzt, Altehrwürdige.

Oh Gjerda! Wir hätten Dich mehr achten sollen. Wir können es noch versuchen. Und ja: Uns selbst, meinereiner und meinesgleichen, rufe ich das zu. Nicht Dir. Dir kann ich nur danken. Ich betrachte den Plastiktopf mit Basilikum vor mir – Küchengewürz aus dem Supermarkt, das nie neu wächst nach dem Ernten –, berühre eines der größeren Blätter, drücke seine Wölbung, bis sie sich sanft nachgebend in die Gegenrichtung wölbt und freue mich auf den zart-herben Geschmack: Jedes dieser Blättchen birgt ihn, ein paar davon reichen schon für eine Portion, eine bestimmte Mahlzeit mit einem unvergesslichen Genuss zu krönen. Mein heiligster Anhänger, den ich seit vielen Jahren trage, ist aus Holz (Eibe, in meinem Fall). Wie konnten wir je vergessen, dass Holz, Halm und Blatt uns viel weniger brauchen als wir sie? Ich danke Dir und will mich stets daran erinnern.

Die Eilige

Schnell, schnell! Deinen Ruf höre ich überall – deinen auch, und deinen sowieso. Alle höre ich sie, und bediene selbstverständlich alle gleichzeitig. Zu jedem Weg im Universum (und weit darüber hinaus, aber das lässt sich hier nicht vermitteln) kenne ich die Abkürzung. Nicht die Fäden des Netzes fahre ich entlang, ich komme direkt durch die Knoten des Wyrd. Nix capito? Von mir aus nennt es Wurmlöcher. Wie auch immer: Für mich existiert so gut wie keine Entfernung von A nach B. Ich folge dem Ruf, überbringe selbst Rufe – in gewisser Hinsicht bin ich die Kommunikation selbst, aber die ganz schnelle. Das Licht ist langsamer als ich. Wie ich das mache? Verstündet ihr nicht. Gna nennt man mich, Götterbotin. Ein Ross ist mir zugeschrieben, sein Name ist bekannt: Hufwarpnir, Hufwerfer! Ihr würdet euch wundern, was das für Hufe sind, was für eine Mähne und Wiehern das wäre. Einst waren eben Pferde das Schnellste, was Menschen sich vorstellen konnten. Was wähltet ihr heute? Einen Laserstrahl? Der wäre wieder nur lichtschnell, zudem hat er keine richtige Gestalt (ein bunter Strich in der Nacht, na ja). Wie stellt ihr euch Wurmlöcher vor, einen „Beam-me-up"-Vorgang oder Hyperraum, eine Dimension jenseits bekannter physikalischer Grenzen? Egal, möchte ich mal sagen, es geht ja nicht ums Wie. Ich bin der Gedanke, der sich überall manifestieren, teilen und „wohinbeamen" kann in oder auf nahezu jedes Ziel. Ich bin das Quäntchen, das auf ein unendlich weit entferntes seiner Art so direkt und folgerichtig reagiert, als läge (oder flöge) es neben mir, oder wäre mit mir zu einem verschmolzen: Ob noch oder schon, wäre ebenso gleichgültig. Für uns sind Raum und Zeit nicht voller Hürden, sondern voller Möglichkeiten – oder nennen wir es Verbindungen. Ja, ich kann – aus deiner Sicht – gleichzeitig an mehreren Orten sein, oder zu ganz verschiedenen Zeiten am selben Ort präsent und diese Zeiten verbinden, zwischen ihnen vermitteln – oder eine Botschaft aus fernem Ort und vergessener Zeit genau dorthin lotsen, wo sie gebraucht wird ... Kann hier eine Nachricht aufnehmen oder überbringen oder beides, während ich mit ganz anderen Botschaften schon und noch vielfältig sonst wohin und sonst woher unterwegs bin. Ich helfe dir, wenn du es eilig hast. Besonders beim Warten, vorausgesetzt, du wartest auf etwas ganz Bestimmtes, auf etwas Konkretes, das tatsächlich unterwegs ist in der (also deiner) wirklichen Welt. Ich hole dir keine Träume aus dem Wunschland nach Kohlenstoffhausen, ich erfülle keine Wünsche, bediene keine Sehnsüchte. Ich kann nur – kosmisch gesehen – fürs Einhalten von Fahrplänen sorgen, oder auch, wenn das nicht mehr geht (passieren kann nämlich alles, ganz besonders im Kosmos, haha), für passenden Ersatz. Ruf mich, wenn du umsonst riefst – wenn dein Ruf keinen Widerhall erfuhr oder gar nicht empfangen wurde, warum auch immer. Sowas kann passieren und es kann ein Versehen sein. Natürlich mag auch das Gründe haben, denn nichts geschieht grundlos – aber die brauchen eben nichts mit dir zu tun zu haben. Selbst wenn du davon betroffen bist. Aber gerade dann und deswegen kann ich dir helfen. Ich korrigiere, könnte man so sagen, den Lauf des Lebens nach. Wo die Verbindung abreißt, knüpfe ich eine neue. Ich verstärke deinen Ruf und trage ihn weiter: zielsicher dorthin, wo er Resonanz hat – vielleicht anderswo, als du vermutest. Ich trage, ließe sich auch sagen, deine Botschaft weiter: dorthin, wo sie wirkt. Ich erschaffe nichts, ich sorge nur für den Durchfluss: Überspringe endlos weit voneinander entfernte Atome (von denen nur ich sofort erkenne, welche zusammengehören, wie viele Lichtjahre oder Nanomillimeter auch dazwischenliegen mögen), überbrücke Risse im Gefüge (das nicht göttlich wäre, wenn es keine hätte), beseitige Verstopfungen (denn Unwucht ist die Folge aller Dynamik – unregelmäßig, natürlich, sonst wäre es ja langweilig), kurz: Ich, die Botin, erinnere das große Ganze ans ganz Kleine hier und da! Wo es gerade hakt oder etwas verlorenzugehen drohte, wenn ich nicht wäre. Gna. Die Schnelle, die Hurtige, die Hastenich'gesehn-ist-aber-trotzdem-da-Götterbotin – so gut wie, jedenfalls, und meist gleich wieder weg, und das ganz ohne Flügelschuhe (denn schließlich habe ich Geschmack. Wo kämen wir hin mit solchem Kitsch)! Da scheute mir ja sonst womöglich gar der liebe Hufwerfer, mein Wuloro (Wurmlochross, haha)! Und jetzt – *(Abschied ohne Geräusch, Anm. d. Verf.)*

Der Auswähler

Regen im Sonnenschein lässt die vielfarbige Lichtbrücke entstehen, die in sanftem Bogen vom Erdboden hoch in die Lüfte führt. Gewöhnlich ist nicht so deutlich erkennbar, wo sie mündet. Sie zeigt sich immer nur von ferne. Es ist die Regenbogenbrücke; der Mythos benennt sie als flimmernden Highway zwischen Midgard (Kohlenstoffhausen) und den göttlichen Refugien von Asgard (jenseits von Zeit und Raum). Aber ich sehe noch mehr drin, oder ist das dann weniger? Vielleicht etwas ganz anderes ... Näher dran an dir und mir jedenfalls: Der Regenbogen am Horizont, dieses wunderschön flüchtige Kunstwerk der Natur, ist in seiner prachtvollen Nichtgreifbarkeit nur die sichtbare Ausformung eines Zustandes, den du allezeit auch in dir selbst findest, ganz unabhängig vom Wetter draußen. Wenn mir nach Lachen und Weinen gleichzeitig zumute ist – oder mein inneres Lächeln sich nicht ohne Seufzer einstellen mag ... oder ich sogar in einer traurigen Stimmung einen tröstlichen Aspekt finde, einen irrlichternden Fleck Schönheit in all dem Jammer – deren Arglosigkeit so überzeugend ans Gemüt geht, dass es zuerst noch trauriger macht – aber das Weh erreicht damit einen Zenit und bricht sich wie eine Welle ... Das ist noch kein Ende betrüblicher Zustände, aber die haben sich, ob es mir auffällt oder nicht, zu bewegen – und damit schon zu verändern – begonnen. Und während es weiter so wogt, klumpt oder auch kaskadiert, passieren deine Tränen weitere Sonnenstrahlen – glänzen auf, brechen sich Farben, generieren den Regenbogen: Heimdalls Brücke. Heimdall ist der Wächtergott. Mein Wächtergott. An allen Öffnungen meines Gemüts sitzt oder steht er, und nichts, was dort hineinkommt oder hinausfleucht, entgeht ihm.

Er ist immer dort – ob mein Gemüt nun Regenbögen generiert oder nicht. So wie Midgard auch existiert, ob es gerade regnet oder sonnig ist oder beides oder auch ganz anders wettert ... (Was sich jeweils von Asgard und allen anderen möglichen Welten ebenso annehmen lässt. Ihre Existenz hängt nicht von den Zuständen ab, die sie annehmen können oder uns zeigen).

Und jedem Einfluss, jedem Impuls, der meine Wimpern, meine Nasenhärchen, meine Horchmuscheln erreicht, setzt der wache Gott ein goldenes Grinsen entgegen: Was willste? Wer da? Was gibt's, was steht an? Wohin? Und warum? Was ist mit dir anzufangen? Was tust du, wenn wir dich hereinlassen? Wir: mein Werdegang mit seinen Erinnerungen, mein daraus erwachsenes und gefestigtes Wertegefüge, mein Abwägen zwischen Wunsch, Hoffnung, Sehnsucht mit allen Sympathien samt deren Gegenteilen und Widersachern ... und mein Regenbogengott. Vielleicht ergeben all die Genannten in ihrer Gesamtheit – das Spirituelle entzieht sich am Ende doch immer ein schönes kleines bisschen der Ratio, das ist sein Zauber – am Ende genau diesen Regenbogengott. Oder am Anfang? Jedenfalls: in mir drin. He, Heimdall!

Ich überlasse es Dir, mein Gott, mein Wächter, mein glänzender Erwähler – und Aussortierer! Alles, was mich ereilt, durchfließt nacheinander die Farben Deiner Brücke: das ganze Spektrum und in jeder Hinsicht. Du siehst und Du lauschst, fühlst und witterst ... Denkst Du auch? Das verrätst Du mir nicht. Wahrscheinlich musst Du das gar nicht: Meine Probleme – oder Einflüsse – dürften überschaubar bleiben für ein Gottwesen wie Dich. Alles im gewohnten Bereich? Du siehst weiter als ein Vogel und hörst Schwingungen, die selbst Fledermäusen entgingen. Du fühlst die Qualität jeder anstehenden Angelegenheit wie die Schlange den Erdboden an ihrem Ringelbauch: Sie folgt magnetischen Strömen – wem spürst Du nach, Glanzvoller? Du weißt von Verknüpfungen, die ich kaum ahne, Du bist älter als das Leben an Land, heißt es. Neun Wogen des Urmeers, jene Töchter der Ran, wurden Deine Mütter – mischten sie sich zur brausenden Gischt, als sie Dich gebaren? Ich, als einer, der nur eine Mutter hat, kann sich sowas kaum vorstellen. Aber nenne ich nicht auch die Trägerin jenes Urmeers meine Mutter: die heutige Mama Globus? Wie auch immer. Mit neun Müttern kann ich nicht glänzen. Hattest Du, oh Heimdall, auch Väter, oder brauchtest Du gar keine? Verzeih, ich plappere Dich voll wie ein Kind, unverständiges Menschenwesen, das ich bin. Ich bin aber auch einfach nur neugierig, was Du diesmal hereinlässt. Was Deine Gnade findet. Was Du mir zutraust zu bewältigen! Wie – Du lässt alle und alles passieren? Nein, Du wählst doch aus? Ist es nicht so?

Ach so. Du lässt schon alles und jeden herein: jeden Einfall, jeden Eindruck, jeden Rat und jede Frage. Jede Idee und ja, ließe sich so sagen, jeden Blödsinn! Selbst den allergrößten! Aber dein stoisches Lächeln wirkt nach. Du weißt schon vorher, nicht wahr, wer es länger macht in mir oder mit mir – und was einfach versickert, verdunstet, zugrunde geht – oder sich selbst in hohem Bogen wieder hinausschmeißt, weil es sich mit meiner inneren Botanik (um es mal so zu nennen) nicht verträgt. Was ist mit Einflüssen, Ideen und Anmutungen – Nebensätzen, Randbemerkungen, anscheinenden Selbstverständlichkeiten, oder anderem als harmlos und alltäglich Getarntem? Schädlichen Einflüssen, meine ich, die freundlich oder fürsorglich tun – dann aber heimlich und hinterrücks, wenn ich nicht mehr darauf achte, mir die Struktur zersetzen: Verdächte, Zweifel und Misstrauen säen? Kritisches Denken ist ja meist angebracht. In meiner Zeit und Welt komme ich gar nicht ohne aus. Gerade dem scheinbar arglosesten, verlockendsten und heimeligsten Angebot fehlt oft die nötigste Substanz. Hier aber meine ich wirklich böse wirkende Gedanken, die dazu geneigt und geeignet sind, mir richtig die Seele zu vergiften ... womöglich schleichend, allmählich und zunächst unmerklich. Was ist mit solchen Gefahren, mein Gott?

Höre ich Dich summen, oder erscheint es mir nur so? Du sprichst nicht in Worten zu mir. Ich spüre jedoch Deine Präsenz – und Deine Stimmung. Du beruhigst mich. Etwas Heiteres geht von Dir aus, was aus einer großen Selbstsicherheit zu rühren scheint. Täuschst Du Dich nie – und damit dann auch mich? Nein, es ist noch nicht vorgekommen! Als ich mir meine Wunden, Schocks und Traumata holte; als ich innere Abhänge herabstürzte, wo ich Halt gesucht, aber keinen gefunden hatte, außer losen Irrtümern, oder beinhart erscheinenden Gewissheiten, die sich auf einen plötzlichen Dreh hin lösten und nicht hielten, als ich abglitt und mir an hervorspringenden Widerständen oder herausragenden Merkmalen nur die Seele aufschürfte und das Zutrauen zerfetzte. Da gab es keinen Regenbogen und keinen Wächtergott für mich und schon gar keine Brücke aus Licht, deren Farben das ganze Spektrum so intensiv zeigen, dass man sie, einmal so wahrgenommen, nie mehr vergisst. Ich weiß gar nicht mehr, wie ich all die Spießrutenläufe einer Realität überlebt habe, die alles gegen mich zu haben schien und nur immer Dornenspitzen, Reißnägel, zu glatte Oberflächen, nachgebende Böden, bröckelnde Geländer und nur zum Schein hergereckte Hände für mich bereithielt, die sich in Hohngelächter zurückzogen, wenn sie sich nicht eh zu Fäusten ballten, die mich zu den Tritten hinunterstießen, die noch folgten, wenn ich mich nicht mehr rührte (das Gelächter blieb). Vergangen. Nicht vergessen, aber so lange vernarbt, dass selbst die schrundigsten Teile sich längst schmerzfrei bewegen beim Tanzen, Schmiegen und Lieben. Ja, das ist meine Haut, und das hier auch. Die weichen Seiten und jene knorpeligen. Hatte ich je andere?

Du schweigst und Dein Blick durchbohrt alle heran- und hereinfliegenden Ansichten, Meinungen, Ratschläge und Wahrnehmungen, als sähe er sie gar nicht. Du verlässt Dich auf die Farben. Alles muss den Regenbogen passieren, jeden seiner Streifen. Und natürlich hat er viel mehr Farben als die für uns Menschen sichtbaren. Wie macht sich das, was unter der Sonne oder im Regen – oder unter Beteuerung noch der allerbesten Absichten – heran fliegt, in Violett? Wie in Rot und Orange, wie in Gelb, in Grün, in Blau, in Nachtschwarz oder Schleiergrau? Irgendeine Nuance oder Tönung ist dabei, in der jedes Ding, jeder Sinn oder Unsinn den ihm eigenen Charakter offenbart: seine wahre Natur. Und Dir entgeht nichts, mein Gott Heimdall, Du erkennst sie alle. Du schickst sie alle weiter. Sie dürfen mich passieren. Ich darf sie wahrnehmen, ausprobieren, mit ihnen herumspielen oder sie mit mir herumspielen lassen, fast ganz nach Belieben, und natürlich darf ich sie alle beurteilen und darf mich dabei so oft täuschen, wie ich will. Aber jene, die nicht bleiben, die nicht in mir wurzeln sollen, die haben ihr Verfallsdatum schon eingebaut bekommen mit dem Passieren des Regenbogens. Die bleiben nicht lange. Die werden welk und düngen den Boden. Oder sie zerfließen beim nächsten Tränenregen. Und der wäscht ihre falschen Farben fort, das nackte Gestein glatter Enttäuschung bleibt übrig. Es gilt als nicht fotogen, aber es ist notwendiger, guter Urgrund. Du, mein guter Wächtergott, sitzt an der Schwelle und schweigst. Spähst und lauschst in die Ferne. Manchmal stehst Du noch aufmerksamer als sonst. Dann will ich's auch sein, es steht wohl mehr an.

Und manches Neue, was Deine Pforte passiert, bleibt, verbindet sich gut mit meinem Humus, blüht am Rande meiner Bäche oder belebt die Fische darin. Wird ein Bestandteil meiner Landschaft. Bereichert und verändert sie weiter. Das einstige Urmeer meines Vertrauens mag längst dahin sein, aber auf die Tränen ist noch Verlass: Die sind aus seinem Wasser. So, wie sich die Dinge darin spiegeln, zeigen sie mir die richtigen Seiten: die wichtigen Aspekte. Die sonst so leicht übersehenen. Die ich jetzt aber bemerke – meistens, zumindest. Das habe ich mir direkt von Dir abgeschaut. Ich stehe jetzt auch oft nur da – und schaue durch die Dinge wie hindurch oder scheinbar an ihnen vorbei. Mein Verstand betastet und analysiert sie mal nur so nebenbei. Ich höre, was er mir rät. Aber ob ich darauf höre oder beschließe, es das eine oder andere Mal nicht zu tun, lasse ich mir nicht anmerken. Ich kommentiere es nicht. Ich lasse das alles vorbeiziehen ... Spüre nur dem jeweiligen Hauch nach, dem Ton, dem Charakter. Und stelle fest: Der Regenbogen funktioniert. Das Falsche verschwindet wieder, das Richtige bleibt. Es ist natürlich eine Methode für friedliche Zeiten und Zustände. Wenn Schwerwiegenderes dräut, bläst Du ins Horn, nicht wahr? Dann, im Aufruhr, lassen sich noch andere Kräfte rufen. Aber solange nichts kommt, was mich in den Grundfesten erschüttert, verlasse ich mich auf die Farben des Spektrums. Was den Weg über diese Brücke schafft und in jedem Strahl der Sonne zeigt, wie es beschaffen ist, darf sich bei mir niederlassen und sein Glück probieren.

Die Wandlerin

Willkommen am Ende. Das hörst du nicht gern? Irritiert, verstört, erschreckt dich das? Dein Ende? Dein eigenes? Dein ganz exklusives, einzigartiges, einmaliges – aber ebenso und deswegen auch unwiderrufliches? Ja, zu mir kommen die wenigsten freiwillig. Sie haben sich schon im Leben nur bewegt, weil sie getrieben wurden vom Hunger, vom Harndrang, vom Schicksal (oder was sie dafür halten. Und wenn es mein Lächeln war, oder sein Ende, mein kleiner oder dann nachdrücklicher, unnachgiebig gewordener Stups) – und diesem und jenem Bedürfnis, ja Tausenden von Bedürfnissen. Das ist nicht mein Gesetz, sondern das der Nornen, der wirklich großen Bewegerinnen der Welt: das der Weberinnen! Aber ich helfe beim Ausführen. Euch Menschen helfe ich. Allein bekämt ihr es nie und nimmer gebacken. Ihr würdet zeitlebens auf dem Sofa sitzen und pupsen, und alle von euch, die je auf die Welt kamen, säßen heute noch dort, wären sie nicht gestorben. Ihr fürchtet mich als eure letzte Gastgeberin ... als die, die euch wie keine andere an die allgemeine Sterblichkeit erinnert. Denn sterben müsst ihr, da könnt ihr machen, was ihr wollt.

Und so werden wir uns begegnen: du und die Angst, du und der Schrecken, du und der Zerfall, du und die Vergängnis. Das endgültige Aus deines Egos. Denn so, wie du warst, wird es dich auf keinen Fall mehr geben, das kann ich garantieren. Von deinem Dasein bleibt nichts übrig, gar nichts. Ich spiegele dir das nur. Je mehr du dich vor mir fürchtest, desto schrecklicher komme ich dir ... vor. So einfach ist das. Fürchtest du das Alter, das Welken? Dann grinse ich dich halb verfault und stinkend an, mit Maden, die aus Augen- oder Nasenhöhle kriechen und mit verwesenden Fleischresten auf Knochenplatten, hier und da noch bewachsen von restlichen Fäden dünnen, vollständig farblosen Haars. Soll ich mehr beschreiben – Bauchfalten, Brüste, Geschlechtsteile? Schründe, Verfärbungen, Erschlaffungen, Verformungen, Verkrümmungen, Einschrumpelungen, Abgründe? Ihr kennt das schon vom Leben, nicht wahr? Und ihr ahnt oder wisst schon, dass alles immer noch viel schlimmer kommen kann. Eine Hälfte von mir halte ich gern mal – solchen wie dir zumindest – betörend schön: vital und anmutig, jung und ebenmäßig, dunkel, sexy und gut durchblutet, um den Kontrast zur aufgedunsenen oder schlaff geschlotterten Leichenblässe gleich daneben zu vertiefen. Wisse, der Tod gehört zum Leben. Das eine bedingt das andere, sie sind nicht nur verheiratet, sie sind ein und dasselbe Wesen. Ich bin Hel. Sich vor dem Sterben zu fürchten, ist ganz normal. Ihr sollt am Leben hängen und es nicht gleich aufgeben, wenn es mal stürmt, stinkt oder stockt, oder euch sogar diejenigen vorsterben, die euch die Liebsten sind – und dann waren: gewesen sein müssen, nur noch gewesen sein können. Gerade den Sterblichen ist das Totsein unvorstellbar – völlig nachvollziehbar daher, das Ende zu fürchten und nach Kräften vermeiden zu wollen, wann immer es ahnbar wird, zu nahe rückt oder auch nur so scheint!

Doch – so verrückt das erscheint – so weit muss es meistens erst gar nicht kommen! Allzu viele von euch fürchten lange vorher schon das Leben! Und sei es noch so reich an Überraschungen, Veränderungen, Umwälzungen. Statt diese zu erkennen als das Beste, was euch blüht, hadert ihr umso mehr mit nahezu allem, was geschieht und oft noch mehr, was war und, wie ihr's auch dreht und wendet, nicht mehr ist. Und was wohl kommt! Oder was wäre, wenn! Das endlose Thema

– zugleich das vergeblichste und unfruchtbarste von allen. Denn das gilt immer: Ich sorge dafür, dass es anders wird, als ihr euch ausmalt.

Und während eure Seifenblasenträume platzen, was nur Nebeneffekt ist, weil ich euch wirklich den Boden unter den Füßen fortziehe, die Decke einbrechen lasse und die Wände zerschlage, um euch dort welche in den Weg zu stellen, wo ihr nicht hinsollt – nein, ich verweigere euch die Abkürzung, die Ausflucht und alle Bequemlichkeiten –, hört ihr nicht auf, zu jammern und zu klagen und zu toben, warum ausgerechnet das, ausgerechnet jetzt, ausgerechnet euch widerfahre, und welche himmelschreiende Ungerechtigkeit das sei und womit ihr das verdient hättet und das auch noch und warum so arg und warum überhaupt ihr – warum ich, warum ich, ist euer ständiges Lamento bei allem, was euch zustößt, als wenn das nicht völlig egal wäre. Ich habe meinen Anteil daran, dass das so ist und euch herausfordert, aber ich bin die Letzte, die euch verraten wird, warum. So kam ich zu meinem Namen. Hel, die Verhehlende, nennt man mich. Auch, wenn das vielleicht mehr damit zu tun hat, dass meinem Reich niemand, wer je hineingelangt, wieder entkommt. Das aber dürft ihr alle. Ihr lernt mich alle kennen. Das müsst ihr weder glauben noch sonst wie unterschreiben. Es gilt und passiert auch ohne euer Zutun, ohne euren Willen. Ihr dürft tun und lassen, was ihr wollt. Lebt euch aus. Aber euer Wille ist nicht mein Problem. Ich gebe zu: Er kümmert mich nicht.

Eure Vorfahrinnen hatten oft Angst vor Wiedergängern. Die Gestorbenen blieben ihnen damals noch präsenter über ihr Ableben hinaus; es war noch mehr Gespür für das Bleibende in der Welt vorhanden und für die natürlichen Kreisläufe, das Wiederkehrende überhaupt. Und so fürchteten die Lebenden sich mitunter vor den Toten: Als ob ich jemals irgendwen wieder zurückgeschickt hätte nach Midgard, auf Heimaturlaub wegen guter Führung oder was, als ob Helheim ein Gefängnis oder sonst eine Strafanstalt wäre (wie ihr es euch so gern für eure „Hölle“ ausmalt, die ihr – vermutlich mangels Transzendenz – umso phantasievoller, variantenreicher, hartnäckiger und boshafter überall auf Erden zu installieren versteht, wo immer man euch lässt: in diesem einen Leben, für dessen Gestaltung wir Götter euch weit weniger Vorschriften machen als eure Priester allerorts zu behaupten pflegen. Aber jeder Gesellschaft die Relügion, die sie sich schafft). Oder, als ob es uns in Helheim an Platz mangele und wir Gestorbene wieder zurückschicken müssten, weil wir hier nicht genug unterbrächten. Wir sind aber keine zur Selbstfinanzierung und Gewinnmaximierung gezwungene Heil- oder Besserungsanstalt, sondern überhaupt kein Krankenhaus, und wer zu uns kommt, hat keinen eigenen Körper mehr, sondern stellt dessen von der Seele verlassenen und aufgegebenen Reste längst dem natürlichen Kreislauf zur Verfügung – braucht hier also überhaupt keinen Platz und bekommt trotzdem welchen. Wir nehmen hier alles, was kommt. Das können wir uns leisten. Denn unterschiedslos müsst ihr kommen: nackt und ohne Habe, ohne Vorrechte, ohne jeden Status oder irgendwelche Mitbringsel. Was immer ihr getrieben, erreicht, geschafft oder auch erlitten habt auf Erden – das bleibt alles dort. Ich empfange nur euch selbst. Wer ihr auch seid beziehungsweise wart: unterschiedslos, wie gesagt. Aber sprechen wir vom Leben. Über nichts, was danach kommt, gibt es etwas zu erzählen. Ihr braucht das nicht zu erfahren. Das Totenreich ist exklusiv. Es unterhält keine Werbeabteilung. Es hat auch keine Konkurrenz.

Ich habe eine Freundin unter euch. Das ist die Hagelkraft. Ihr mögt sie nicht. Sie verhagelt euch die Pläne, die Ernte, das Leben. Sie bringt euch in Bewegung – ja, in meinem Auftrag. Ich lasse nichts in Ruhe – ich lasse euch nicht in Ruhe. Ich bin die Wandlerin. Die Verwandlerin. Ich verwandle nicht euch. Das tut ihr selber. Ich biete euch, hätte ich beinahe gesagt, die Gelegenheit dazu, aber das stimmt nicht ganz. Es ist schon so, dass ich sie euch aufzwinge. Eine nach der anderen sogar, wenn es sein muss. Und wenn ihr nichts lernt, aus dem, was euch bereits widerfuhr, muss es sein. Es ist kein Spiel, sondern lebensgefährlich. Du kannst daran sterben. Ich lege es, da du mich ja sowieso treffen wirst, wenn deine Zeit gekommen ist, keineswegs darauf an! Muss es nur zulassen, wenn du nicht überlebst, was dir zustößt. Das liegt nicht in meiner Macht. Ich fordere dich nur heraus mit Hilfe meiner Freundin, der oben erwähnten. Die lässt euch etwas zukommen, womit ihr dann klarkommen müsst. Da ihr euch von selbst nicht bewegt, handelt es sich meistens um eine Zumutung, eine Herausforderung. Naturgemäß hat sie ihresgleichen im Gefolge. Es kann sich schnell potenzieren. Warum das Ganze? Und warum du? Warum passiert das dir?

Das zu beantworten, überlasse ich dir und euch selbst. Das ist mein göttliches Geschenk an euch Sterbliche. In diesem deinen Leben! An dich ganz persönlich. Was du lernst, ziehst und machst aus dem Erlebten, ist ganz und gar deine Sache. Das zu bestimmen, zu bewerten und einzuschätzen, steht dir frei. Du kannst es wertschätzen, Erkenntnisse daraus ziehen, du kannst es aber ebenso ignorieren oder ganz und gar verachten. Den Sinn deines Lebens kaut dir keine Gottheit vor – ich am allerwenigsten. Der ist dir überlassen. Das ist die Freiheit, die du hast. Ich und meine Freundin garantieren, dass du sie bekommst: Sie ist der Gewinn für dein Überleben, der letzten Herausforderung in deinem Leben. Natürlich kann noch eine nächste auf dich zukommen. Dafür ist das Leben ja endlich. Du musst es nicht begreifen. Nicht einmal ergreifen musst du es. Aber du kannst. Es steht dir frei. Ich biete Gelegenheiten. Du kannst mir ja, wenn wir uns treffen, sagen, was du davon hieltst. (Und es – vielleicht sogar, obwohl du dann längst nicht mehr wissen wirst, wie's war, haha – beim nächsten Mal besser machen.)

Die Vollstreckerin

Du bist die Wut. Der Zusammenbruch der Duldsamkeit und die Auferstehung der Würde. Nicht deswegen, weil Dich kaum wer kennt – zumindest nicht so, wie ich Dich wahrnehme. Hlin! Wer verriet mir Deinen Namen? Weiß ich nicht mehr. Ich fand nichts über Dich geschrieben. Jetzt schreibe ich. Zunächst dachte auch ich: Gehst Du mich was an? Ich bezweifelte das – reflexhaft, kaum bewusst und wie so oft automatisch. Ich bin ja ein Mann. Wie alle anderen. Nicht immer ganz typisch, aber in vielerlei Hinsicht doch. Schon auch. Sitze dann dieser und jener Prägung auf. Arbeite daran.

Dann geschah wieder etwas alltäglich Fürchterliches. Was mich mit betraf. Denn die Betroffene stand mir nahe. Um ein paar Ecken, aber doch. In meinem Heilsbereich (wie ich das nenne: jenen überschaubaren, äußerlich nicht zusammenhängen müssenden Kreis von Menschen, die mich etwas mehr angehen als andere). Gewalt und Ohnmacht kenne ich aus eigenem Erleben. Beides unfreiwillig und immer recht gleichförmig. Bei mir lange her, dass ich Opfer war (wie man das heute nennt: auf Schulhöfen, Fluren und in anderen Nischen, wo Aufsichtsbeauftragte gerne weggucken und nichts gesehen, nichts gemerkt haben wollen, oder das, was sich schildern lässt, herunterspielen. Als ob es Spiele wären. Und nicht immer lässt sich etwas schildern. Oder es überzeugt nicht: die, die helfen sollten, Grenzen zu setzen, die andere anderen zerstören).

Die Betroffene in meinem Kreis hatte Schlimmeres erlebt als einst ich. Ihr Täter, ihr Peiniger: ein Name wie Schall und Rauch. Nicht zu fassen. Nichts beweisbar. Nichts für Polizei und Justiz. Nichts für den Apparat. Der wäre nicht einmal angelaufen dafür. Ich las mal, dass durchschnittlich jede dritte Frau Bedrängung/en erlitt durch gewaltsame Männer, die meinen, ein Recht auf Sex zu haben ohne das ausdrückliche Einvernehmen der von ihnen derart Angegangenen. Ich meine jetzt die bereits körperlichen Übergriffe (nicht das große Dickicht der ganzen anderen Belästigungen, Nötigungen und oft kaum oder nur schäbig getarnten Drangsalierungen, Verhöhnungen und Verächtlichkeiten im weiten und vielschichtigen Umfeld). Der Abgrund kann sich jederzeit und überall auftun mitten in der Zivilgesellschaft. Jede als weiblich aufgewachsene Person kennt das. Nicht von irgendwo in oder hinter Urlaubsländern ist die Rede, sondern von hier: überall und heute. In der Nachbarschaft, am Tisch nebenan oder direkt daheim.

Ich als Mann riskiere bei einem, nennen wir es Date, maximal was? Eine zivile Enttäuschung: Vielleicht funkt nichts und vielleicht komme ich nicht an oder das Gegenüber sagt mir weniger zu als erhofft. Soweit, so harmlos. Als Frau riskierst du dein Leben, dein Heil, deine Unversehrtheit: immer ganz und gar, fast überall.

(Wer sich davon völlig frei fühlt – Glückwunsch und weiter so. Ich will keine Angst verbreiten oder denen, die keine haben, welche machen. Ich sähe solche Ängste nur gern ihrer real möglichen Voraussetzung enthoben. Ganz gewöhnliches Umfeld wird da leicht zu asozialem Nährboden. Denn wer einmal in Bedrängnis geriet und solche Not mit sich herumschleppt, kann nicht auf Verständnis oder gar Beistand hoffen. Stattdessen werden viele meinen, dass du übertreibst. Überempfindlich reagierst! Dir die Belästigung nur eingebildet, oder gar selbst ein bisschen mit herausgefordert hast? Der Jammer wird als „selber schuld" entwertet – wenn du überhaupt für voll genommen wirst. Gar nicht mehr nötig ist es dann, noch den Gedanken auszusprechen: „Sie lebt ja noch, ist allem Anschein unversehrt. Was soll da groß gewesen sein?“

Was ich aus eigener Erfahrung kenne, ist, dass da zuweilen mehr bleibt, als man meint. Auch wegen solcher „Behandlung“, und generell meist mehr, als sich von außen sehen oder sonst wie „vorzeigen“ lässt. Wer da erst einmal drinsteckt, sieht sich nicht mehr heraus, sondern erlebt sich bald von allen Seiten entwertet wie ein gebrauchter Fahrschein. Abgestempelt! Nicht mehr der Rede wert. Beschämung und Demütigung sind meistens ganz schwer als Tatbestand nachweisbar und bleiben, sind sie erst einmal als installiert erfahren, lange haften. Dann fast jederzeit abrufbar, vom Nächsten und Nächstbesten.)

Nicht nur in der Tiefgarage (wo vermutlich eh keine Dates verabredet werden. An solchen Orten kann der nächste männliche Passant zur Bedrohung werden: leibhaftig. An zu vielen anderen ebenso). Ich übertreibe nichts. Ich erinnere mich solcher Leibhaftigkeiten, wenngleich meine Täter nicht auf meine Vagina oder meine Brüste aus waren, weil ich keine habe und auch nicht so gedeutet werde, dass oder als ob ich welche hätte, haben sollte oder könnte oder müsste. Aber ich weiß, wie schnell ein Mensch zur körperlichen Bedrohung werden kann. Manchmal nur, weil er es kann. Und die, die das können und daraus Lustgewinn schröpfen oder sich sogar dazu berechtigt wähnen, spüren das. Und sie nutzen es aus, wann und wo sie können. Und sie gehen so weit, wie sie irgend können. Wie es irgend geht. Es geht immer zu viel. Für die Betroffenen. Ich kenne Angst. Scham. Verzweiflung. Hilflosigkeit. Das gelähmt sein, wenn er sich vor dir aufbaut und dich am Wickel hat und nicht mehr auslässt, sondern weitermacht. Solange er will, und wie er will. Die Ohnmacht. Die Angst vor Wiederholung: wo und mit wem auch immer. Ab dann. Immer. Erniedrigung wirkt nachhaltig.

Regelmäßig erniedrigt zu werden, erzeugt Selbsthass. Ich kenne einige seiner Gesichter. Ich trug meine lange (obwohl mir weniger übel mitgespielt wurde als sehr vielen Frauen, die mir irgendwann auch jene Geschichten erzählten, die eins meist lieber verschweigt. Jede Dritte? Das kommt hin, fürchte ich: schon im eigenen Bekanntenkreis. Die gelesene Statistik deckt sich mit dem, was mir anvertraut wurde).

Impulsiv, aber absichtlich: Ich vergoss Rotwein auf meine heilige Trommel. Die Flecken gingen auch nie mehr weg. Ich schuf einen heilen Raum, mit Beleuchtung und Gesten und Bewegung. Für mich und diejenige, die mich darum gebeten hatte. Sonst war niemand anwesend. Ich sprach die Schuld dem Täter zu: die ganze. Machte das deutlich. War nötig. Wichtig. Ich wusste, warum. Ich ließ die Trommel sprechen. Sie füllte den Raum. Magische Dusche. Runter und weg mit dem Dreck! Hantierte mit Tierknochen, Worten und Lauten tief aus dem Abgrund – nicht nur dem eigenen.

Ich bat Dich um Hilfe. Ich rief Dich an. Hlin! Ist das Dein Name? Für mich ist das Dein Name. Vollstreckerin. Du bist das Tabu aller Gesellschaft, in der ich aufwuchs. Du bist der weibliche Zorn. Du bist die Macht der Frau. Fast alle meine Göttinnen kenne ich auch zornig. Aber die meisten werden nur zornig, wie ich selbst manchmal zornig werde: nicht hauptberuflich, sozusagen. Sondern nur zwischenrein. Anlasshalber. Du bist anders, und Du bist mehr. All das, was nicht sein darf, weil ... (das Patriarchat sonst zusammenbricht. Ich beteilige mich. Nicht obwohl, sondern weil ich ein Mann bin. Es geht nicht um Geschlechtsteile, auch wenn sich solche immer gut abbilden lassen. Aber das lenkt meist ab vom Wesentlichen. Sogar bei den schönen und den schönsten Sachen).

Hlin! Dir opfere ich, was ich über den Täter weiß. Mach was damit. Möge es ihn in den Wahnsinn treiben. Ins Verderben! Hlin! Vollstreckerin! Wecke die Wut in der, die sie nicht findet in ihrem Blut, auch wenn es schon kocht! Ich opfere Dir den aufgedrängten Geruch des Ekels, ich opfere dir das Zittern vor Furcht! Dem in die Seele, der sich daran weidete! Hlin! Ermächtigerin! Dir opfere ich die Beherrschung! In jeder Hinsicht! Dir opfere ich meine Opferrolle. Und die derjenigen, die mich darum bat, sie beim Loswerden der ihren zu unterstützen. Täter entmannen? Ha: Dafür sind die nicht männlich genug, sind es noch nie gewesen. Die wissen gar nicht, was das ist! (Es geht, wir erinnern uns und müssen uns immer wieder erinnern, nicht um Geschlechtsteile. Auch wenn die besonders empfindlich sind und Täter das ausnutzen: auf Schwäche abonniert, wie alles feige Pack.) Zudem sind die allermeisten Täter keine Unmenschen, sondern Gewöhnliche. Nur zweierlei unterscheidet mich von ihnen: empathische Schranken und ehrhaftes Benehmen. Letzteres wäre leicht lehrbar. Welche Werte vermitteln wir wem? (Ich darf auch niemand überfallen und berauben, weil mich seine teure Kleidung oder Brieftasche so provoziert hätte. Das läge nun mal in meiner Natur. Hätte er sie nicht so aufreizend gezückt! Und noch mit seinem Gehalt angegeben! Dieses Flittchen von Gutverdiener! Der wollte es nicht anders. Die sind alle so.)

Hlin! Dir opfere ich die Beklemmung, die Scham, die Lähmung, die Pein, den Schmerz, das Dauergefühl von Unterlegenheit bei jeder Gelegenheit – und alle je erlittene Erniedrigung. Dir opfere ich den Dreck auf der Haut und in der Seele, in und an den Weichteilen, im und am

Gemüt und alles, was der Täter und seine Herunterspieler, Befürworter, Helfer, Wegseher, Bewunderer jederlei Geschlechts samt allen Mitschuldzuweiserinnen, Achselzuckern und Beschwichtigerinnen hinterlassen haben mit ihrem Tun – und ihrem Unterlassen, Gewährenlassen! Dir opfere ich auch die Bitternis, den Hohn und das Zurückstecken, das gelernt haben der üblen Lektion in all ihren gehässigen Facetten. Bis sie zerbrechen! Und als Letztes, aber nicht zuletzt, opfere ich Dir, Hlin, den ganzen gefräßigen Selbsthass. Der ist die einzige Schande. Aber auch die kommt von außen. Ist nicht unsere. Jage sie dorthin, wo sie hingehört! Zurück zum Absender! Auffressen, zersetzen, verkrebsen soll es ihn. Jetzt! Und fürderhin!

Und sollte es Dich, Hlin, nicht „geben" im Sinne der verdammten Schrift, Überlieferung oder sonstigen pseudohistorischen Korrektheit (auf die ich hier anlasshalber einen verdammten Übergriff gebe), erschaffe ich Dich hiermit. Indem ich Dich rufe. Im Namen des Ausgleichs, der Rettung, der Reinigung und der Heilung und des Heilwerdens und der nie gekannten Freiheit der Wahl und Würde und ihres persönlichen Wiederauferstehens aus gepeinigter Lage, hier auf Erden und jetzt sofort.

(Für Gerechtigkeit müssen wir selber sorgen. Ich rufe Dich, damit mir das besser gelingt. Hilf mir! Ihr! Und ihr! Und auch der da und dem da. Uns!)

Die Erneuerin

Hei! Erkennst du mich? Ich bin das glückliche Lachen! Das Springen, das Singen, das Tanzen und der Duft! Die Farbe, auf die du dich schon mit geschlossenen Lidern freust! Und die andere erst! Und wer weiß, wie viele noch! Lass dich überraschen! Was mehr? Gerüche, Gefühle, berstende Lust aufs Leben, jetzt und sofort! Musik im Herzen, Frühling im Gemüt – selbst wenn es draußen graut, anödet oder wetterbrettert! Und dieser wunderbare Duft! Nach was riecht es für dich? Woran erinnere ich dich? Wenn du dich nicht erinnern kannst – macht nichts, dann machen wir es neu! Was? Alles! Dich! Dein Glück! Das ganze Leben! Einen Namen soll ich nennen? Denk dir einen aus! Du könntest einen neuen brauchen, oder? Oder dem alten neuen Glanz und neue Würde geben – oder ihn, so ihm beides neu sein sollte, damit mal liebevoll verwöhnen? Ihm etwas geben, was dich anspornt, dich seiner würdig zu erweisen? Einmal mehr oder zur Abwechslung? Ich bin Idun. Jung sehe ich nur aus. So muss ich euch erscheinen. Von alters her bin ich am Werk, die Jugend zu erneuern. Allen, die das wollen! Allen, die das wagen!

Unsterbliche? So nennt man sie: die Göttinnen und Götter. Doch nur dank mir sind sie das ... fast. Ich halte sie jung, die Großen! Ich halte sie am Leben! Ich kenne das Geheimnis ... Von einem Baum weiß ich, der ist viel kleiner und viel unscheinbarer als jener große, allgewaltige, der die neun Welten trägt (und womöglich noch viel mehr – was weiß denn ich, haha! Mich interessiert das gar nicht)! Doch jener, den ich meine – und ich weiß, wo er wohnt –, der ist so mittelgroß und steht umgeben von zwölf ähnlichen! Die einen etwas größer, die anderen etwas kleiner, ein paar sind sogar ganz klein, dünn, zart – so richtig niedlich noch! Ob's genau zwölf oder dreizehn sind, kann ich nicht garantieren. Ich zähl nicht gern, ich schätze lieber. Es sind mehr als zwei Handvoll! Und alle tragen Äpfel! Rote, gelbe, rotgelb-kleine, rötlich große, gelblich dicke, grünliche auch – manche gerunzelt, manche kussglatt, manche mit Würmchen, andere ohne! Die einen jung, die anderen noch, die Nächsten liegen schon im Gras, doch sind noch lecker. Allesamt verzaubert! Wer die probiert, macht „Aaah!" und „Hmmmh!" – und will noch mehr. Doch ganz egal, wie viel eins davon isst: Die Zeit lässt ab, an dir zu zerren. Du bleibst so alt, wie du grad bist! Du musst nur ab und zu von diesen Äpfeln kosten. Die Zeitspanne ist sehr verschieden. Das hängt von ganz verschiedenen Dingen ab. Und davon, natürlich und vor allem, dass du keinen Organismus hast.

Oh, ich vergaß! Du hast einen ... bist einer, aus meiner Sicht sogar Teil eines solchen, wie alle erdbewohnenden Geschöpfe! Du lebst durch Zellen, Eiweiß, Blut ... atmest Luft, trinkst Wasser, nimmst Nahrung zu dir, scheidest Reste aus ... Und kannst das nicht für immer tun. Nur so lang', wie dein Leib das aushält! Das durchhält! Und doch kann ich dir dienen. Nicht direkt mit Unsterblichkeit, aber mit Neubeginn, mit Neuanfang. Als hättest du noch nie geliebt, noch nie geküsst, noch nie gekämpft, noch nie verloren. Als hättest du die Dellen, die Blamagen, die Narben und die Niederlagen, Enttäuschungen und alles das, was du gewannst, dir aber doch wieder entglitt – wie es so ist ab einer bestimmten Lebenszeit – nur wie Spielpunkte erhalten: kein Grund zum Grämen, oder sich gar in Bitternis zu winden und selbst das Glück noch zu beseufzen – als übersäh's dich immer ganz und kümmere sich nur um andere, die es nicht einmal bräuchten ... zumindest nicht so hungerstark wie du.

Ich hex dir Flügel an die Seele, vielleicht sogar auch an die Füße – leichtfüßig sollst du werden, als ob das Fliegen deine übliche Fortbewegung wäre! Und heiteren Herzens sollst du lachen ... können, weil die Erinnerungen dir zwar bleiben, aber nicht mehr als Schmerz, Gram oder Last. Nur als Grundierung deiner Tiefe, deines eigenen Raums, deiner Geschichte, die du tanzt, besingst und zeigst wie ein Musical: diesen Triumphzug deines Lebens! Selbst wenn du anderen nicht so gern davon erzählst und sich Freude und Lebenslust bei dir nicht körperlich ausdrücken, so, dass du hüpfst und juchzt deswegen. Doch innerlich ist dir dann so, als tätest du's. Zumindest dein Herz tut's für dich! Und dein Gemüt hat Clubnacht heute: Hei, alles so ekstatisch hier, aufregend, anregend, reizvoll, bunt, schön und aufgekratzt! Und alles, alles hältst du durch – kaum, dass du schneller atmest! Wild, energiegeladen, froh und frei – beseelt, beherzt, entschlossen! Bereit für alles, was da kommt! Wenn du dem Schicksal überhaupt die Chance lässt, dich noch zu beschenken nebenbei – du hast nämlich so viel vor, so viel zu tun ... und so viel Lust auf so viel, was du noch nie tatest, oder woran du bislang nicht wirklich so zu denken wagtest! So geht's dir dann! Willst du das haben? Jung sein, wie du's noch nie warst? Wie's Jugendliche nie erleben? So wie man sich allzeit – oder zumindest zwischenrein – nur denkt: So sollt' es sein! Das müsst' es geben! Willst du so sein? Das mal erleben?

Kannst du haben! Das alles und noch mehr! Du musst nur rufen: Idun! Und dich dann ganz geben. Mich ohne Zaudern, Zögern oder Aber in die Arme nehmen. Ich komme als Gelegenheit so jung wie keine und nichts sonst und zu nichts anderem da als zum Ergreifen! Wenn du's nicht tust – wer dann? Wohin und wann und wie soll's denn noch reifen? Für dich komm ich! Für alle, die mich rufen! Und immer nur ganz exklusiv: Was ich dir biete, können andere nicht erkennen, nicht verstehen. Unfähig sind sie, mich auch nur zu sehen, weil es für dich ist, wie ich komm. Wie du erlebt mich keiner. Ich zeig mich jeder nur allein: ausschließlich und persönlich. Drum gib dich ganz. Ergreif mich gleich. In dem Moment, in dem ich dich berühre, in dieser vielleicht nur hauchzarten Ahnung, da du mich bemerkst – musst du mich fassen! Sonst bleibt dir nur Luft. Und Leere. Bedauern über etwas, was nichts wurde. Nichts werden durfte, weil du dir selber es verbotst. Nicht wagen heißt: Sich selber was verbieten. Unergriffene Chance ... blinkende Ziffer, die nicht bleibt ... weiterrückende Zeiger an der Uhr ... das fallende Kalenderblatt ... dass Herbst um Herbst und eines Herbstes dir selber dann zum Herbstblatt wird. Und du nicht weißt: Komm ich noch einmal übern Winter? Gibt's ein Erwachen nach der Nacht? Das Herz weint rot am Horizont. Geht mit der Hoffnung unter. Doch wenn du willst, komme ich wieder!

Du kannst mich auch als Frühlingsgöttin feiern. Was er verändert, bring ich mit. Dein eigener Frühling bin ich jederzeit. Es wirkt von innen. Du musst nur eines sein: bereit, mich zu gewinnen!

Die Erlauberin

Lofn! Mit Dir begann mein neues Leben. Du warst nicht die erste Göttin, die ich traf – aber die Erste, die ich konkret um etwas bat. Und mit der prompten Erfüllung kam alles ins Rutschen: Ein ganzer Berg von Problemen, die sich jahrelang aufgetürmt hatten in wachsender Unüberwindlichkeit ... Sie fielen noch viel schneller auseinander und stürzten ein, als ich auch nur darüber staunen konnte. Die plötzliche freie Sicht auf das Trümmerfeld (meiner Taten, vor allem aber meiner Unterlassungen) war – verglichen mit jenem drückenden Problemberg vorher – ein geradezu betörend schöner Anblick. Ich hätte nämlich nie gedacht, dass es so schnell gehen könnte. Dass alles sich dreht! Ob das überhaupt ginge, auf welche Weise und wie sich das wohl zöge! Und wie es dann ging! Flutsch-peng – und am Morgen ist die Welt eine andere. Zum Allerbesten, ja Glücklichen gewendet! Auch, wenn meine Erinnerung das jetzt schon auch abkürzt und vielleicht verklärt. Es war der richtige Weg!

Meiner begann mit einem Kuss. Ihn banal zu nennen, wäre noch im Nachhinein (obwohl jetzt wirklich viele Jahre her, in denen andere sogar starben) ein Frevel. Wer kennt banale Küsse? Das können nie und nimmer richtige gewesen sein! Jener jedoch, den ich damals wagte, war besonders folgenreich. Wie schon angedeutet, änderte er mein Leben. Ich hätte ihn nicht anstreben, nicht provozieren, nicht empfangen, geschweige denn erwidern dürfen – was ich alles tat. Und wie! Es wurde zu meiner Erlösung. Und Du hast sie erlaubt. Ich hatte darum gebeten. Mir alles das erfleht. So lernte ich Dich kennen. Als Göttin der Erlaubnis. Ich hatte so viele Träume, so viele Sehnsüchte, Begierden und auch richtig notwendige Bedürfnisse gehabt, die unerfüllt, ungewagt und unverwirklicht geblieben waren. Es ist ein Unterschied, ob du nur von etwas träumst, es dir erhoffst, erwünschst, ersehnst oder es dann wirklich erlebst. In echt, 3-D und Farbe. Mit allen Sinnen. Und allen Konsequenzen. In diesem einen, nie anhalt- oder zurückspulbarem Leben. Versäumt hatte ich weiß die Göttin (sozusagen jede) schon genug und das mehr als weiß die älteste Erinnerung auch schon überlang. Dank dir, Erlaubende, gelang mir endlich, all das, wonach mich immer schon verlangte, nicht nur zu brauchen und dazu zu stehen (so ziemlich alles will ja doch gelernt, geübt, gewagt sein), sondern es mir auch selber zu erlauben. Wer das banal nennt, mag es tun – doch kennt die Hemmung und wer weiß was noch alles für Gefühle und Gefühlszustände selber nicht. Und so banal es für Außenstehende vielleicht klingen mag, erlebt habe ich es als aufregend, umwälzend und folgenreich.

Viele Jahre später durfte ich zweimal erleben, wie – unabhängig voneinander (auch zeitlich in größerem Abstand) – zwei meiner Engstvertrauten Dich gemalt, sich jeweils ein Seelenbild von Dir angefertigt hatten. Einmal als Bleistiftzeichnung, das andere farbig ausgeführt. Unterschiedlicher hätten die Motive nicht ausfallen können. Ich selbst wäre auf keines von diesen gekommen. Die Zeichnung zeigte Dich als hagere, fast mönchsartig verhüllte Gestalt: die Kapuze tief ins Gesicht gezogen, so dass nur ein scheues, unendlich zartes Lächeln ahnbar blieb ... Und auf Deiner offenen dargebotenen Handfläche ruhte ein großer Schlüssel. Der der Erlaubnis? Der verbotene Türen öffnet? Zurückhaltung, sowohl Ver- als auch Geborgenheit und tiefes Geheimnis raunten aus der feinen Grauzeichnung. Das spätere Bild (von einer anderen Seele und Hand ins Leben gemalt) schwelgte in Farben und Bewegung:

Ein dunkles Pferd mit wilder Mähne – fast hörte man sie knattern im Wind – sprengte entlang, den Hintergrund dominierend. Links oben, wie in Nahaufnahme, schob sich Dein Lächeln ins Bild: die übervollen Lippen Deines großen, sinnlichen Mundes noch etwas länger ziehend. Nach oben hin nur die Nasenspitze im Profil sichtbar. Zartgrün Deine Haut – wie von einem Unterwasserwesen ... Nur teilweise mit im Bild hing dickes, zotteliges Haar: in satt-dunklem Tiefblau. Dieselbe Farbe hatten Deine Lippen. Beide Bilder beeindruckten mich tief. Und ich erinnerte mich, wie ich Dich all die Jahre zuvor immer wieder, bei dieser und jener Gelegenheit, in Ritualen gerufen, Dich geehrt, Dir gedankt hatte, besonders ausgiebig in kleinen Kreisen mir Vertrauter. Von denen mich zunächst manche hernach gern beiseitezogen und mich fragten: Wer ist denn diese Lofn?

Lang her! Denn gerade in meiner kleinen Ásatrú-Gemeinschaft warst Du bald nach jenen ersten, zunächst nur von mir getätigten Anrufungen, eine gern und groß Verehrte geworden. Mehr als ein Ritual wurde seither dort – ganz ohne mein Zutun – allein oder vorwiegend Dir gewidmet (mit ebenso viel Emphase und Phantasie, wie aus jenen privaten Bildern sprach, deren Zeuge ich werden durfte – und natürlich immer ganz neu und eigen motiviert und ausgestaltet)! Es gibt wohl immer wieder Türen zu öffnen. Wege, die der einen oder dem anderen verwehrt geblieben wären: ohne Deinen Schlüssel, Deine Weisung ins Freie – ob zart gehaucht, stumm aufgezeigt und stillen Herzens beschritten, oder in stürmischem Galopp den Traum das Leben lehren, ihn wahr werden lassen! Meiner ist es geworden.

Ich selbst zeichnete Dich nie. Male mir keine bestimmte Gestalt aus. Könnte mir aber noch einige vorstellen! Und wo meine Phantasie endet, setzt diejenige anderer vielleicht gerade erst an! Klar ist: Du könntest in so vielen Erscheinungen auftauchen, wie es Bedürfnisse und Sehnsüchte gibt – und verborgene Wege dorthin! Vielleicht erscheinst du auf ganz unerwartete oder ungewohnte Weise. Wie bist oder wärst Du noch zu erleben, in welchen Formen und auf welchen Wegen manifestierst Du Dich denen, die Dich brauchen? War die Musik, die mir einst – als gerade mal pubertierendes Geschöpf – das Selbst aufbrach und die Ekstase, die Lebenslust in mir weckte (die ich vorher so nicht gekannt hatte) – vielleicht von Dir begünstigt worden? Hattest Du mir womöglich erst die Gehörgänge oder das Gemüt geöffnet dafür, dass sie mir derart ins Herz drang, es zu sprengen, es mit diesem unbändigen Drängen zu befeuern, das mir fortan Stil und Richtung wies? Natürlich lässt sich nachträglich alles verklären. Aber selbst, wenn ich ganz nüchtern bleibe und, so viel ist sicher, jahrzehntelang nicht die geringste Ahnung hatte von Dir (und den Deinen natürlich ebenso wenig): Etwas in mir hat von Dir geträumt, hat Dich ersehnt. Göttin der Erlaubnis!

Du bist mir – in welcher Gestalt oder Form auch immer – zur heimlichen, haha, Schlüsselbegleiterin geworden: As im Ärmel, Plan C oder Z im Hinterkopf – oder darf ich Dich Menschenbeflüsterin nennen? Herzenskitzlerin, Ahnungslüfterin? Ölerin der Entschlossenheitsscharniere, Löserin der Mutbremse!?

Denn wenn ich Deiner Weisung im Dickicht mich umgebender oder sich vor mir auftürmender Unmöglichkeiten bedarf, so genannter Umstände (die ich einmal ganz köstlich als herumstehende hässliche Tropfe karikiert fand, als Postkartenmotiv – Überschrift: „Monster des Alltags – die Umstände"), die von meinen sie manisch umwickelnden Gedankenkreiseln nicht besser werden, vor allem nicht verschwinden, ja nicht einmal verrückbar werden – dann schiebt sich mir Dein Lächeln ins Gemüt. Du brauchst kein Wort zu sagen. Ich folge der Erlaubnis. Die Du mir gewährst, und sei es ausnahmsweise. Und lasse die Umstände sein, was und wie sie wollen – am Ende aber hinter mir. Dein stummes Lächeln überschweigt die Mahner, die Zensoren, die Bedenkenträgerinnen, die Niederflüsterstimmen, die Selbstwert-Piesacker. Sowohl den ganzen wimmelnden Dämonenhaufen in mir drin, der immer wieder mal dem Herzen entgegen schäumt und es niederkrakeelt (ganz besonders, wenn es verzagt oder unsicher ist), als auch ihren Entsprechungen in konkreten menschlichen Umgebungsstimmen, mit ihren hochgezogenen Augenbrauen, zitierten Vorschriften, herausgehämmerten Angstkeifereien, Kneifempfehlungen, Empörungsposen, Indigniergesten, Herablassungen oder auch ganz einfach stichelnder Häme und blankem Spott. All der Gülle. Du erlaubst? Ja. Du erlaubst mich. Erlaubst mir, es mir selbst zu erlauben. Und was erlaube ich mir? Die Freiheit. Nicht nur der Rede. Auch die des Auswegs. Und sei es ausnahmsweise. Grüßt mir die Umstände. Ein trauriger Tropf bin ich selbst lange gewesen. Bis ich ging. Es geht nämlich! Ich danke Dir, Lofn.

Der die das Überraschende

Überrascht? Aber von mir doch nicht! Ich bin eine harmlose Gottheit. Im Grunde die harmloseste von allen! Für nichts weiter zuständig – nichts jedenfalls, wofür mich jemand rufen müsste (was ja auch kaum eine Vernymphtige tut, nicht wahr). Ich schlendere nur meiner Wege ... Horche und schaue mich um – und, da ich Zeit habe ohne Ende, da ja mit keinerlei Aufgabe betraut oder gar bebürdet, manches Mal genauer hin, was da so vor sich geht. Was hinter den Kulissen geschieht und was unter den Verkleidungen steckt. Was die wohltönenden Reden und hochheiligen Schwüre wirklich bedeuten, und warum manche Angaben umso unglaubwürdiger sind, je eifriger und vollmundiger sie beteuert werden. Autoritäten, Instanzen, Popanzen – je machtvoller sie sich gebärden, desto aufgeblasener wollen sie mir oft erscheinen und als umso hohler erweisen sie sich ein ums andere Mal. Ich bin von zugegeben neugierigem Wesen. Meine Eltern waren Naturgewalten. So gesehen sollte ich ja auch etwas davon in mir haben. Aber ihr dürft mich als Gottheit verehren! Ich bin der Blutsbruder des hochwissbegierigen Gatten der Frigg! Ase am Tisch der Asen, willkommen in Lokis Küche, wohl bekomm's und gern geschehen! Haha, kleiner Scherz, ich bin hier weder die Köchin noch der Kellner. Ich schleiche nur meiner Wege und lege meinen Finger in Wunden und bohre in Schwachstellen noch etwas nach. Ich bin über meine Kreise hinaus bekannt. Selbst, wo an gar keine Gottheiten geglaubt wird, ist von mir noch die Rede: Dort nennt man mich „Murphys Gesetz“. Wir alle tun, was wir müssen, nicht wahr? Und ich muss nun einmal Laut geben, wenn ich etwas finde oder auf etwas stoße – zumal, wenn es sich in anderem Zustand befindet als behauptet oder allgemein angenommen. Manche schalten mich schon Lügner oder eine Hintertreiberin. Dabei löse ich nur Fesseln: die der Falschbehauptung und des schönen Scheins. Der Maschine, die nicht funktioniert, lockere ich die Schrauben – es ist nicht meine Schuld, wenn sie auseinanderfällt, sie hatte ja ohnehin nicht das getan, was sie vorgab – oder was all diejenigen von ihr denken wollten, die sich lieber an eine fromme, aber leider eben unzutreffende Bequemlichkeit klammern, als der Wahrheit ins Gesicht zu sehen.

Kurz: Ich halte den Laden zusammen, indem ich ihn auseinandernehme. Genauer gesagt: auseinanderfallen lasse. Nicht mit Gewalt – sondern, wie gesagt, nur ein bisschen Stochern an der undichten Stelle. Oder eben mit jenem Körnchen Wahrheit, das dann die Räder eines ganzen Schaubetriebes so ins Knirschen bringt, bis sie blockieren. Es sind dann jene Unverbesserlichen und Unbelehrbaren, die weiter ins Pedal treten, die dem Karren die Achsen brechen und ihn in den Dreck fahren, nicht ich. Man mag die oft nicht, die auf meine Art Gutes tun: die investigative Journalistin, die Missstände aufdeckt, ebenso wenig wie das arglose Kind, das das Offensichtliche beim Namen nennt – und damit Benimmregeln außer Kraft setzt, die wem noch bitte gleich dienen? Man hofiert nicht – zumindest nicht bei Hofe – die Spielverderber, die vorrechnen, dass der große Plan nicht aufgehen wird, sondern sogar eine Riesen-Strunzdummheit darstellt, die am Ende alle ins Verderben stürzt. Niemand will so etwas hören, kein Mensch bestellt solche Nachrichten. Nur Illusionen verkaufen sich gut. Je hanebüchener und irrer, desto beliebter sind sie und desto schneller verbreiten sie sich. Na schön, daran bin ich nicht unschuldig, zumindest nicht alleine, hihi – ich erfand das Fischernetz und das Internet, ich sorgte für eine verringerte

Wirkung von Thors Hammer (ich habe nicht für alles meine Gründe, aber auch hernach tun sich mitunter gute auf) und ich schuf die Voraussetzungen für die Verbannung des Ideals aus dem Reich der Lebenden. Weil es auf einer Lüge aufgebaut war. Was hätte ich denn machen sollen? Die Mistel ignorieren und Friggs Versagen, diese Vergesslichkeit der Allwissenden gleich mit? Seid froh, dass ihr mich habt. Mit Ragnarök seid ihr doch noch gut weggekommen, es hätte schlimmer kommen können. Schaut euch nur mal die Deutsche Bahn oder dort die Netzabdeckung auf dem Lande an, den gesunden Menschenverstand in Nahost oder den amerikanischen Traum in seinen Heimatslums (von seinen Möchtegern-Ablegern anderswo ganz zu ächzen). Ich bin der Blick der Zeichentrickfigur nach unten. Erst dann fällt sie in den Abgrund, als sie diesen erkennt. Bin ich verantwortlich für die Schwerkraft? Oder dafür, dass eins über die eigenen Grenzen ins Bodenlose hinausläuft? Wie gingen Geschichten denn aus, blieben ihre Figuren oben in der Luft hängen oder könnten auf ewig blind weiterrennen – auch ganz ohne Grund?

Ich verhalf den Göttern des Bewusstseins zu einer Prachtburg zum Nulltarif und ließ mich dafür vom Arbeitshengst eines Ungestümen durchficken, und nach einer schwierigen Schwangerschaft, die euch nicht einmal eine Erwähnung wert war, gebar ich noch Sleipnir, das wunderbare achtbeinige Götterross. Ich bin die stolze Mama. Als Vater zeugte ich Hel – und mit einer anderen Naturgewalt, denn manchmal meine ich, selbst eine zu sein (es mag an meiner Abstammung liegen, *lächel)*, die Midgardschlange höchst selbst. Manche mögen meine Kinder nicht, aber ich bitte euch: Was wäre die Welt ohne sie? Zeit und Raum hielten nicht zusammen und die Überbevölkerung wäre schon gestern und vorgestern das Problem gewesen, und das nicht nur vor und hinter Stadttoren, sondern auch auf Feld und Acker ... und in Wald, Wiese, Bach und Ozean sowieso. Ohne den Tod und das Sterben gäbe es allein schon so viele Adler in der Luft, dass nicht einmal der einäugige Dieb des Dichtermets durchgekommen wäre dort oben – im Stau der Luftstraßen wäre er zwischen Millionen anderen Adlern steckengeblieben, allesamt eingekeilt in die Scharen von Star, Spatz, Schwan und sonst was für Geflügel sowie Myriarden und Abermyriarden Mücken samt Pieks-, Summ- und Brummverwandtschaft (von älteren Erdzeitaltersemestern wie zahllosen Pterodaktylen, Quetzalcoatln und metergroßen Libellen ganz zu flattern und zu kreischen)! Also überlegt lieber mal, wo ihr ohne mich wärt und was euch übrig bliebe. Ihr hättet weiß Loki andere Sorgen, als mir die Lippen zuzunähen und euer Gift über mich auszugießen. Und auch nicht meine Schuld ist es, dass Tyr die Hand abgebissen wurde – hätte er sie meinem Sohn nicht in den Rachen gelegt! Das Ganze war ein arglistiges Betrugsmanöver, um Fenrir festzusetzen. Sonne und Mond wird er trotzdem noch fressen, verlasst euch drauf! Nicht Loki verantwortet die Sollbruchstellen eurer Schöpfung ... Der/die/das Neugierige legt nur den Finger darauf – kann ich etwas dafür, wenn der ganze Murks gleich auseinanderbricht? Am Schluss bin es eh wieder ich, die eine Erfindung ersinnen muss, die euch nochmal rausholt – und mit Hilfe derselben ihr niemand anderen als mich wieder verknackt, das ist immer dasselbe Lied. Kehrreim wessen Versagens? Da möchte eins doch gleich mit einem Wolkenschiff anrücken, das aus den nachgewachsenen Finger- und Zehennägeln begrabener Leichen gezimmert wurde und Dämonen den Weg weisen, die euch mal ein wenig mehr herausfordern!

Ach, das haben wir ja auch schon hinter uns, die Erde ist längst wieder am Grünen. Und am Schwitzen wie seit Tyrannosauriers Tagen nicht! Ich sorgte für die Rückholung des Donnergottes Hammer, der sich diese Macht von den Riesen stibitzen ließ – und schlau, wie sie wurde, hat die Menschheit Mjöllnirs Kraft mittlerweile für ihre Zwecke angezapft und damit eine Tag und Nacht beleuchtete Zivili-City all over Mama Globe geschaffen. Und schon wird es wärmer, als ihr vertragt, und eng geworden ist es euch schon länger: aber noch nicht im eigenen Oberstübchen, was? Ihr wolltet global zugängliche Informationen, jetzt habt ihr die und sogar schier unbegrenzten Warenfluss. Und fast mehr Probleme als vorher. Na, was soll ich jetzt Tolles erfinden, das ihr für die Rettung eurer Bequemlichkeit haltet – oder so zweckentfremdet, ob es dafür gedacht war oder nicht? Aus was würdet ihr nicht rasch und nachhaltig eine große Dummheit machen in eurer stumpfgierigen Bizniz-Schläue? Ihr vorwitzigen, neunmalklugen Raffzahn-Äffchen von und zu sapiens (Selbsternannten)!? Schau'n wir mal. Ihr macht alle so weiter? Ich auch. Gern geschehen!

Das Bleichgesicht

Rückblickend gesehen – und Du schaust gern zurück, nicht wahr, im Bewusstsein, dass Du sie alle anziehst ... und wie sie Dich lieben! Hinter Dir herschäumen, zu Dir hochglucksen – und Dir am liebsten nachzögen. Die Wogen des Meeres meine ich, die Töchter der Ran! Wenn ich für meinen Teil so zurückschaue, vor allem jedoch auf meine Asphaltpfade, warst Du – in gewisser Weise zumindest – meine erste Gottheit. Die erste, die ich wahrnahm. Wenn ich durch Gassen und über urbane Plätze streunte, als junger Mann, mal zornig, mal verzweifelt, mal gedankenvoll, aber immer allein im Kampf mit meinem unausgesprochenen Toben – da standest Du oft still über allem. Über den Dächern, den Mauern – den inneren wie den äußeren. Den realen, den anfassbaren wie den eingebildeten, die in ihrer Wirkung ebenso real waren, denn ich glaubte ihnen – so sehr ich sie auch zu bekämpfen trachtete ... Aber gerade dadurch hielten sie mich in Acht und Bann. Nicht immerzu offensichtlich, aber sie waren nie weit weg oder gar ganz. In Weh und Ach – und wenn ich mich noch so bunt herausputzte dagegen, und noch so überschäumend aufbegehrte, auch öffentlich. Du warst all dem fern. Mir aber immer nah. Am Nachthimmel. Du erschienst mir weiblich damals. Als noch kaum jemand von „der Mondin" sprach – zumindest nicht in meinem Umfeld – ich Dich aber längst in jeder Bühnenprosa so nannte, was vom Publikum als Schrulle bekichert wurde, während ich es völlig ernst meinte. (Ich habe nämlich keinen Humor, von dem ich wüsste.)

Ich lief durch die nächtlichen Gassen der Steinstadt. (Schrieb ein paar dieser „Streifzüge" bald nieder: immer für Aufführung, Vortrag,

Gesang, Spektakel. Bücher las ich, schrieb aber keine. Wo käme ich hin? Anonymisierte die Ortschaft – fast schon boshaft, da ich sie nicht rühmen mochte. Launig raunte ich von „Trostlosingen an der Gähn“ oder „Oberverwesen an der Ätz“, mit der Zivili-City in aufrichtiger Hassliebe verbunden ...) Du sprachst mit mir. Warst nicht immer voll. Ich auch nicht. Ich mochte Dich in jeder Gestalt, mit jeder Figur. Vom Bleichgesicht bis zur Silbersichel. Heut ruf ich Dich Mani. Der Name ist nur dazugekommen. Bevor ich mich für altgermanische Hinterlassenschaften interessierte, kannte ich ihn gar nicht. Aber ich hatte genug andere Namen für Dich. Ich streunte nicht jede Nacht herum, und nicht in jeder, da ich's tat, sah ich Dich. Aber Du warst eine meiner wenigen Konstanten. Die Plätze und Häuser, all die Orte, an denen ich etwas erlebt hatte, was mir besonders erinnernswert erschien, mitunter sogar heilig war – sie stürzten hinter mir ein. Wurden abgerissen, planiert, überbaut, zur Unkenntlichkeit verändert, abgeschafft. Erschien mir wie ein Fluch, zumal ich mich allein davon betroffen wähnte. Die Stadt kam mir wie eine Wüste mit wandernden Dünen vor. Wo ich gestern noch gelagert und gefeiert, getanzt, geküsst oder auch geweint hatte – bald würde nichts mehr davon übrig sein. Mein Leben hinterließ keine Spuren. Aber Du eine in meinem Sehnen. Mich sehnen, das konnte ich. Du ludst mich ein – und auf. Ich nahm Dich als lebendig wahr. Dich und mich. In der Einsamkeit meiner Nachtspaziergänge.

Ein gefühltes Lebensalter später – unter ganz anderen Umständen, wie sich das gehört – konnte ich zurückstrahlen. Stand aufrecht und nackt mit meiner Trommel, die ich wie nach Deinem Bilde selbst geschaffen hatte: groß und kreisrund, das glatte Fell von geheimnisvoller Maserung durchzogen, die an Deine Kraterlandschaft erinnert. Und musste lachen. Ich war dabei gewesen – vor dem Fernseher, als aufgeregtes, wissbegieriges Kind –, als sie Menschen in weißen Schutzanzügen zu Dir hochschossen und ein wenig in Deinem schwachen Schwerefeld herumhüpfen ließen. Sie brachten Steine mit. Das war's, was sie erwartet – und was sie auch gefunden hatten. Wie das meistens so ist. Als Kind wäre ich gerne mit dabei gewesen – bei den Astronauten. Als Erwachsener fand ich Besseres zu tun: Hexen hatten mir gezeigt, wie hex den „Mond herabzieht" (wie sie es nannten). Ich war begeistert: Das ging ganz ohne Raketen, Umlaufbahnberechnungen, Bodenpersonal und all das Gedöns! Und so kamen wir uns näher. Du warst nicht mehr nur oben. Ich nicht immer nur unten. Wir grinsten uns aus jeweils eigenen Kraterlandschaften zu. Du gingst die Wellen becircen, ich folgte meinen Weibern. Über Geschlechtliches haben wir uns nie unterhalten. Du warst nicht mehr nur weiblich. Aber auch als männlicher Mani löst Dich einmal im Mond (haha – tatsächlich meine übliche Redeweise) Deine dunkle Schwester ab: die unsichtbare Schwarzmondin (ich besang sie hier schon). Von Ihr lasse ich mir regelmäßig das Blut nachdunkeln und die Seele nachtschwärzen. Nicht, dass es mich noch erleuchtet! Wo käme ich hin! Ich war noch nie nur männlich. Wo kämen wir hin! So, wie ich nicht nur lang bin und Du nicht nur rund.

Ich führe Tagebuch über Dich, Geliebter. In meinem selbst gemachten Kalender stehst Du mit jeder Phase, und auch, in welches Sternzeichen Du alle zwei-drei Nächte wechselst, ist mit vermerkt. Seit ich Heide bin. Jedes Jahr aufs Neue! Einmal war ich zu faul oder zu beschäftigt, wollte es bleibenlassen fürs kommende Jahr – dauert ja immer einige Zeit, bis ich die kleinlichen Infos zusammen- und dann auch noch für 365 Tage eingetragen habe (von Schaltjahren ganz zu ächzen, haha). Dachte, ich nutze das ja eh nicht. Kann mir nicht jede Aktivität in die jeweils passende Mondphase legen, und nach Sternzeichen richte ich mich so gut wie gar nicht – es ist einfach nur Zierrat meiner privaten Kultur (so wie andere sich ein Salatblatt ans Bein binden, Raketen auf dem Schreibtisch sortieren, Schampus aus Bauchnäbeln schlürfen, mit ihren Kellerleichen kosen oder was weiß ich). Aber dann hab ich's spontan vermisst: Bei jeder Verabredung, Terminabsprache, Projektplanerei guckte ich in jene linke, jetzt leere Kalenderspalte. Wie steht denn da Mani? Und in welchem Zeichen? Verdammt! Und so trug ich alles nach und wieder ein.

Mani! Dein Licht heiligt mich. Segne mein Sehnen. Ziehe an meinem Inneren, ziehe das Gute nach oben. Bring meine Wellen ins Wallen, meine Trommel zum Tanzen, meine Füße zum Stampfen auf dem Lehm wie auf dem Linoleum. Bumm-bumm. Für Dich bemale ich mich, öle ich mich ein, singe Dir Lieder – nicht jeden Mond, aber immer wieder. Dich nenne ich als den nächtlichen, den dunkelschwarzen, aber silberbeglänzten – sagen wir: den geheimnisumwitterten Teil meiner Visitenkarte, wenn mich jemand nach meiner Religion fragt: „Ich bete Sonne und Mond an."

Die Hervorbringerin

Drehung, Drehung ... nächste Drehung. Solange ich denken kann, drehe ich mich. Ich weiß warum: Da ist eine, der ich nicht näherkommen kann und darf ... und der ich genauso wenig entkomme. Was ich auch keinesfalls wollte! Nicht nur, dass ich dann geradezu erstürbe, nicht überleben könnte. Ich wollte es auch gar nicht! Mein Leben hat nur Sinn, solange ich die Große umtanze. Einige andere tun es mir gleich – vier von ihnen, weit draußen im Dunkel der Sternennacht. Sie sind sehr viel größer als ich. Drei etwas Nähergelegene sind ein bisschen kleiner. Aber von ihnen allen unterscheidet mich etwas Entscheidendes. Gut, wir haben alle unsere Merkmale, Eigenarten, Besonderheiten: der eine Große mit seinen Ringen, der andere, der Größte, der Stürmische, mit seinen unzähligen Monden. Ich kann mir nie merken, wie viele genau – mich selbst umrundet nur einer. Ein besonders Großer und, wie ich finde, der Schönste von allen (aber das denkt wahrscheinlich jede Mutter. Das mag mir vergönnt sein)! Oder meine schwesterliche Nachbarin sonnenwärts, mit ihrer dichten Wolkendecke (und ihrer permanent schlechten Laune. Sie dampft und qualmt immerzu und verbreitet eine Stinkigkeit, die ihresgleichen sucht). Oder mein kalter kleiner Nachbar allauswärts – Nachbar ist schon fast zu viel gesagt, seine Bahn ist derart krumm, dass wir uns nicht oft sehen. Fast zwei Jahre braucht er für eine Umtanzung, und nur einmal kommen wir uns dabei überhaupt in Rufweite. Aber meistens sagen wir nichts, wir grüßen uns nur stumm. Was gäbe es auch zu reden? Auch er trug sich einstmals mit dem Gedanken, zu ergrünen. Aber das ist Ewigkeiten her und daraus wurde nichts. Daher bin ich hier die Einzige weit und breit, die Leben hervorbringt. Unzählige Völker tummeln sich auf, in und an mir, eins eigentümlicher, einfallsreicher, versponnener und verrückter als das andere. Unzählige schon sah ich kommen und gehen. Manche halten sich länger, andere verändern sich rascher, ewig bleibt niemand, doch ich bringe immer wieder neue hervor. Ich selbst ändere mich ja auch von Zeit zu Zeit. Die Sprechenden nennen mich Erde. Sie breiteten sich erst kürzlich aus, dies aber recht ungehemmt, und ihr Schicksal steht auf der Kippe. Vielleicht sind sie schneller wieder verschwunden, als ich mich an sie gewöhnt haben werde. Sie sind etwas aus der Art gefallen. Es war der Versuch, eine Spezies mal mit einem wirklich größeren Hirn auszustatten: die einzelnen Individuen mit echter Vernunft und Erkenntnisfähigkeit zu begaben. Doch statt ihnen das Bewusstsein zu erweitern, steigt es ihnen eher zu Kopf. Zunächst ging es ganz gut, aber seit ein paar Jahrtausenden gebärden sie sich wie Irre – kommen weder mit anderen noch mit sich selbst zurecht. Wollen unabhängig sein, aber alles beherrschen und kontrollieren und für sich vereinnahmen – dabei verstehen sie den Kreislauf nicht oder ignorieren ihn. Sie haben keine Ahnung, wissen aber immer gleich alles besser und dann muss alles nach ihren Vorstellungen gehen. Wo sie sich ausbreiten, hat nichts und niemand anderes mehr Platz oder Lebensrecht. Sie gönnen schon einander das ihre nicht und metzeln sich nieder in Scharen. Um derlei unappetitlichen Wahnsinn auf immer neue Spitzen zu treiben, ja zu vervollkommnen, entwickeln sie größten Einfallsreichtum. Im Moment vergiften sie ihre Biosphäre nachhaltig und hoffen nur, dass es nochmal gut geht. Kann ich ihnen nicht versprechen. Es wird jetzt wieder wärmer auf meinen blühenden Kleidern (soweit die Sprechenden noch etwas davon übriglassen), aber das völkerreichste meiner Refugien, das nasse Negligé, dem alles Leben entspross, versauert zu einer wogenden Warmwüste. Es wird etwas dauern, die Hinterlassenschaften der Sprechenden wieder vergessen zu lassen. Aber ich habe ja Zeit. Dann probiere ich wieder etwas Neues. Was und wen ich wohl diesmal hervorbringen werde? Ich habe schon ein paar Ideen ...

Bis dahin ergehe ich mich in Erinnerungen. An Kindheit und Jugend. Ich fühle mich immer noch fast jugendlich, obwohl ich so viel erlebt habe. Aber was ich für ein Feuerkind war, ist jetzt wirklich weit weg. Ich brannte – fast wie die Sonne selbst, die ich damals noch kaum wahrnahm – zumindest nicht so bewusst wie heute, obwohl ich sie, soweit ich mich entsinne, von Anfang an umkreiste. Ich mochte sie sofort, jedoch wurde mir schnell klar, dass ich ihr nicht allzu nahe kommen durfte, wenn ich nicht selbst verbrennen wollte. Ich schoss mich auf eine respektable Entfernung mit meinem Kreistanz ein, und allmählich erstarben meine eigenen Feuer. Ich spüre sie noch, aber sie zogen sich in mein Inneres zurück. Nur ab und zu noch bahnt sich eins durch schmale Adern den Weg nach oben und beglückt mich mit einer Eruption. Aber derzeit habe ich nur noch wenige Vulkane. Lange Zeit tanzte ich nackt. In meiner frühen Jugend sammelte ich Atmosphäre. Ich gönnte mir mehr Luft als jede andere Planetin, meine Schwester sonnenwärts vielleicht ausgenommen. Aber auch mit ihr tausche ich mich nicht groß aus. Sie giftet vor sich hin und hält sich bedeckt. Ich wüsste gar nicht, was ich sie fragen oder ihr erzählen sollte. Eine Weile lang war ich mir zwar nicht sicher, ob sie nicht selbst Leben und Völkerscharen unter ihren Wolkendecken ausbrüten wollte. Aber bald merkte ich, dass sie das wahrscheinlich nie vorgehabt, ja nicht einmal erwogen hatte. Sie hat ja auch, soweit ich weiß, keine Meere. Kein Wasser! Trocken wälzt sie sich durch die Sonnenhitze und bunkert davon so viel wie möglich – manchmal glaube ich, sie wird überhaupt nie ganz wach, sondern verschläft ihren Tanz. Na ja, ihre Sache!

Während die Schwester sonnenwärts so seltsam wurde (obwohl wir Zwillinge sein könnten. Sie ist ja fast so groß wie ich), ging ich duschen. Ein paar Millionen Jahre lang gefiel mir das so, dass ich gar nicht mehr damit aufhören wollte. Ich ließ mich von meinen übersatten Wolken vollregnen, bis ich am ganzen Leib glänzte. Ich spielte Land unter und es gefiel mir über die Maßen. Die Wasser stiegen und wurden mein erstes Kleid.

Am liebsten erzählte ich gar nicht, wie Mani entstand. Es war eine schmerzhafte Erfahrung. Ich dachte, ich sterbe. Er wurde förmlich aus mir herausgerissen. Seither hängt er an mir, aber wir kommen nicht mehr zusammen. Er wurde der schönste Mond im Sonnensystem. Ich bekam nur diesen einen, aber er ist der größte und schönste von allen, finde ich. Das tröstet darüber hinweg, wie er entstehen musste. Wir wollen nicht mehr davon sprechen.

Lange ging es mir gut mit den steigenden Wassern im Dauerregen. Um einen Felsbreit hätte ich ewig so weitergemacht und hätte jetzt vielleicht alles Land unter Wasser, ausgenommen ein paar wenige Bergspitzen als kleine neckische Inselchen in der blauen Weite!

Aber irgendwann begann mir – ganz unten in den Abgründen meiner Tiefen unter den Wassern – die nasse Haut zu jucken. Gedankenverloren kratzte ich mich und ließ es perlen. Vielleicht gab es auch ein paar Verunreinigungen in Poren, Falten oder Nischen, die ich nicht beachtet hatte. Ich war jung und unbekümmert. Nach einer Weile bemerkte ich sie. Es waren einzelne Zellen, winzigkleine Geschöpfe, die nichts taten, als im nassen All zu schweben – und sich fortzupflanzen, indem sie sich zu teilen begannen und so aus einem zwei wurden. Bald wurden es mehr. Allmählich sogar ziemlich viele. Nach einer Weile kamen noch ganz andere, weiterführende Ideen auf. Ich traf mich mit meinen Brüdern und Schwestern. Und Cousinen. Nicht den schon Genannten! Mit den anderen Planeten war ja nicht viel anzufangen. Ich meine die ... na, die anderen Göttinnen halt. Die illustre Runde, haha! Freyr hatte dann die Idee, dass die kleinen Zellen sich vermischen könnten, statt sich nur zu klonen.

„Stell Dir nur vor, Nerthus", so schwärmte er, „wie das wäre: eine neue Art nach der anderen hervorzubringen! Würde Dir das nicht gefallen? Bald wirst Du wimmeln vor Leben!"

Er nannte mich immer Nerthus. Die anderen sagten Nehallennia oder Fjörgyn, was mir besser gefiel. Ich weiß nicht mehr, was ich damals brummelte, aber ich ließ es ihn ausprobieren. Neuerungen gegenüber war ich immer recht aufgeschlossen gewesen – habe es nie bereut. Letztlich war es unser gemeinsames Werk. Das erste Leben, das auf mir keimte und wuchs, hatte mich noch überrascht. Es war nicht wirklich beabsichtigt gewesen, zumindest nicht von mir. Aber ich ließ es gewähren, und als es sich in meinen Tiefen zunehmend zu tummeln begann, war es immer vielfältiger und interessanter geworden. Und als dann noch die göttliche Verwandtschaft darauf aufmerksam wurde und sich teils gar nicht mehr einkriegen wollte vor Begeisterung, war ich natürlich auch geschmeichelt. Klar habe ich daraufhin getan, was ging, um mich auf diese neue Art und Weise zu entfalten.

Und so wurde ich tatsächlich einzigartig: die Verrückteste im ganzen All. Na, jedenfalls weit und breit! Zur Heimat aller Lebenden – aller

Sterblichen zumindest! Tatsächlich beschäftigt mich das Leben auf, an und in mir seither zunehmend und anhaltend. Überall lernte es zu sprießen! Sogar die Felsen bekroch es. Es blieb nicht im Nassen. Und als sich Gjerda immer mehr auf mir räkelte und ausbreitete unter Freyrs Liebkosungen, gesellten sich nach einer Weile auch Tierwelten dazu. Nachdem die erste mutige Fisch-Avantgarde das Amphibientum erfunden hatte, wollten manche ihrer Nachkommen überhaupt nicht mehr zurück ins Wasser.

Ab und zu wurde es mir zu bunt und ich verscheuchte sie alle wieder: mit neuen Wettern und so rasch geänderten Bedingungen, dass es ganz viele hinweg riss. Ein paar überlebten natürlich, so ging der Tanz immer weiter. Am längsten schafften es die Saurier, sich zu halten. Ich hätte sie noch weiter tragen und entwickeln lassen mögen, doch dann traf mich ein Stein, den ich erst einmal verkraften musste, und von den Vielgestaltigen überlebten nur die kleineren gefiederten Flieger. Aus einer Seitenlinie der Säuger, die sich daraufhin ausbreiteten, schufen der Einäugige und zwei andere dann die Sprechenden, aber von denen habe ich ja schon erzählt. (Odin und seinen Kumpels war es selber peinlich, sie stritten erstmal alles ab und behaupteten, sie hätten nur mit Totholz am Strand gespielt. Ändert aber nichts am Ergebnis. Die Sprechenden sind jetzt da und ob sie sich doch noch zu integrieren verstehen und die Bereicherung werden, die sie darstellen könnten und sollten, oder ob sie wieder verschwinden müssen, werden wir bald sehen.)

Eigentlich wollte ich ja von meiner großen Liebe erzählen: der Sonne, die ich mein Lebtag umtanze. Aber dann schweifte ich wieder ab. Abgelenkt vom Leben, wie so oft schon, haha! Ein andermal dann!

Der Umwälzer

Dich lieben alle. Zumindest alle, die ich kenne. Ob sie Dich kennen oder nicht. Ich erlebte Dich auch nicht oft. Aber es ist jedes Mal beeindruckend. Überwältigend! Einmal hättest Du mich fast überwältigt. Mit Leichtigkeit und mit links. Mit einem einzigen Schnaufen. Denn was ist schon so ein armseliges unbedeutendes Menschenwesen gegen Deine brüllende Macht? Njörd! Aufwühler! Umwälzer! Wogenrührer ... Zwar könnte man sagen, dass es stürmischer Wind war, gemischt mit Regen – reichlich feuchter Luft –, der mir die Trommel fast aus der Hand riss ... Als ich sie wässern wollte, meine selbstgebaute Rahmentrommel, meinen kostbarsten Besitz. Als mich der Weg zwischen zwei Auftritten an der Nordseeküste vorbeiführte. Meine Assistentin, die mich fuhr, gönnte mir den Abstecher wie ich ihr die Pause. Und so lief ich auf den Strand. Es stürmte ... Du hattest gerade Ebbe. Hattest Pfützen hinterlassen, die bald wieder überflutet sein würden. Ich wollte die Trommel baden in Deinem heiligen Nass. – Trommeln mögen so etwas, aus unbehandelten Naturmaterialien zusammengezimmerte Rahmentrommeln zumindest, und meine ganz besonders. Doch als ich sie aus der Tasche zog, konnte ich sie kaum halten, so sehr zerrten Wind und Wetter an ihr. Gerade, dass ich mir selbst schwer und behäbig genug vorkam, den lächelnden Gewalten aus Luft und salziger Frische zu trotzen. Ja, zu lächeln schienst Du: So empfand ich Deine Präsenz. Wie Jahre später noch einmal anders. Da lief ich, bei einer anderen Gelegenheit, in anderer Begleitung, etwas übermütig – und selbstvergessen (da ich eigentlich gelerntes Weichei bin und mich nicht in kalte Wasser stürze), sogar ungeachtet der arschkalten Luft nackt –

direkt in Deinen Kuss, in Deine tosende Umarmung hinein. Ich wollte es wissen, wie das ist, mich von der Nordseewoge taufen zu lassen: im Namen des Moments, des Bewusstseins und der heiligen Erfahrung. Da biss mich die Kälte gar nicht. Ich fühlte mich willkommen.

Du bist natürlich nicht nur die Nordsee. Du bist das allumfassende Meer. Ich schmeckte Dich öfter im Süden, aber näher war ich Dir eher dort, wo es mir zu kalt war. Ich liebe es, am Strand entlang zu trancen (ich meine nicht Badestrände. Einsame Gestade sind mir lieber), mir von Deinem Brüllen und Brausen das Gemüt sauberspülen zu lassen und Muscheln, Steinchen oder zerfledderte, sandverkrustete feuchte Federn aufzulesen, als gäbe es keine größeren Schätze auf der Welt. Gibt es welche? Ich bezweifle es, aber ich wohne ja nicht in Deiner Nähe. Für mich sind es Heiligtümer. An einer Südspitze Europas, bei Donnalucata an der Küste Siziliens, hast Du mir einen Stab geschenkt. Einen Langast Treibholz. Halb spiralig gewunden, wie verzaubert, aber wundersamerweise kein bisschen morsch: ganz heil, erstaunlich stabil sogar. Den habe ich mit Deinem (und ein paar weiteren passenden) Namen beschnitzt und verziert, ihn Dir und den Deinen geweiht ... Und mit dem fertigen Schmuckstück (das mir ein guter Reiseführer wurde) manche Weltgrenze überquert – nicht landschaftlich, sondern seelisch bei Ritualen. „Ihr schimmernden Völker! Ihr schwimmt, ihr versteht. Ihr seid unsere Gefühle. Es ist euer Planet.“ Das und derlei sang ich Deinen Geschöpfen, als ich lernte, jene Natur, die mich umgibt, als Spiegel meiner eigenen und inneren Natur wahrzunehmen und umgekehrt: selber Spiegel dieser Kräfte zu sein. Teil der natürlichen Welt! Schon immer. Aber sich dessen bewusst zu sein – es zu werden und zu bleiben –, macht einen Unterschied.

Mein Denken ist wie Dein Stürmen und Wogen. Oft braust es auf, aber nicht nur. Ich bin kein Seefahrer. Nur wenige der vielen Worte, die Deine Zustände beschreiben, drangen je an mein Ohr. (Und selbst die nennen ja meistens nur Launen Deiner Oberfläche – oder sind das schon Namen für Töchter Deiner Kollegin Ran, jener Göttin, die in Deinen Tiefen herrscht? Wer mag oder muss das trennen oder unterscheiden? Ich komm vom Land, haha. Hier, sagen wir, gilt mein Gesang ganz Dir und Deinem Wühlen.)

Wie viele Gesichter birgt Dein Minenspiel, wie viele Deiner Launen (oder gar Beweggründe) können wir erraten? Was kommt als Nächstes, was von Deiner Macht lässt Du uns vorher lesen? Was wird uns wieder überraschen? Vom „Brecher" – einer Welle, deren Kamm sich bricht – bis hin zum „Kabbeln", wenn zwei Seegänge sich nicht einig sind über die Richtung, die sie nehmen wollen ... Vom „weißen Hund", der sich als Hochwelle übers Boot spült, bis zu derjenigen, die sich als „weiße Wand" auftürmt, haushoch und schaumgekrönt ... Oder wenn Dünung und Windsee eine „Kreuzsee" schaffen, deren Wellen unterschiedlich hoch tanzen. Bis hin zu solchen Hochwellen, die sich über Untiefen aufbauen: zur so genannten „Grundsee" ... Oder wenn einfach Grendal kommt, der alte Wasserriese – oder ist es eine Riesin? Auf jeden Fall unüberhörbar – ein nasser, mächtiger Besuch: die Sturmbrandung!

Auch wenn's nur kleiner wellt und schäumt: Angesichts der Gischt vergesse ich die Zeit. Ich kann und mag die Tropfen nicht von den Sternen unterscheiden. Sprüht nicht das All? Wogen nicht dieselben Gewalten, nur in jeweils ihrer Dimension, ihrem ureigenen Refugium? Und spült nicht meine eigene Tiefe zuweilen Treibgut hervor: Artefakte, Fossilien und Schalen aus längst vergessenen Zusammenhängen? Hinterließ nicht mancher Lebenstraum seine zerfledderten, sandverkrusteten Federn? In irgendwelchen Nischen versteinerter Erinnerungsfalten oder auf unbewohnten Felsen selten begangener Seelenstrände? Und wenn ich solch eine Feder finde und auflese, sinniere ich, was das wohl für ein Vogel ist, dem sie gehörte. Ein heller, dunkler, oder ein gescheckter? Ich meine nicht die Art. Ich mein' es persönlich. Das einzelne, das unverwechselbar einzigartige Geschöpf! Als Kind überlegte ich manchmal, wie sich das für eine Möwe wohl anfühlen muss, wenn sie auf dem Meer zwischenlandet, also eher wassert, und eine Weile schaukelt – in dieser endlosen Weite, wo sich graues Land und graue See in grauer Luft am Horizont vermählen ... wo alles zusammenfließt. Und keine nölige Frage noch Vorschrift sich lange hielte, ob die drei heiraten dürfen (Land und See und Luft – und Horizont ... haha, darf es etwas Meer sein)? Sie tun es einfach. Ob sich die schaukelnde Möwe nicht einsam fühlt?, dachte ich. Ich war ein bängliches Kind. Heute glaube ich, dass nur erwachsene Möwen das tun. Ich bin jetzt auch so eine.

Und Du betreibst das Meer in mir. Bevölkerst es mit den Vielgestaltigen, die ich meine Gefühle nenne ... Einschließlich jener, die ich nicht benenne, weil sie mir zu fremd sind und sich selten zeigen, oder nie: Kreaturen der Tiefe, wo kein Licht des Bewusstseins mehr hin dringt. Ich habe noch Korallen: Träume, die noch nicht verblasst; Sehnsüchte, die noch nicht vergiftet, heile Welten, die noch nicht abgestorben sind. Schwärme aus winzigen Geschöpfen wie der Krill und noch Kleineres – und Verbände riesiger Einzelwesen wie die Wale weiter oben oder die Größten der Kraken tief unten (und wer weiß, wer und was noch für welche) – durchqueren meine endlosen Seelenströmungen. Dich, Njörd, rufe ich, um Zugang zu bekommen zu all diesen tiefsten und fernsten Gefühlen – jenen, die unzugänglich erscheinen, unverständlich bleiben oder scheu sind – und der geheimnisvollen Welt, in der sie entstehen und wo sie wohnen. Lehre mich, wie ich ihnen allen ein gutes Meer sein kann, eine gute Heimat. Ohne Dich und die Deinen überleben auch wir nicht, das weiß ich. Und immer, wenn ich Dich leibhaftig treffe, gebe ich Dir meine Gedanken. Ich brauche sie nicht mitzuteilen. Ich reiche sie Dir dar. Du nimmst sie ... Welle für Welle ... spülst sie einfach mit fort. Und lässt mich Deine Macht spüren, Deinen langen Atem. Es macht meinen ruhiger, spült mich ganz durch.

Der Ruhelose

Sturm ... brausender Sturm. Tobende Winde. Bewegte Luft. Bewegende Brise! Haha. Wie schön das war, nichts zu sein als das ... all das. Kann ich noch immer ... will sagen: Ich könnte. Aber da ist so viel mehr ... seit Anbeginn ... des Endes ... des Weitermachens ... Weiterwanderns ... Neu aufbrausen, toben, wüten – und sich wieder legen. Nur niemals zur Ruhe. Nennt es, wie ihr wollt. Nennt mich, wie ihr wollt! Soll ich lachen darüber, lächeln oder es nutzen? Euch benutzen – und all die Irren? Ich habe Verwendung für alle. Nur vielleicht anders, als sie denken. Aber was denken sie schon! Massen von Met werden mir geopfert nach wie vor, oder längst wieder, obwohl ich gar keinen trinke. Ich bevorzuge Wein. Ernähre mich geradezu davon. Das könnt ihr glauben oder es bleiben lassen. Ihr niedlichen Todgeweihten. Sehe ich aus, als bräuchte ich Opfer? Ich war selbst eines: mein eigenes! Die Energie, der Einsatz eurer Anrufungen – geschenkt. Ich nehme sie nicht. Nicht sie. Ich nehme euch! Und picke mir raus, wer mir geeignet scheint (von euch gescheiterten Kadavern) für besondere Wege und Aufgaben. Nun ja: Wen Freyja mir lässt! Sie hat die erste Wahl. Schon vergessen? Nun, ich nehme auch Lebende. Kein so großer Unterschied aus meiner Sicht. Kleiner Scherz!

Es ist kompliziert geworden dieser Tage. Schon seit Jahrhunderten – mehr oder minder. Woran erinnere ich mich? Was denke ich darüber? Allzeit in Sorge, Gedanke und Gedächtnis zu verlieren. Rabenschwarz beide. (Heller als schwarz war nichts im Angebot.) Ich schicke sie aus! Über Land, übers Meer, durch die Lüfte, in die Kronen, in die Nischen, auf die Simse und – immer dorthin, wo es etwas zu belauschen, zu beobachten, zuweilen jenen Auserwählten etwas zu zeigen gibt, die kaum wer erkennt, ebenso wenig wie mich ... (Wenn ich mich umschaue: in dieser oder jener Gestalt, dieser oder jener Gasse, Verkleidung, Nische, Hütte, Höhe, Tiefe, Ecke, und sei es die vom Palast. Dessen Verfallsdatum ich kenne – oder ihm nachhelfe.) Ihr kennt meine schwarzen Vögel. Meine Boten. Es gibt zu tun. Folgt mir.

Die Pfade sind verschlungen ... weil sie sich ändern. Das zu sehen, braucht es kein Auge ... oder eines weniger. Ich sehe mehr, als ein Auge sehen kann. Dafür gab ich es her: eines. Ich weiß mir zu helfen. Halte mir Helfer. Ein weises Haupt, gebettet auf Kräutern, verdammt zur Haltbarkeit, raunt mir Rat. Meistens zu leise. Tief beuge ich mich zu diesem vom Korpus befreiten Dickschädel eines Riesen hinab, der wieder mal kaum zu verstehen ist. Was murmelst du, Alter? Ach Mimir, das wusste ich doch schon. Jetzt wollen wir mal nicht kopflos werden, haha! Oder was willst du mir deuten? Ich lausche, ich grüble. Vielleicht hätte ich mich nicht opfern sollen. Aber wer hätte es tun sollen – tun können? Lang hing ich im Wind, der nicht mehr der meine – nicht mehr ich selber – war. Wo war ich? Zu hoch gehängt, zu arg verwundet, zu tief gefallen? Es hatte schon seine Richtigkeit. Ich sorgte dafür, wie immer, dass es seine Richtigkeit hatte. Oder bekam! Das Ende zum Anfang drehen, das kann ich. Aus der Ausweglosigkeit neue Wege schlagen, das ganz Unbesonnene tun, das Unmögliche wagen! Oben mit unten vertauschen, den eigenen Wahnsinn riskieren, allein um ihm zu lauschen. Was rätst Du jetzt mir, alter Sabberkiefer, Old Schlapphut, Halbblinder, Ganzwüter, Speerschüttler – das frage ich mich selber! Gebe mir selber Namen: ein paar neue darunter ... Ich habe noch viel zu wenige. Was bleibt mir übrig? Ich weiß zu wenig.

Welche Kenntnisse ich mir aneigne, wie viele Kräfte ich sammle, wie viele Spiegel ich setze, um aus nichts (oder wenig – es ist immer zu wenig) mehr zu machen, als war, damit es was wird … Welche Weisheit ich mir erschließe, welche Geschicke ich schaue – es scheint nie zu reichen, es wird nicht fertig. Drei mal drei Knoten, der Trick ist verboten, wir drehen ihn doch, wir schaffen es noch. Wer die passende Rune nicht findet, schnitzt sich eine.

Mal meine Frau fragen. Zwar gibt es nichts, was sie nicht wüsste, doch sie verrät es mir nicht. Sie spinnt nur. Fäden der Erinnerung, Netze aus Geschehnissen. Ein Garn für ein Zeitalter. Sie kennt alle. So, wie sie lächelt, ist sie mit den Nornen im Bunde. Das weiß ich. Alles andere weiß sie. Doch ich weiß mir zu helfen. Ich besuche ihre Freundin. Die wohnt in Sökkvabekkr, dem Kristallpalast unweit vom Zentrum der Universen, dort gießt sie Met in goldene Schalen (gehört wohl auch zu denen, die meinen, dass mir Met schmecke. Aber kleine Irrtümer erhalten die Freundschaft). Saga liebt Met. Kredenzt mir die Schale. Ich nicke, ich lächle. Kann ich nämlich auch. Wir nippen. Und brennen. Sie darauf, mir etwas zu erzählen. Und ich, dass sie damit beginnt. Aber das braucht Zeit. Wer keine hat, sollte sich erst recht welche nehmen. Musste ich lernen. Nervös bin ich trotzdem. Kann's nicht erwarten. Aber sie kennt mich. Lässt mich schmoren. Wenigstens ist der Met kalt (warmer wäre wirklich ungenießbar). Also erzähle erstmal ich. Saga lächelt nicht. Es ist auch nicht zum Lächeln. Aber dann lacht sie auf. Ein paar Spiegel zerspringen. Scherben bringen Glück. Zumal ich gerne hinter die Dinge schaue. Und in Sagas Worten, die jetzt durch die schwebenden Splitter perlen (sie können nicht fallen, der Palast ist bodenlos und Schwerkraft nur in den Worten), erkenne ich plötzlich, und einmal mehr den Faden. Ist es meiner? Beim Versuch, zu begreifen, zerreißt das Gespinst. Nur Illusion? Aber dahinter ist ein weiteres und dahinter noch mehr. Dann folge ich meinem eigenen Rat, mich lieber nicht mehr auf mein verbliebenes Auge zu verlassen … sondern lieber auf das andere. Im Nachtschwarz meiner Blicklosigkeit, zwischen den zitternden Fäden dieser oder jener Schicksale oder Zeitalter, die ich nicht alle kennen kann, aber deren lose Enden und verworrene Knäuel mich nicht länger irritieren, gewahre ich auf einmal Friggs Stimme! Nein, kann nicht sein. Es spricht nur ihre Freundin Saga. Aber ich vermeine zu spüren, in wessen Sinn und Namen. Es dauert noch ein Momentchen – ein zerbrechendes Äon, würde meine Frau sagen –, bis mir der Gehalt der Botschaft bewusst wird.

Ein Räuspern entfährt mir: „Bist Du Dir sicher? Meinst Du wirklich?“ Rhetorischer Auftakt göttlicher Gewissheit. Bin ich mir schuldig, als der, der den Geist schuf, um die Fähigkeit in die Welt zu bringen, alles bezweifeln zu können! Totholz von Ulme und Esche habe ich einst damit behaucht, nächstbest gestrandetes Treibgut beseelt, bis es tanzen und singen und denken lernte! Haarigen Grunzaffen das Licht der Irritation ins Ohr geblasen, bis der Funke aufglomm, aus dem Bewusstsein sich bildet! Schön, ich war nicht allein. Aber sie sind es auch nicht! Denn auch das zeigten wir ihnen: Mond, Tautropfen, Sterne. *Wir* zeigten uns ihnen. Wir Großen hatten die Idee, Sterbliche mit Geist zu beschenken, sie zu begeistern, damit sie erkennen, soweit sie es vermögen. Deshalb muss auch ich zweifeln. Erstmal. Bevor ich einsehe, was nottut. Die Stimme der Freundin besänftigt mich. Unverkennbar der Nachdruck der weiseren Großen dahinter – der größten von allen. Ich ziere mich nur noch, um mein Gesicht zu wahren. Ich brauche eines zum Verstecken, den Hut darüber tiefer zu ziehen, wenn ich unter Menschen gehe. Und das muss ich ja wohl. Einmal mehr.

Ja, ich sehe schon. Mit m/einem anderen Auge. Ich habe verstanden. Bin ja nicht blöd. Spinne zwar nicht. Aber ziehe auch Fäden. Nicht nur aus Speichel, oder noch Schönerem, haha! Aber Grimm beiseite ... Es wird ernst, mal wieder. Oder auch lustig! Es gibt zu tun. Wir sehen uns! (Ich dich bestimmt.)

Der Wunscherfüller

Du bist das schönste Gesicht eines Gottes, der viele hat ... Manche von denen will ich gar nicht schauen oder ihnen sonst wie begegnen ... heute sowieso nicht. Heute ist meine Nacht der Wünsche. Nicht eines Datums wegen – es könnte, ja, es kann jeder beliebige Tag sein, jede ausdenkbare Stunde ... sondern, weil sie drängen: die Wünsche! Du weißt, Oski, ich habe immer sehr viele. Aber diesmal ist es nochmal was anderes. Ich riefe Dich nicht, wenn es nicht so dringlich wäre. Wenn es nicht um alles ginge! Alles, was ich bin. Alles, was mich ausmacht. Oski!

Zitternd ritze ich die Rune Wunjo in den Staub. Das ist doch Deine Rune, nicht wahr? Ein Längsstrich mit einem dreieckigen Wimpelchen oben dran. Ein Fähnlein im Wind. Die Wonne der Verbundenheit. Und verbinden will ich mich, verbunden müssen wir doch sein! Ja, ich bin das längst, aber jetzt geht es um mehr! Hilf einem Sterblichen, Unsterblicher, hilf einem vom Stamm der Trockennasenprimaten, den Seinen zur Erfüllung zu werden!

Ich will nicht wenig ... Nur deshalb rufe ich Dich. Immer nur dann, wenn es um viel mehr geht, als Sterbliche – zumal ich – bewältigen könnten! Und nicht einfach aus Laune oder einem Sehnen, nicht einmal aus blanker Begierde heraus ... Du kennst mich, Großer. Hast Du mich nicht geführt, mir zugeblinzelt, mir gewunken – ja, den Charakter mir geformt, die Persönlichkeit verliehen? Mich überall dorthin geleitet, wo ich werden konnte, was ich bin? Verzeih‘, das kann und sollte nicht alles Dir gelten. Ich will Dich nicht verwechselt haben mit Deinen anderen Seiten, Deinen verborgenen Gesichtern, Deinen im Schatten liegenden

Falten, Schründen und Abgründen. Ich senke mein Haupt und will gar nichts sehen. Nichts ergründen. Nichts geweissagt bekommen, nicht beauftragt werden. Ganz kindlich vertrauen will ich nur. Du bist Oski, mein Oski ... nur und nichts als Oski ... Und nur als Oski sei gerufen: Wunscherfüller!

Ich bitte Dich nur: Komm näher. Komm ganz nahe. Zu mir. Der Wunsch will – ja, er muss ausgesprochen sein, das ist ganz wichtig! Nur darf ihn niemand anderes hören als Du. Ich darf ihn ums Leben nicht verraten. Es würde ihn – entzaubern. Es ist nichts, was ich der Liebsten – ja, fast nichts, was ich dem eigenen Herzen anvertraute! Ich selbst dürfte es eigentlich gar nicht wissen ... Und will's gleich wieder vergessen, so bald ich's formuliert habe! Auch hier darf es nicht auftauchen: weder geschrieben noch gedruckt. Es ist ganz harmlosen Inhalts. Jede und jeder dürfte es wissen. Ganz oft hab ich es schon besungen! Lauthals in die Welt gekräht! Wer zugehört hat, weiß es! Aber es ist noch einmal etwas vollkommen anderes, wenn ich es Dir anvertraue, großer Oski. Du wirst es mir erfüllen. Und dafür muss es einzig sein: nur an Dich gerichtet. Gib mir, was ich schon habe. Lös mir die Fessel ... die mir Verstand und begrenzte Einbildungskraft auferlegen. Mach groß, was in mir wächst und längst in Schwung ist – verleih ihm größere Flügel mit noch mehr Wind darunter. Lass das Lächeln, aus dem heraus ich längst lebe (und für das ich liebe, oder umgekehrt), nur eine Nuance ins noch Mehrdeutigere münden. Gönn dem Funkeln einen weiteren Funken, einen winzigkleinen – der Schneeflocke noch ein einziges zusätzliches Glitzersternchen! Es braucht niemandem groß auffallen. Mögen die wenigen, die überhaupt etwas irritieren kann, darüber hinwegsehen.

Kaum jemand wird es bemerken. Für sie alle wird sich nichts verändern. Nichts, was sie wüssten.

Du hingegen weißt wohl, was dann geschieht – ob andere es bemerken oder nicht – wir wissen es beide. So enden Zeitalter, so entstehen Welten ... unmerklich zunächst: als feiner Haarriss im Beton der immer wieder Grau auf Grau gestrichenen Gewissheiten ... (Die, weil sie sonst nichts zu bieten haben, ewige Geltung beanspruchen: Eine Generation bestätigt es der anderen – die es zuerst bekichert, um es dann genau so weiterzureichen an die nächste. Aber irgendwann dreht sich die Welt, auch wenn das manche nicht bemerken oder nicht wahrhaben wollen). Es sind immer nur kleine Klackersteinchen, die zunächst kaum etwas bewegen – bis auf einmal, zur Überraschung aller dann, der große Erdrutsch kommt. Darf ich mitspielen?

Ich will mein Leben erfüllen, in dieser Runde. Du weißt, was ich mir wünsche. Du bist der Wunscherfüller. Oski! Mach mich zu dem, was ich sein soll, sein kann, sein möchte. Ich bin jetzt fähig, diese drei Zustände ineinanderfließen zu lassen: wie ein Zauberschmied das flüssige Eisen. Du weißt, was daraus werden soll. Ich bin die Form. Ich biete mich an. Mehr kann ich nicht mehr bieten, mehr könnte ich nicht halten, und das, was ich hier in mir formte, währte ein Menschenleben. Gönn mir den Inhalt. Ich will nur mehr von dem, was ich schon kann, bin und vermag. Und Du weißt, warum. Vollende mich, damit ich es vollenden kann.

Wie immer ganz nach Deinen Wünschen.

Die Bewegerin

Lass dich treiben, fallen. Geh in Sinkflug über. Es gibt keinen Grund. Du hast keinen mehr. Du brauchst keinen mehr. Keinen Grund und keine Gründe. Du kommst jetzt zu mir. Die Schwerkraft zieht dich. Aber nur ganz langsam. Unendlich allmählich. Denn das Wasser bremst sie ab. Darüber brauchen wir nicht mehr zu reden. Es ist jetzt der Normalzustand. Du bist umgeben von Wasser. Es ist überall, wie vormals die Luft. Es gibt nichts anderes mehr rings als das Meer. Du befindest dich darin. Immer mehr darin. Und dort bleibst du. Nicht an der Oberfläche – dort schon lang nicht mehr. Du bist hinabgesunken und sinkst immer noch tiefer. Vergiss die Oberfläche, vergiss auch alles, was dort geschah. Es spielt keine Welle mehr. Du kannst dich nicht mehr bewegen? Das brauchst du auch gar nicht. Du wirst bewegt. Wir bewegen dich: meine Töchter und ich. Sanft und gleichmäßig bewegen wir dich. Ganz sachte, je tiefer du kommst. Sie sind die Wellen: alles, was wogt, ob oben oder unten. Ich bin Ran. Herrin der Tiefe, Göttin des nassen Weltraums. Ich bewege die See, die Ozeane. Njörd sprüht die Gischt, wälzt die oberen Wasser – mir gehört die Tiefe. Wo nur noch wenige und meist winzige Lichter glimmen im ewigen Schwarz – dem schönsten, das du dir vorstellen kannst. Dort unten flüstern Sterne. Wir halten Verbindung mit dem All. Ja, Mani, das Bleichgesicht, turtelt da draußen – ganz oben und jenseits aller Luft – herum und flirtet mit meinen Töchtern, bringt sie in Wallung – sie rekeln ihm nach und hinterher, soweit sie es vermögen, um ihn dann doch ziehen zu lassen, so wie er sie. Es ist nur ein Spiel. Ein erotisches natürlich: voller langer und tiefer Seufzer, hier gestrecktem, da gestauchtem Glück, langgezogenen Achs und Hmmmhs und mit sehr viel Sehnsucht auf beiden Seiten, bei allen Beteiligten. Aber es wird nie mehr, als es ist. Er flirtet sie an und sie schäkern zurück, als ob sie sich gleich vereinigen wollten, aber sie berühren sich nicht einmal: der Mond und die Wogen. Sie fühlen sich näher, als sie einander sind. Selbst das Licht, das schnellste Wesen von ganz Midgard (womit ich euer physikalisches Kontinuum meine), braucht über anderthalb Sekunden von hüben nach drüben ... vom Schmiegen und Perlen der nassen Leiber meiner Töchter bis hin zu Manis bleichen Kratern. Aber Gefühle bewegen das Gemüt, und so erzeugt der Mond die Gezeiten: Er zerrt an den Wassern. Und er selbst hängt an der Erde. Göttliche Freundschaften allenthalben – oder nennt es Verbundenheiten. Mir gleich. Für euch ist es eh nur Gravitation, nicht wahr? Für mich sind es Gefühle. Meine sind im Spiel. Ich bin ein Teil des Ganzen. Ich bewege das Strömen. Auf der ganzen nassen Planetin bewege ich die Ströme. Die Ozeane sind miteinander verbunden und tauschen sich beständig aus. Ja, ich habe viele Töchter. Ich zeuge sie mit Wind und Wetter und noch ganz anderen Riesen, ich trage sie aus und liebe dabei schon wieder die nächste Naturgewalt: Wir sind ganz eins, ich merke mir nur nicht immer alle Namen. Genau genommen gebe ich ihnen keine. Wozu auch? Was uns an Ächzen und Stöhnen kommt im Begehren von Anfang bis Vollendung, reicht allen Beteiligten aus als Konversation. Die wahre Verständigung findet beim Umschlingen und Durchdringen statt. Könntet ihr auch so halten. Ich verstehe nicht, warum ihr das nicht so macht oder seht, aber geht mich nichts an und kann mir egal sein. Mich interessiert ihr nur als Gäste in meinem Element. Und wer sich ihm ganz hingibt und bleiben mag, den und die ziehe ich hinunter: Ich helfe euch heim.

Denn da sind eure Ur-Ur-Ur-Ahninnen einst hergekommen: aus meinem Reich. Aus mir. In mir entstand das erste Leben. In gewisser Hinsicht seid ihr alle meine Kinder, Enkel, Ur-Ur-Ur-Enkelinnen. Nerthus allein wäre nackt geblieben ohne mich. Kein Same wäre je an Land gekommen, keine noch so magere Flechte hätte sich je über Stein und Fels gerankt, geschweige denn wäre je das trockene Krächzen der ersten Selbstbewegten erklungen, die erst ihre Schnauzen und schließlich ihre Leiber aus dem Wasser hievten mit Flossen, die dem plötzlichen Schwergewicht an Land nur mühsam trotzten ... und sich dennoch plagten, ihre noch geschuppten Leiber immer noch ein paar Gliedlängen weiter zu ziehen und zu schieben ... Eine neue Tradition begründeten sie damit, denn ihre Kinder taten es ihnen nach und deren Kinder desgleichen. Bis unzählige Generationen später aus Flossen Beine und Pfoten geworden waren und aus ein paar abseitigen Schlickwälzerinnen und Schlammspringern die verrücktesten und aberwitzigsten Erdenvölker, die sich übers ganze Land verbreitet hatten, von den Mistkäfern über die Rennherden bis zu den Stelz- und Schrei-Fliegerinnen. Die jetzt alle den Sauerstoff aus der Luft zogen mit ihren Lungen, anstatt ihn aus dem Wasser zu filtern, durch Kiemen gepresst.

Wer zurück zu mir kommt, kehrt zurück nach Hause. Um wieder Kiemen zu bekommen, reicht die Zeit nicht – viel einfacher ist gestorben, das befreit vom Luftholen müssen. Ich nehme dich, wie du bist. Du musst hier nichts mehr tun. Was ruderst du noch herum mit Armen und Beinen, Dummerchen? Das werden nie und nimmer Flossen. Lass gehen – wir tragen dich! Bist du müde? Hast du Druck auf den Ohren? Wasser in den Lungen? Hier endet deine Not. Sei unbesorgt. Du musst nicht mehr nach oben. Du brauchst nicht mehr zu gehen. Hörst du, spürst du? Das Einzige, was dich jetzt noch bewegt, ist mein sanfter, mächtiger Strom. Dein schwerer, toter Leib. Hier ist er ganz leicht, nicht wahr? Im Reich der Ran wird vieles leichter, wenn nicht alles. Auf meinen Armen trage ich dich in Ägirs Halle. Ägir ist mein Mann. Ich kann dir jetzt nur nicht auf Anhieb sagen, welcher – ich nenne sie alle so. Aber dir darf das gleich sein. Mein Mann wird dich bewirten. Das kann er gut. So bist du, da bin ich mir sicher, noch nie verwöhnt worden. Nicht zu Lebzeiten! Du zahlst mit deinem Körper. Den kriegen die Fische, unsere schillernden Freunde, die schimmernden Völker. Deine geschätzte Übrigkeit findet Erlösung im immerfeuchten Schoß meiner tiefen Nacht. Hier singen meine ältesten Töchter langsame, ewige Lieder. Hier wirst du nicht mehr gestört und auch du selbst wirst dich nie wieder an irgendetwas oder jemand stören. Wir sorgen hier gut für Gäste. Unsere Gäste bleiben gern, denn sie wissen: Es ist für immer.

Du darfst dich, selbst wenn du derzeit leben solltest und dem Meer vielleicht sogar gerade ganz fern sein, schon allnächtlich auf mich vorfreuen. Vertrau dich mir an, ich hüte deinen Schlaf.

Hier ist ein Bett aus glattgewaschenem Stein, verziert mit fein gerillten Muscheln. Ihre Muster erzählen deine Geschichte: Was war und was noch kommt. Wir flechten dir ein Dach aus Algen, das umfächelt dein langsames Kreiseln zwischen Galaxien und Quallen, Pulsaren und leuchtendem Krill. Du bist ein neuer Stern. Hier sind vielfarbige Kissen aus sich öffnenden Kiemen und durchsichtigen Quasten, und hier kommt dein Traum aus Koralle. Und hier singen dir Nixe und Nöck das Lied von Woge und Wiege aus feuchtem Grün, schwebendem Sonnengelb und samtzartem Dunkelschwarz. Die Nacht sei mit dir.

Die Informantin

Ob für eine Freundin oder aus eigenem Begehr, ob von Vertrauten beauftragt oder von einer Stimme am Telefon, die ich zum ersten Mal in meinem Leben höre (das ist nichts Ungewöhnliches oder Befremdliches, im Kapitalismus schon gar nicht, dort nennt man das Kundschaft) – immer wieder kommt die Zeit, da habe ich nicht nur Fragen an die Welt oder das Leben, nein, da muss ich etwas fragen, was mir kein Mensch beantworten kann.

Aber Große, die den Nornen näherstehen als wir Sterblichen – und eine kann, wie ich schon fast vermute, den Weberinnen ja selbst schon auf die Spindel gucken ... Nur nützt uns das nichts. Denn jene Große, die das Wissen der Welt verkörpert, gibt es nicht preis. Sie könnte es nicht versammeln, gäbe sie es her, ließe sie es wieder fahren, und sei es scheibchenweise oder sonst wie minimal dosiert. Doch auch die größte Göttin entfaltet ihre Wirkung nicht einsam und allein, sondern wirkt in vielerlei Zusammenhängen und mit Hilfe dieser. Ein solcher Aspekt – und selbst eine Göttin – ist Saga. Sicher ist sie nicht so groß wie Frigg. Wer ist schon so groß wie Frigg? Ich wüsste keine. Aber Saga ist eine Vertraute dieser Größten – muss es sein, denn ihr Raunen ist zu vernehmen, sie erzählt immer wieder etwas, was sie nur von der Wissenden selbst haben kann – wie auch immer dort aufgeschnappt. Manchen erzählt sie es freimütig weiter. Von einem einäugigen Gott, einem unermüdlichen Wissenssucher geht die Kunde, er suche sie regelmäßig auf, jene Göttin Saga, die einen Spiegelpalast bewohne, wo sie dem alten Zausel Met in goldenen Schalen anböte. Und was immer die beiden dabei besprechen: Ganz offensichtlich ist sie seine Informantin.

Meine auch. Wann immer ich die Runen werfe – und für andere tue ich das oft und schon seit Langem –, rufe ich eine Reihe Großer dafür an. Wen genau, das richtet sich nach auch dem Wochentag und dem Thema, um das es geht. Art und Ausrichtung der Fragestellung und Ziele der Fragenden können ausschlaggebend für zusätzliche Anrufungen sein. Immer aber sind – neben dem Herrn des Donners, den ich (meist am Ende der Anrufungen) bitte, den Wurf, den ich gleich tätigen werde, zu weihen und ihm Kraft zu verleihen – Frigg und Saga angesprochen. Die große Schweigsame für das, was sie ist und repräsentiert: das ganze Reich des Wissens. Und Saga dafür, dass sie uns etwas daraus mitteilt. Uns Einblick gewährt in ansatzweise Ahnung und Erkenntnis.

Ich bin ja davon überzeugt, als Sterblicher nur einen Bruchteil dessen aushalten zu können, was eine Gottheit kann oder weiß. Natürlich ist mein Wissensdurst immens und ich wüsste und erführe gern alles. Wie ein Kind, das jedoch ebenfalls als Allerletztes einschätzen könnte, wie viel Zuckerwatte, Bonbons oder sogar Fragwürdiges bis Gefährliches – von Alkohol bis sonst welchem Gift – sein Magen oder überhaupt sein Metabolismus vertrüge. Es ist menschlich, alles wissen, erfahren und vielleicht sogar haben zu wollen. Menschlich, aber nicht vernünftig. Ich würde auch gern fliegen können, stürze mich deshalb aber nicht von einer Klippe, vom nächst erreichbaren Flachdach oder sonst einer Erhöhung. Was nützte mir das sichere Wissen um, sagen wir, meinen Todestag? Wenn ich das Ereignis damit nicht verhindern oder sonst wie umgehen könnte – gar nichts! Im Gegenteil. Es würde mich behindern, grämen, nervös machen – oder ganz verrückt: je näher das Datum läge. Und vermöchte ich selbst ein Jahrzehnt sinnvoll zu füllen und halbwegs entspannt zu erleben, zu erfahren, wenn ich wüsste, dass es mein garantiert letztes wäre? Der Zeitpunkt des Endes mit jedem Morgen, jedem Abend, ja jedem Kuss und jedem sonstigen Genuss datierbar näher rückte? Da reicht mir jede ungefähre Grenze mutmaßlicher biologischer Lebenserwartung vollauf. Und die daraus resultierende persönliche Ungewissheit ist mir weiß Hel in jeder Hinsicht lieber – in ihren offenen Möglichkeiten, auch wenn die meisten davon illusionär sein dürften. Es macht einen schönen weichen Nebel. Nun besteht das Geflecht aller Schicksale und Ereignisse aus weitaus mehr als einem einzelnen Übergang vom Tod ins Leben oder umgekehrt (auch wenn das für Betroffene von größter Bedeutung sein mag), so wie der Strand mehr als ein Sandkorn oder einen Kiesel hat und im Meer doch etwas mehr als nur ein Tröpfchen Wasser schwimmt (die weite Welt aber wiederum aus noch viel mehr besteht als Strand und Meer). Dies zur Erklärung, warum ich Saga nur um Ahnung, um ein kleines Stück Erkenntnis bitte: Ich möchte es aushalten können. Ich möchte mir auf m/eine Orakelfrage eine sinnvolle Antwort geben – ja, ein Ergebnis ausrechnen oder austüfteln können, das mir, beziehungsweise der Fragestellerin, praktisch weiterhilft. Das ist nur wenig anspruchsvoller als ein Blick auf die Uhr, die mir zeigen soll, wie spät es ist, nicht aber den Weltuntergang ansagen, oder wie ich damit umzugehen hätte.

Natürlich reißt Saga immer doch ein paar Themen mehr an. Wie eine Freundin, die deine Frage zum Anlass nimmt, noch ein paar ganz andere Sachen zu erzählen. Für sie ist das vielleicht sogar die Hauptsache! Und möglicherweise liegt in diesem ungefragt Mitgelieferten mehr Gehalt, mehr verborgene Bedeutung für dich als in dem, was du wissen wolltest und weshalb du fragtest. Das musst du selbst entscheiden und im Zweifelsfall erkennen (immer auch: selbst verantworten. Denn keine

Gottheit und auch keine sonstige Instanz zwingt dich da in eine bestimmte Richtung oder nimmt dir die Entscheidung ab. Deine Freiheit, deine Bürde – wie du willst).

Deshalb höre ich Sagas Flüstern immer ganz genau zu. Was zeigt sie mir, was will sie mir sagen – und was noch? Was lässt sie mich wissen? Was soll ich wissen? Was ist zu ahnen? Was schimmert mit durch?

Es empfiehlt sich, das Geschaute oder Gehörte – das Angezeigte – zu überschlafen. In Situationen höchster Bedrängnis oder größter Eile fragte ich Saga nicht. Auch andere Große bäte ich da weniger um Rat als höchstens um rasche Hilfe – jähen Beistand! So wenig dann ja auch Zeit wäre, vertraute hölzerne Datenträger zu betasten und auf ein Trommelfell zu werfen, um in aller Ruhe herauszufinden, was die Runen raten.

Einer Göttin wie Saga rennt man nicht den Spiegelpalast ein. Wenn ich mir wünsche, dass sie sich Zeit für meine Sorgen und Nöte, meine menschlichen Angelegenheiten nimmt, ist es mein Erstes, dass ich der Göttin das Ihre gönne. Ihr Zeit zu geben und mir genügend für sie und ihren Rat zu nehmen, gehört dazu. Den Takt bestimmt sie. Auch, wann und wie sie antwortet.

Orakel (welcher Art auch immer) sind ohnehin nur ein Blatt am Baum, ein Ton im Lied, eine Stimme in der Vogelschar – Sagas Repertoire ist reichhaltiger, als wir meist erwarten – oder manchmal zulassen. Ich muss die Sinne dafür schon offen haben, bereit sein für verborgene Botschaften. (Nicht jede Aussage für eine solche, nicht jede Wahrnehmung für ein göttliches Zeichen zu halten, gehört dazu. Es gilt schon abzuwägen.) Vielleicht aber kommt ihr Name ja nicht von ungefähr! Saga – natürlich nicht nur sie, aber sie ganz besonders – kann sich überall äußern und in fast jeder Weise ... Auch dort und dann, wo und wenn du nicht damit rechnest. Hier eine Sage, dort ein Märchen, aber auch in diesem Film und jenem Buch, einem Theaterstück oder sonst einer Erzählung ... vielleicht beim Lauschen einer Songpassage ... Womöglich aber auch in einem Vortrag gänzlich anderen Inhalts und völlig anderer Natur (bis hin zum Werbejingle oder einem ganz unversehens aufgeschnappten Gesprächsfetzen, der dir gar nicht gilt): Plötzlich trifft es – etwas Bestimmtes – dich im Inneren ... ein Satz, eine Aussage, eine Formulierung oder bereits schon Erkenntnis. Oder die Zutaten treffen zusammen, treten gemeinsam auf – alles ist möglich. Und führen dich dann weit über das Angebotene oder auch Erwartete hinaus: ganz woandershin, wo niemand dir folgt (dies vielleicht auch beim besten Willen nicht vermag, selbst wenn du zu erklären versuchst, was dich gerade faszinierte und entführte). Das sind Sagas exklusive Botschaften an dich. Die nur du verstehst, weil sie allein dir gelten. Und nur du kannst und sollst etwas daraus machen.

Die Ernährerin

Bin ich nicht schön? Seht mein Haar, wie es sich wiegt im Wind. Ihr nennt es Getreide. Und es weist mich aus als die, haha, künstlichste – in gewisser Hinsicht – unnatürlichste Göttin von allen. Denn klar habt ihr Sterblichen mich geschaffen –niemand sonst. Ihr habt mich geformt, gestaltet – so gezogen, wie ich heute bin. Im Laufe unzähliger Generationen – viel länger, als ihr Geschichte schreibt oder euch an irgendetwas erinnert. Ich bin eine (bereits von euren Ur-Ur-Urahninnen) kultivierte Person, aber wie alle Kultiviertheiten ist auch meine flüchtig. Wenn niemand sie pflegt und Sorge dafür trägt, verschwindet sie wieder. Ich bin viel kleiner als Nerthus, die ich bewohne, fast wie ihr. Und wir gehören zusammen: Eure Anzahl hängt direkt von meinen Ausdehnungen ab. Genau genommen bin ich ja sogar nur eine besondere Ausformung ihres – Fjörgyns, Nehallennias, oder wie immer ihr sie gerade nennt, eure Mutter Erde – Landkleides. Ich bin ein Aspekt der Riesin Gjerda! Und doch als Göttin unverzichtbar. Sunna und Nerthus, Njörd und Ran und Mani, Gjerda und Freyr – sie alle sorgen für Grundvoraussetzungen eurer Existenz. Ich auch. Denn ohne mich würdet ihr verhungern. Ich bin nicht alles, was wächst, allerdings lasse ich gedeihen, was ihr essen könnt. All die Pflanzen, die ihr zu Nahrung verarbeitet (sei es für euch direkt oder für eure Tiere). Ich bin nicht diese Pflanzen. Ich bin die Kraft dahinter: die Ermöglicherin eurer Nahrungskette, eures Anbaus, eurer Bewirtschaftungen. Ich bin nicht die Einzige mit vielen Gesichtern oder Erscheinungsformen, aber von all diesen diejenige, die euch am Leben hält, und ich bin immer für die ganze Sippschaft da. Nennt mich Sif. Mit dem Wetter bin ich im Bunde, seinem hammerschwingenden Herrn, und noch anderen Mächten, die euch das Ackern überhaupt erlauben. Ich bin die Beleberin jenes hauchzarten Erdbodenanteils, den ihr Humus nennt: jene 15 Zentimeter Erdschicht, von denen die Menschheit lebt. Das Getreide ist nur mein Haar – oder sagen wir, eine Strähne davon. Alles, was ihr aus dem Boden zieht, ganz gleich was und wo auf Mama Globus, entnehmt ihr meiner dargereichten Hand. Und so, wie ihr diese ehrt und behandelt, so kommt sie euch entgegen. Ihr seid heute nicht weniger auf mich angewiesen, sondern zunehmend. Ich kann euch sättigen. Wenn ihr mir alles nurmehr entreißt und eure Böden auslaugt – was denkt ihr, wird daraus werden? Ihr meint, ihr könnt Erträge mit Gewalt vergrößern, Früchte und Halme optimieren, die Keime überlisten, euch alles ganz zu Diensten machen? Ja, könnt ihr wohl, und immer besser, immer mehr, immer gewaltiger – und, wie ihr es offenbar wollt, auch gewalttätiger. Es wird euch weiter nähren. Aber mit jedem Gift, das ihr hineintut, kommen drei zu euch zurück. Das eine gleich, das andere, das ihr nicht bedacht habt und nicht sofort entdeckt, und dann noch eins, das sich daraus ergibt, dass ihr den Sinn des Ganzen nicht versteht, nicht wissen, nur nehmen wollt und ganz vergessen habt, wie gut es tut, zu geben. Ich gebe gern. Ob's mundet, oder krank macht. Ich bin nicht eure Dienerin. Ich bin die Ackergöttin. Die euch das organisierte Ziehen, Züchten und Herstellen eurer Nahrung gönnt. Wenn ihr die Gunst nicht mehr erkennen mögt als solche – nun, dann wird sie weniger wirken. Nicht mehr so heilsam, gesund und nahrhaft sein in allem, was ihr herstellt. Es liegt an euch. Ich habe viel zu geben. Ob ihr mir traut – es liegt an euch. Was ihr mir raubt, entreißt, verwüstet, wird euch nicht lange freuen und auch weniger schmecken. Wir leben und gedeihen nur in Gegenseitigkeit. Wenn ihr meint, dass ihr mich nicht mehr braucht, kann ich auch gehen. Mein Mann – der Kraftgott, der die Wetter im Zaum hält – könnte mir folgen. Was macht ihr dann? Wenn der sich mal nicht mehr kümmert? Wenn ihr euch gut stellen wollt mit uns, räumt eure Biosphäre auf.

Die Kümmerin

Dich ruft niemand. Dich kümmert das Leid des Ausgestoßenen. Du hältst die Schale über Lokis Kopf. Immer wenn sie vollgetropft ist mit Gift, leerst du sie aus. Er selbst kann es nicht tun. Er ist gefesselt. Und wenn in dieser kurzen Zeit, da du die Schale leerst, der nächste ätzende Tropfen nicht aufgefangen wird, sondern Lokis Gesicht verletzt, schüttelt sich die gepeinigte Gottheit – und die Erde bebt. So schildert es der Mythos. Und nennt Dich Sigyn: Lokis Gemahlin. Ansonsten fand ich nicht viel über Dich geschrieben.

Ich lernte Dich kennen als ein Loch in meinem Leben. Als etwas, das mir fehlte. Das ich gebraucht hätte, als ich mich fühlte wie Dein Loki. Obwohl mich niemand so gepeinigt hatte. Das tat ich wohl immer selbst. Meine eigene Scham nähte mir die Lippen zu. Die Erinnerungen an meine eigenen Taten – vielleicht eher meine Unterlassungen, denn ich traute mich eigentlich nicht, etwas zu tun – waren die zur Unzerreißbarkeit verzauberten Gedärme, die mich in Acht und Bann festhielten. Vor Angst gelähmt. Und ebenso wie Loki aufgespießt, von felshart gezackten Umständen gepiesackt, an die ich mich fesseln ließ. Weil ich meinte, keine Wahl zu haben. Nur Du fehltest. Deshalb ergriff mich das Bild gleich so, als ich – Jahrzehnte später, fast in einem anderen Leben – davon hörte, wie Du dort bei Deinem Liebsten sitzt, der sich nicht mehr helfen und nicht wehren kann und das Gift auffängst, das ihm Gesicht, Leib und Gemüt verätzt.

Sie hatten ihn alle verurteilt – Du nicht. Sie wollten ihn leiden sehen – Du nicht. Sie hatten ihn abgeschrieben – Du nicht. Dich kümmert, was andere nicht mehr kümmert. Du umsorgst und hilfst, wo andere wegschauen, ausspucken, hassen und verachten. Du linderst Leid. Besonders willentlich zugefügtes. Dich kümmern nicht die Gründe. Mehr die Opfer.

Du sitzt nicht nur bei Loki – durfte ich erfahren. Du kamst auch schon zu mir. Wie wohl auch zu manch anderen, die sich so fühlen oder denen es so geht. Wie die genaue Folter auch jeweils aussehen mag ... Es gibt auch unsichtbare Bosheiten. Nicht nachweisbare Schmerzen. Alle nicht perfekt Angepassten kennen das, lernen das kennen. Im Schulhof, auf der Straße, in der Kantine und im Bus. Wenn sie Pech haben, in Nischen ohne Zeugen. Oder mitten in der Öffentlichkeit, die, wenn sie noch mehr Pech haben, nur aus Gaffern, Wegguckenden oder sogar noch Applaudierenden besteht, die Hass und Anfeindung bejohlen. (Alles schon vorgekommen. Nicht nur im Fernsehen, sondern nah. Ich kenne Namen und Orte. Nicht nur meine eigenen.) Worüber diejenigen lachen, die sich nie in etwas oder jemand hineinversetzen können oder mögen, und worüber manche auch die Achseln zucken, die irgendwessen Leid wohl rührt – zumindest tun sie so oder beteuern sie dies –, aber nicht das, was sich direkt vor ihren Augen abspielt. Mit ihrer schweigenden Duldung. (Auch eine Art von Toleranz, die schäbigste, ehrloseste und entsetzlichste. Und die verbreitetste.)

Von meinem Jammer bebte keine Erde. Ich bin ja auch kein Gott. Was Loki tat? Das eine meinte ich ohnehin zu verstehen, verstanden zu haben – den Rest hielt ich für Propaganda: üble Nachrede. Schließlich ist die Edda auch kein O-Ton (derjenigen Kultur, von der sie handelt). Was ich kenne, sind solche Lebenslagen. Der/die/das zu sein, was stört, was wegsoll. Was Anfeindungen manchmal schon deshalb auf sich zieht, weil es da ist, weil es ist, wie es ist. Mir hielt niemand die

Schale. Das Gift traf ungehindert. Zerfraß mir das Gemüt. Doch als ich irgendwann von Dir Kunde bekam, hieltst Du die schützende Schale auch über mich.

Es war deutlich zu spüren. Die Häme traf nicht mehr so tief. Ätzte nicht mehr so nachhaltig. Denn natürlich tropft jenes Gift nicht aus dem Zahn irgendeiner Schlange. Das Gift kommt aus menschlichen Gemütern: immer den ungehemmt gehässigsten. Und solche finden sich ein, wo immer jemand leidet. Leid lockt sie an. Sie sind Leidvampire. Wenn es sonst niemand tut, sorgen sie selber für welches. Sie haben Messer, Zungen, Zähne. Sie finden was. Sonst kennen sie ja nichts.

Das ist schon fast ein bisschen seltsam: Dich brauchte ich nicht zu rufen. Du kamst von selber. In dem Moment, da Du mir in den Sinn kamst, hieltst Du schon die Schale. Und die hielt ab, was treffen sollte – sonst immer gleich tief traf.

Du hältst die Schale über allem, meine ich fast, das sich nicht wehren kann. Das sich bis zur Lähmung umstellt sieht von Missgunst und offener Feindseligkeit in erdrückender Übermacht. Du fängst das Gift auf, das fürs Innere bestimmt ist, Zutrauen verhöhnt, Hoffnungen abtötet, Selbstwertgefühl verätzt. Das Münder nur noch zunäht, wenn sie den Schwall der Häme nicht mehr schlucken mögen. Wenn Urteile, bevor sie ausgesprochen werden, schon längstens feststehen ohne Diskussion. Es waren sich alle einig außer den Betroffenen, die nichts einzuwenden hatten, denn man ließ sie nicht. Du schließt dich weder den Verurteilungen an, noch den Vorurteilen – nicht älteren noch neuerlichen. Du hilfst denjenigen, denen keiner hilft, die kein Verständnis finden oder die schlicht nicht von Nutzen scheinen, für die niemand Partei ergreifen will. Du stimmst nicht ein in den Choral der Selbstgerechten, tanzt nicht in ihrer Wagenburg. Bist längst bei denen, die sich festgeschmiedet finden an felsenfeste Urteile, die keinen Zweifelsspalt mehr lassen und die kein Mitleid mehr verrückt.

Du hältst die Schale – und ich die Blicke aus. Die Sprüche natürlich nicht. Die tun noch weh, wenn sie mich treffen. Aber Du hilfst mir, Sigyn, ihrem Geifer die Macht zu nehmen. Das Gift woanders hinzuleiten als mittenrein ins Herz (wo es mir früher die Substanz zersetzte). Und was sie mir auch hinterherlästern mögen: Sie merken es mir nicht mehr an. Ich bin nicht Loki. Und Du bist kein „Sinnbild ehelicher Treue". Dich kümmert etwas kategorisch anderes. Wenn die wüssten ... Aber das verstünden sie sowieso nicht. Du kümmerst Dich um die, den oder das, was andere nicht verstehen, nicht achten und nicht bei sich haben wollen. Du bist mir Göttin letzten Trostes, einsamen Beistands, bedingungsloser erster Hilfe.

Danke für Dein Beispiel und auch für das Geheimnis Deines Namens. Denn wir siegen. Am Ende. Immer! Wo und wann sonst.

Die Entführerin

Kokosnuss? Die Milch darin soll sehr gut sein! Weiß wie der Schnee der Heimat. Ja, haha – hättest du nicht gedacht? Nun, wer mich nur dort verortet, findet mich womöglich überhaupt nirgends – wo immer ich gerade bin. Mein Mythos ist natürlich ein anderer. Er verfolgt mich ... Nicht, dass ich vor ihm davonlaufe. Er ist nur schon so lange her, und immer nur darüber definiert zu werden ... Wer je Tratsch aufsaß, weiß, was ich meine. Es stimmt natürlich, ich entstamme Eis und Schnee – bin selbst eine ihnen ähnliche Naturgewalt. Sozusagen eine Riesin. Von uns heißt es ja, wir lägen mit den Göttern im Krieg oder mindestens in Dauerfehde, was eine ähnlich grobe Vereinfachung der Verhältnisse ist, wie wenn man den Kaffee als Zuckermörder bezeichnete oder als Verdunkler der Milch (in Wahrheit ist es natürlich umgekehrt, die Milch hellt den Kaffee auf, was bestenfalls Geschmackssache ist. Und nicht meine. Manche Genüsse schätze ich lieber pur). Sonst bin ich seit je gerne für Mischungen. Was wäre die Schöpfung ohne ihre Hochzeiten. Als Riesin wählte ich mir einst ganz selbstverständlich einen Gott zum Gefährten, woran sich in Asgard niemand stieß – soweit zu den angesprochenen Verhältnissen. Reingelegt sah ich mich in ganz anderer Weise: Ich hatte mir, da mir grundsätzlich nur das Beste gut genug ist, den Schönsten auserkoren – von den zur Wahl stehenden Asen jedoch nur die Füße zu sehen bekommen. Die saubersten stellten sich jedoch zu meinem leisen Beseufzen nicht als die des lichten Baldur heraus. Sie gehörten stattdessen Njörd, dem Aufwühler von Gischt und Wogenweiten. Wir versuchten es miteinander. Ich bekam Kopfweh unter dem Geschrei der Möwen, das Salz in der Luft tat meinem Haar nicht gut und ständig war alles nass und glitschig. Vom Sex will ich gar nicht erst reden. Ich mag Feuchtes lieber gefroren. Njörd meinte es gut, er willigte ein, die Hälfte der Zeit bei mir in den Bergen zu verbringen. Es ist nicht wahr, dass ich ihn dorthin entführte! Dieses üble Gerücht hatte sich wahrscheinlich Loki ausgedacht – aus purer Arglist. (Vermutlich war sie selber scharf auf Njörd. Oder er stand auf Baldur, der aber auch nichts wissen wollte von ihm oder ihr. Nehme ich zumindest an! Wir wissen ja, wie das ausging mit den beiden ...) Wir im Gebirge wurden leider auch nicht glücklich. Mein Njörd kam nicht klar ohne seine Fluten, so weit weg von all dem Gewimmel und Getümmel im Nass. Er wurde bleicher als der Schnee, und bald ebenso still. Und ständig riss oder schürfte er sich irgendwo die Haut auf, als ob er scharfe Kanten, Äste oder Dornen gar nicht sähe. Irgendwann hielt ich es nicht mehr aus, wie er sich über kleiner Flamme sein Schmelzwassertässchen auftaute, und sprach ihn direkt an.

„Ach, Skadi!“, seufzte er zunächst nur, ohne aufzuschauen. Aber dann sprachen wir uns aus. Und trennten uns friedlich, obwohl wir erst wenige Jahrhunderte zusammen gewesen waren.

Baldur war inzwischen in Helheim. Ich wollte nach all den Ereignissen, die sich daraufhin überschlagen hatten, auch keinen Asen mehr, sondern zog mich zurück, wo ich meine Ruhe hatte – oder finden wollte. Inzwischen gab es immer mehr Menschen und mit ihnen zogen Krach, Gestank und Gezänk bis in die entlegensten Gegenden. Inzwischen schmilzt ja sogar der Rand des ewigen Eises. Wachsende Städte verleihen der Erde ein grelles Lichterkleid, das sie jede Nacht trägt, aber nicht für alle ist es Party. In meinem Reich will der Winter enden. Es wird bemerkt, aber mehr auch nicht. Wer liebt schon den Winter? Ich konnte nur mit eisigem Schweigen zusehen, wie die ersten Gletscher auswanderten, absackten, eingingen, während sich die nächsten bereits zu verabschieden begannen ... Selbst große und stoische Eisriesen begehen jetzt einfach still und leise (oder auch krachend) Selbstmord. Sie spalten sich ab und stürzen ins Meer. Njörd hat sich nie dazu geäußert. Vermutlich hat er seine eigenen Probleme, wir haben uns lange nicht gesprochen.

Ich selbst bestehe nicht aus Eis, ich werde nicht schmelzen. Aber während es draußen wärmer wird mit jeder Sonnenumrundung, wird wie zum Ausgleich mein Inneres kälter. Ich vermisse die Schönheit. Überall scheint sie abzunehmen. Seit Baldurs Hinfahrt haben sich die Dinge nicht zum Besseren entwickelt, und ich glaube nicht an seine Rückkehr. Was war, kehrt nicht wieder. Und selbst, wenn es so wäre und sein könnte, würde es nicht mehr so, wie es vordem gewesen ist. Gebrochene Eisriesen kommen auch nicht zurück. Sie treiben fort, reglos, machtlos und stumm, bis sie – nicht nur aus der Ferne, sondern auch für sich selbst – immer kleiner werden. So lange, bis sie selbst verschwimmen, durchscheinend werden, sich auflösen, ganz und gar zu Wasser geworden sind.

Ich hörte von Menschen, die mich oder nach mir riefen, die mich angeblich verehrten. Vereinzelte. Oder höchstens kleine Grüppchen. Was wollen oder erwarten die von mir? Ich habe keine Aufgabe bei den Asen, von mir kündet nur jener Mythos: diese alte Geschichte. Vielleicht bin ich ja wirklich nur eine arbeitslose Schönheitskönigin des Frostreiches: Herrin all jener schmelzenden Gletscher des nicht mehr ewigen Eises. Ich will keine Wüstengöttin werden. Aber wenn die Menschheit denen dann nachfolgt, die sie fortschickt – und was bliebe ihr, wenn sie so weiter macht, übrig – werde ich überhaupt keine Göttin mehr sein. Felsen werden bleiben und ich werde sein. Uns alle wird es noch geben. Uns ältere Wesenheiten. Ich weiß nur nicht, als was. Und wie sich das dann anfühlt. Wenn es das tut. Kann oder könnte ich etwas dagegen tun?

Manchmal entführe ich die Geister, die mich rufen, an die Orte meiner Erinnerungen. An einigen wenigen Stellen ist es noch, wie es war. Manche dieser Menschengeister kommen dann ins Schwärmen, was auch wieder nervt. Zeig ihnen einen Ausschnitt der Welt – immer halten sie es für das Ganze und verwechseln es damit. Auch deswegen lohnt es, sich mal woandershin zu begeben: raus aus der Gewohnheit, weg von der Erwartung. Mal was Neues, etwas ganz anderes ausprobieren! Nicht aus Langeweile, Saumseligkeit, Verirrung oder Überdruss ... Ich würde sagen: aus Notwendigkeit heraus. Wenn die alten Pfade versperrt sind oder nicht mehr taugen – dann schlag eine Gegenrichtung ein. Wenn sonst nichts mehr hilft und geht – folge unbekannten, unerwarteten Wegen. Zumal, wenn alle anderen hinter dir liegen. Kokosnuss gefällig? Die Milch darin soll gut sein. Kühl wie die Heimat!

Die Strahlende

Du bist die Größte! Mein Lieblingsstern! Die alles Beherrschende. Die wir alle umtanzen. Um die sich alles dreht. Sunna! Ohne Dich keine Erde, kein Leben, kein Licht, keine Wärme, nicht Tag noch Nacht ... Als Sonne kennen, bewundern und verehren wir Dich, obwohl Du noch viel mehr bist als nur ein Gestirn (das uns nichtsdestotrotz nächste ... allernächste ... das einzig nächste ... Himmelslicht ist: das Wichtigste von allen. Natürlich aus unserer Sicht und Lage – wessen sonst?). Doch nicht nur das Meer erleuchtest Du, Mardöll, nicht nur Sonne bist Du (und lässt jedes Auge tränen, das Dir direkt ins Gesicht zu blicken versucht: Tränenschöne)! Du bist eine noch viel größere Göttin, als Du scheinst, hast auch jenseits dieses Scheinens noch ganz andere Namen, Eigenschaften, Bedeutungen und Wirkbereiche ... Doch dieser eine, der Deines Glänzens und Gleißens – um nur seine Oberfläche zu nennen (zu viel darunter und dahinter entzieht sich der Beschreibbarkeit) –, überstrahlt erst einmal alles. So sei hier gefeiert als Sunna, einmal mehr und wieder und wieder, im Namen des Morgens, des Mittags, des Abends und der Nacht. Als Auf- und Untergänge malst Du die Bilder Deiner täglichen Wiederkehr an Himmel und Horizont; ihre Farben und Formen setzen menschlichem Schönheitsempfinden den unerreichbaren Maßstab: Dies nachzuahmen und abzubilden, mit welchen Mitteln auch immer, können wir Sterblichen nur fortwährend scheitern. (Doch es erheitert, das zu erkennen und immer neue, andere Wege zu finden, entsprechende Gefühle auszudrücken.)

Du bestimmst, wie wir uns fühlen, wie es uns geht und wie das Jahr aussieht. Und jeder einzelne Tag! Ob Du tief stehst oder hoch, uns Dein

Gesicht gönnst oder nicht, wie früh Du kommst, wie lang Du bleibst, wie stark Du scheinst, wie bald Du gehst und was Du mitbringst. Die Pflanzen recken sich nach Dir, die kleinen wie die großen. Wenn Du lang nicht scheinst, gehen sie ein. Wo Du allein herrschst, auch. Entsprechend unterschiedlich sind die Feste, Kulte, Bräuche, die Dir gelten. Du bringst die Helligkeit, das Licht, den Tag, die Wärme, Hoffnung und Erntesegen. Je ferner Du uns bist oder scheinst, desto mehr sehnen wir uns danach, Dich wieder mehr zu spüren. Alles ist danach ausgerichtet, was Du uns gönnst – was Du zu welcher Zeit ermöglichst. Frühling und Winter, Sommer, Herbst – der hiesigen Jahreszeiten Qualität bestimmst nicht Du allein, doch Du verschönerst alle. Du allein bringst sie zum Strahlen: wenn, wo und wann es Dir beliebt.

Du streichelst junge Birkenblätter, lockst Knospen aus der Erde ... Der Frühlingsgöttin, die in bunten Bändern die neue Jahreszeit eintanzt, beleuchtest Du den Laufsteg. Erschaffst ihn ihr schräg überm Laub. Auf Deinen Strahlen tanzt sie. Im Herbst gibst Du dem sanften Tod, dem Sommersterben ringsherum die allerschönsten Farben und baust unseren Abschieden ein warmes Haus aus zart brechenden Blättern. Und was wäre Schneeglanz ohne Dich? Du lässt die Weite funkeln. Die kahlen Zweige, Stumpf und Strunk verzauberst Du und lässt das Eis aufleuchten, auf dem die Elfen fernab der Zeit tanzen, denn die steht still. Du lässt die Stille glitzern. Und quillst im Sommer aus der Frucht, aus Herzen, Mündern, Augen! Machst uns ganz prall und wild und satt. Wir aalen uns und saugen. Und wenn Du fort bist, wird uns fad. Dann stehen wir hinterm Fenster und suchen stumm den Himmel ab. Doch der bleibt grau und färbt bald ab. Dann naht die Zeit der Kerzen: der kleinen Lichter als Ersatz. Für das, was wir vermissen! Und sogar das feiern wir noch. Und wer immer es vermag, hütet Dich noch im Herzen.

Vier von acht Speichen unseres heutigen Jahresrades meinen vor allem Dich, sind ganz Deine Feste: die längste Nacht, der längste Tag – und die beiden Male je dazwischen, wenn Tag und Nacht gleich lang sind! Was Du an den Tag bringst, bleibt dort. So durfte ich das persönlich erfahren. Du hast mir die Wahrheit aus dem Herzen gelockt und nachhaltig beschienen. Ich lernte zu strahlen und auch dann und dort wahrhaftig zu bleiben, wo Wind und Wetter oder irgendwelche Riesen die Atmosphäre und auch Gemüter verfinstern. Wobei das ja oft nicht Deine göttlichen Brüder und Schwestern sind, die sich derart gebärden: So manches kleingeistige Gefurze bläst sich da zur Bö auf (oder wird künstlich verstärkt, damit es so klingt) und die Riesen bestehen zuweilen nur aus Ängsten und Drohungen. Nicht immer von der Hand zu weisen, vielleicht. Aber im Herzen haben sie nichts verloren. Dort regierst Du ebenso wie am Himmel. Ja, manchmal ist auch meiner bewölkt oder trieft vor Tränen, schüttet sich aus. Lässt alles grau in grau verschwimmen. Oder ich drehe Dir – wie die Erde selbst, aber nicht immer nur mit ihr – die andere Seite zu. Schaue oder rufe sogar in die Gegenrichtung. Manchmal ist mir nach dunkler Weite. Du wirkst aber weiter und hältst uns auf der Bahn, ob Du Dich zeigst, Dich wahrnehmen lässt oder nicht. Und letztlich kommst Du ja wieder.

Das lässt sich zwar schon jeden gewöhnlichen Morgen erleben. Einmal aber wurde ein solcher für mich etwas Besonderes, etwas ganz Außergewöhnliches. Da war ich beim Empfang dabei. Beim Einzug der Königin. Ich hatte nichts geahnt. Ich hatte geschlafen ... sehr gut sogar – dafür, dass ich es entgegen sonstiger Gewohnheit draußen getan hatte:

im Wald, unter freiem Himmel! Soweit zwar schön, aber nicht weiter sensationell. Eine weitere Nacht im Freien, wie mir schien. Ich wachte – ebenfalls nicht ungewöhnlich – früher auf als im Bett. Aber diesmal war es anders. Sollte es anders kommen. Und wie! Es war noch dunkel – nun ja, nicht mehr ganz. Ein sanfter Schimmer von Licht säumte den Horizont. Die Baumwipfel waren noch schwarz wie Schatten, da hatte das Konzert schon begonnen. Nicht vom Boden doch irgendwann in den Schlafsack gedrungene Kälte (wie sonst manchmal draußen) hatte mich geweckt – sondern Musik! Stimmen! Es waren viele. Wie viele, war überhaupt nicht auszumachen, zumal es ständig mehr wurden. Und auch das geschah nicht zufällig. Es klang arrangiert, orchestriert und auf einmal war mir klar: Ich wurde Zeuge eines Rituals. Die gefiederten Völker um mich herum, der ganze Wald bereitete sich vor auf das Erscheinen der Königin. Mit dem Anschwellen der Zwitscher-, Triller- und Trällerstimmen wurde mir bewusst, dass sie das jeden Morgen tun mussten. So vollendet und prachtvoll, wie es ertönte, flirrte, wogte, ja, kaskadierte, übten sie es schon seit vielen Generationen. Und während ich atemlos diesem Konzert lauschte, wuchs sich der Schimmer am Horizont aus zum allmählichen Tagesglanz. Beides, Konzert und Ausleuchtung, steigerten sich. Auf einmal sah ich Dich. Ich schwöre bei Fulla: Ich war stocknüchtern. Schließlich hatte ich die ganze Nacht geschlafen (und auch am Vorabend nicht groß gefeiert oder gar gezecht). Aber so groß, so gewaltig wie an jenem Morgen habe ich Dich vorher nicht und nachher nie wieder gesehen. Hätte man mir das als Film gezeigt, ich hätte es für Science-Fiction gehalten: Szene auf einem anderen Planeten, dem eine viel größere oder auch nähere Sonne aufgeht. Du warst so riesig! Mir war, als fülltest Du den Himmel aus!

Und als ob Dich das vielstimmige Willkommen rührte. Du pulsiertest in üppigem Orange. Das Luftflimmern vergesse ich nie. Als Du endlich in ganzer Pracht zu sehen warst, rund, lodernd, voll, die Spitzen der Baumwipfel Dich nicht mehr zu berühren schienen (inzwischen war ihr Schattenschwarz all den grünen und erdigen Bunttönen gewichen, die ein Wald in dreidimensionaler Ausleuchtung zu bieten hat), sangen die Gefiederten ihr Crescendo: In einem letzten, grandiosen Anschwellen erreichte der Jubel seinen Höhepunkt und fand dann sein allmähliches Ende. In mir nicht mehr. Ich habe das nie mehr derart verzaubert erlebt wie an jenem Morgen – aber es jubelt und singt in mir nach: an jedem Tag, der mich erwachen lässt, aufs Neue.

Inmitten des ganzen Wunders war mir bewusst geworden, dass dieses Ritual jeden Morgen stattfindet und das seit Millionen von Jahren: viel länger, als es Menschen, ja deutlich länger vielleicht schon, als es überhaupt Säugetiere gibt. Wahrscheinlich sind die Metropolen und anderen Betonwüsten, all die Bauplätze meiner jungen Spezies die einzigen Orte, wo es nicht mehr geschieht. Ich bin als Mensch geboren, aber jeden Morgen den Gefiederten, die Dich nach wie vor feiern, näher als jedem Zivi'sationsgedöns, das mich umgibt. Und in dem Moment macht mir das – mache ich mir – keine Sorgen als einer von Euch, eine von uns. Ich grüße Dich, Großartige.

Die Wächterin

Wir kennen uns nicht. Ich werde selten bemerkt. Ist auch nicht mein Begehr oder gar meine Not. Wer du bist, interessiert mich ebenso wenig. Wie du dich verhältst, schon eher. Ich bin da ganz neutral. Hege so gut wie keine Gefühle – weder für dich noch gegen dich. Ich urteile nach Grundsätzen. Musst du sie kennen? Von mir aus nicht. Ich verhandle nicht – jedenfalls nicht mit dir und deinesgleichen. Das besorgt ihr mal schön selber. Ich achte auf Balancen. Auf Ausgleich. Und sehr genau auf Spuren. Auch Ausstrahlungen, Gerüche und noch ein paar Merkmale mehr, die sich schwer benennen lassen, weil sie sich außerhalb menschlicher Wahrnehmung befinden (zumindest alltäglicher). Aber ich bin nicht menschlich und muss mich auch nicht rechtfertigen. Mein Name ist Syn. Schonmal gehört? Dachte ich mir. Macht nichts. Du kannst ihn auch gleich wieder vergessen. Mein Werk ist dem Heimdalls ähnlich – wobei ich anders vorgehe als der populäre Kollege und in gewisser Weise auch andere Zielsetzungen habe. Er wählt aus: Wer und was kommt rein, und wer oder was bleibt außen vor. Ich mache einfach nur dicht. Wenn ich die Schwelle bewache, wirst du sie nicht überschreiten – vielleicht nicht einmal mehr bemerken. Selbst wenn du vorhattest, sie zu passieren, wirst du dich jäh anders entscheiden, oder dir wird irgendetwas dazwischengekommen sein ... Was du oft erst hinterher feststellst: Ich wollte doch ... Wollte ich nicht? Wenn ich die Schwelle hüte, wird sie von allen, die keinen Zugang bekommen sollen, ebenso schnell und leicht übersehen wie ich selbst. Für alle, die sie ignorieren sollen, dran vorbeigehen, sie in Ruhe lassen – sollen und werden. Das ist mein Werk. Ich mache dicht. Auf vielfältige Weise. Da hab' ich so meine Strategien und Methoden. Die eben angedeutete ist nur eine von vielen. Bist du berechtigt? Wenn ich das verneine, kannst du 52 Schattierungen von nein kennenlernen – alle mit demselben Ergebnis. Die meisten hören nach spätestens acht Versuchen auf. Wir können auch bis 67 oder 71 gehen. Manche überstehen den ersten schon nicht gut. Kommt an, worauf du es anlegst. Und wie ich urteile. In Asgard wird mir ein feines Gespür nachgesagt und mein Urteil geschätzt. Du musst mich nicht kennen, um an mir zu scheitern. Ich dich nicht, um dich aufzuhalten. Nein heißt nein und stopp heißt stopp.

Da hilft auch keine Gewalt. Ich sitze fest wie eine Spaxschraube mit rundgeknatterter, zur Hohlmulde glattgeriebenen Schlitzkerbung: Da geht nichts mehr. Natürlich kann, wer trotzdem rein will, einen anderen Eingang nehmen. Würde ich aber nicht empfehlen. Es wird wehtun. Nicht erfolgreich sein. Oder unverhältnismäßig anstrengend und unergiebig – so richtig unangenehm werden. Scherben, Splitter, Spreißel ... unerwartet scharfe Kanten ... jähe Widerhaken für Kleidung, Haut und Seele. Kann tief ins Fleisch gehen oder ins Gemüt. Oder beides. Oder einfach ganz dumm laufen! Und ganz schnell gehen. Hättste vorher nicht gedacht! Aber dann ist es zu spät. Autsch. Ein unscheinbarer Kratzer kann vergiftet sein und Krankheit nach sich ziehen. Wird schaden. Schmerzt. Zieht sich unverhältnismäßig. Schmerzt weiter. Wird schlimmer. Kriegt eins schlecht wieder los. Medikamente, die nicht helfen, Hausmittel auch nicht – ein Elend.

Natürlich lasse ich mich rufen. Dafür solltest du mich dann schon kennen. Gelingt nur so. Aber nicht garantiert. Du willst etwas beschützen, versperren, jemand den Zugang verwehren, eine Pforte versiegeln, ein Objekt oder einen Weg bewachen lassen? Kann ich machen. Ob ich's auch tue, hängt davon ab, wie ich das Ganze beurteile: die Angelegenheit, die Zusammenhänge, dich ... letztlich alles, was damit zu tun haben kann. Was dich betrifft, gilt dein bisheriges Verhalten. Kein Reden, keine Absicht, nicht Anschein noch Herkunft, weder Besitz noch Geschick spielen Rollen, nicht was du isst, nicht wen oder wie du liebst. Nicht Schläue noch Kraft beeindrucken mich. Und sprich nicht von Macht und von Müssen. Du bist sterblich und ich dir keinen Gefallen schuldig. Du kannst mit Charakter punkten. So kriegst du die Pforte vielleicht sogar nicht nur verschlossen, sondern auf.

Die Verabschiederin

Dein Tempel wurde zerstört. Fast zweitausend Jahre her – und das ist alles, was wir über Dich hörten und erfuhren. Das Niedermetzeln aller Frauen, Kinder und Männer vom Stamm der Marser durch römische Legionen im Jahr 14 wurde auf römischer Seite dokumentiert – nun ja, viel mehr als eine Notiz war es ihnen nicht wert gewesen. Das wenigstens blieb erhalten ... Wurde immer wieder abgeschrieben, über die Generationen (das Problem nicht haltbarer Datenträger ist alt). Wahrscheinlich war es Ende September – das mutmaßliche Datum konnte den Aufzeichnungen nur mühsam enträtselt werden und sein Anlass bleibt unklar. Es könnte, wie bei germanischen Stämmen oft üblich, ein Herbstopferfest gewesen sein. Wer Du bist oder was Du jenen warst, die Dich damals verehrten, ist unbekannt. Vielleicht – wie manche Forscherinnen vermuten – eine „Göttin des Zeitmaßes"? Wir haben nur Deinen Namen. Tamfana!

Den Tempel bauten wir wieder auf. Nicht den von damals (ich weiß gar nicht, wo Deine Leute lebten), sondern einen neuen, und das auch nur symbolisch – einen ganz schnuckelig kleinen. Aus herumliegenden Zweiglein, Ästchen, Borkenstücken und Mulch – was eins im Wald so findet. Mit Blätterdach! Kaum kniehoch, was wir errichteten, und keinen Meter lang. Keine Erwachsene hätte da auch nur halb hineingepasst, was aber auch gar nicht Sinn der Sache war. Wir arrangierten es verspielt, liebevoll und nicht auf Dauer, sondern für den Moment. Nur eine Gefährtin und ich. Die Idee hatten wir gemeinsam: Dir ein Ritual zu widmen, Dich zu ehren – im Namen auch all jener, die vielleicht ganz vergessen worden sind über die Zeiten ... von denen nicht einmal

Namen überliefert sind. Aber vorrangig Dir. Denn Deinen Namen können wir ja rufen. Tamfana!

Es blieb nicht bei dem einen Mal. Irgendetwas trieb mich, Dich immer wieder zu rufen. Nicht zwingend zum Herbst oder nur dann. Was stört es mich, so wenig über Dich zu wissen, Dich kaum kennen zu können? Bereits mit meinen Ahninnen geht es mir ähnlich: Die Linie meiner familiären Herkunft verliert sich schnell im Dunkeln. Was ändert das? Ahnen habe ich, ob ich sie kenne oder nicht. Bis hinunter in die Zeit der Mammuts, haha – und wenn du willst, sogar bis zu jenem ersten Fischgeschöpf, das aus dem Wasser heraus durch den Uferschlamm robbte und dessen Nachfahren das Land besiedelten ... (Nebenbei, um zur Gegenwart zurückzukommen, bleibt mir – gerade als Heide meiner Zeit – auch bewusst, dass meine Ahninnen die letzten eineinhalb Jahrtausende über, wenn nicht schon länger, zumindest nominell alle christlich waren.) Nicht nur ersatzweise verehre ich – neben Verstorbenen, mit denen ich befreundet war – auch Persönlichkeiten, die ich nie traf (aus welchen Zeiten und Ländern auch immer): wenn ihr Werk und Wirken mich entsprechend mitprägte (was manch bekannterer Verwandtschaft so nicht gelang)! Mein Heidentum ist älter als mein erstes Smartphone, aber mein erstes magisches Ritual bei weitem nicht so lange her wie die erste Mondlandung. Die NASA kann ihre Daten von damals nicht mehr lesen und ich meine computergetippten Tagebücher aus den 1990er Jahren auch nicht (das Problem nicht haltbarer Datenträger ist alt). Ich rufe Dich als meine Göttin der Vergessenen und all dessen, was uns Menschen im Laufe der Zeit verlorenging. Tamfana!

Es gibt Denkmäler für „den unbekannten Soldaten“ (ich sähe auch gern mal welche für unbekannte Deserteure), aber keine für vergessene

Göttinnen – schon gar keine Tempel oder Opferplätze. Warum sollte eins unbekannten Großen opfern? Ich für meinen Teil opfere ja auch etlichen Großen, über deren historischen Hintergrund wenig verifizierbar ist, oder die sich mir (wie dieses Buch hier thematisiert) persönlich oft ganz anders darstellen als überliefert. Man weiß auch mehr über die antiken Römer als über die Marserinnen, die zu einer Zeit, als ein gewisser Joschua von Nazareth pubertierte (und in seiner nahöstlichen Heimat offenbar noch kein Aufsehen erregte), im Tempelhain der Tamfana massakriert wurden. Ich weiß auch fast nichts über meinen einen Großvater, der starb, als sein jüngerer Sohn, der später mein Vater werden sollte, 15 war. (Dass mein Großvater Bass gespielt hatte, erwähnte mein Vater erst, als ich dasselbe Instrument gewählt hatte.) Ich habe mich bemüht, mir die Namen der Frauen zu merken, die mit mir Küsse tauschten (oft kannte ich nur die Vornamen und das auch nicht immer, obwohl das nicht Unzählige waren). Ich habe auch vier Altäre im Schlaf- und Liebesnest und kann nicht mehr von jedem der dort (zuerst immer ganz liebevoll) drapierten Steinlein, Hölzchen oder Knöchelchen sagen, woher das eine oder andere genau stammt: Jahre später. Ich habe ein gutes Gedächtnis und vergesse doch viel. Oft erinnern mich Freundinnen und Bekannte an Ereignisse oder Momente, deren Erinnerung mir verschwamm, verblasste oder ganz verging. Dich rufe ich im Namen der Vergessenen und des Verlorenen: Tamfana!

Hilf mir, mich zu verabschieden von all dem, was nicht wiederkehrt. Von all dem, was ich oder auch wir dem Versinken nicht mehr entreißen können. Eines Tages – darauf deutet nicht nur alter germanischer Mythos hin, sondern sogar alle (wenngleich rein rechnerische) Wahrscheinlichkeit – wird auch das Bewusstsein mit all seinen Zaubern wieder dorthin versinken, wo es herstammt: im und aus dem Reich des Unbewussten.

Dir opfere ich mein Festhalten am Vergänglichen und dem, was schon schwindet oder mir in den Klauen zerbröselt, obwohl ich das doch nur so fest umklammere, damit es mir nicht entschlüpft oder zerrinnt. Sieh es mir nach und segne mein Loslassen! Dir errichte ich einen Tempel aus Erinnerungen – den schönsten, die ich zusammentragen und versammeln kann –, mit einem Altar aus imaginiertem Stein oder Glas. Auf die eisglatte Fläche hauche ich Deinen Namen. Im Namen all derer, all dessen ... Du weißt schon. Wisse und bewahre es für mich, für uns alle. Tamfana!

Das Kraftpaket

Na, ihr seid mir ja welche! Respekt vor gar nichts, was? Haha! Ich lache mal lieber darüber, bevor man es zum Heulen findet. Oder sich aufregt. Das Weinen überlasse ich zarteren Gemütern ... und in Aufregung wollt ihr mich nicht erleben! Nein, wollt ihr nicht. Ich bin alle Wetter. Fast alle. Nur, wenn ihr so weitermacht, garantiere ich bald für nichts mehr. Bisher konnte ich die Kräfte in der Balance halten: in einer, die euch zum Leben, Säen und Ernten taugt. Mit der Göttin, die euch das ermöglicht und begünstigt, bin ich innigst im Bunde. So konnte ich's, so lang ihr euch erinnern könnt, dabei belassen, hier und da mal etwas Donnerwetter zu veranstalten. Nichts wirklich Schlimmes, zumal inzwischen eure Blitzableiter funktionieren. Ihr seid überhaupt ganz Findige! Schon immer gewesen, ich weiß. Aber in den letzten Momenten, äh, Jahrhunderten, habt ihr euch selbst übertroffen! Und bringt damit mehr ins Wanken, als ihr einsehen wollt. Erfolg macht blind manchmal – und Bequemlichkeit erst recht. Ihr gönnt euch beides – in einem Ausmaß wie noch nie zuvor. Mit meiner Hilfe, ließe sich sagen – nur hatte ich gar nichts dergleichen beabsichtigt oder vorgesehen. Ich dachte, es reicht, wenn ich euch beschütze – ob ihr das mitkriegt oder nicht. Alle Riesen da draußen halte ich euch seit je vom Leib. Ich bin der Kraftgott, der mit dem Hammer. Und an den habt ihr euch rangemacht. Nein, nicht geklaut – heio, da hätte ich euch was gehämmert! Was wetten.

Aber ihr seid ganz Schlaue. Ihr habt ihn angezapft. Mjöllnirs Kraft, die Energie meines Zermalmers, betreibt und erleuchtet eure Megastädte – ja, hat ihre Errichtung und ihr stetes Wachstum, würde ich doch mal sagen, gerade erst möglich gemacht! Eure Vorfahren haben noch gezittert, wenn ich über den Himmel fuhr ... so, dass sie es hören und sehen konnten, bis ihnen beides verging, ha ja. Ihr hingegen habt wie die Elektrolurche aufgepasst, wie das ist mit den Blitzen. Wann sie kommen, wo und wie sie einschlagen, wusstet ihr schon länger. Aber am Ende wolltet ihr es ganz genau wissen – und habt sie so gründlich studiert, bis ihr sie selber herstellen konntet. So kam euch das zumindest vor. Wisst ihr, womit ihr es zu tun habt? Ist euch ganz egal, solange es funktioniert, nicht wahr? Ihr holt's euch, wie und wo ihr es bekommt – ganz gleich auch, woher: Hauptsache, viel und alles ... und dann noch etwas mehr, nein, gleich das Doppelte, Dreifache – reine Rechensache ... Was soll schon groß passieren? Ihr könnt es halt, und was nicht mitkommt, daran aufgeht oder dabei draufgeht, kann euch mal. So kann eins natürlich auch Atome spalten und das Größte aus dem Kleinsten holen: am Ende Ungeheuer wie Surtur und seine Feuerriesen auf die Erde einladen! Ihr tut, was ihr könnt, nicht wahr? Nur etwas auch mal lassen – das könnt ihr nicht.

Hätte ich es verhindern sollen? Kann mich nicht erinnern, dass mich in dieser Sache auch nur ein Mensch angerufen hätte! Wir waren euch doch schon lang kein Thema mehr: Habt euch doch selber groß genug gedünkt und tut es noch – jetzt erst recht – ist doch so? Außerdem kann ich mich nicht um alles kümmern. Ich war mit der Asteroidenabwehr beschäftigt ...

Ihr wisst ja: Ziemlich weit draußen, weit hinterm Mars, zieht Jupiter seine Bahnen in eurem Sonnensystem. Das könnt ihr lange Planet nennen, was da als Gaszusammenballung die Strahlende umrundet ... Schon richtig beobachtet: Es hält euch eine Menge Geröll und Steinschlag ab – klar funktioniert das über Gravitation, wie sonst? Schön, was ihr so alles herausfindet mit der Zeit! Und was glaubt ihr, wie es entstand? Euer Thor war's, euer späterer Donnergott, der, als ihr noch lange kein Gedanke wart, seinen Hammer schwang, zuschlug (ihr wollt nicht wissen, worauf. Was da vorher war. Nein, wollt ihr nicht!) – und so viel Staub und Gas aufwirbelte, dass ein Riese daraus wurde! Aber ein guter ... 600 Millionen bis fast eine Milliarde Kilometer von euch entfernt – je nachdem, wo er gerade entlangfährt – fängt er weit draußen herumfliegendes Geröll ein, lenkt es ab und bewahrt euch davor, dass die Erde nochmal so einen Steinschlag abbekommt wie jenen, der ihr vor 65 Millionen Jahren eine ganze Zeit lang Gemüt und Himmel verdunkelte – worauf ein Großteil damaligen Lebens auf ihr umkam. Es war ein Unfall gewesen, eine Ausnahme. Jupiter gab es längst: Er ist älter als die Erde. Er war der Erste, der sich sonnen durfte in Mardölls Glanz – der Erste in eurem Sonnensystem! Aber ihr habt ja jetzt Strom und alles begriffen und seid unabhängig, hm? Braucht auch keine Götter mehr. Außer eurem Hauptgott natürlich, dem Geld. Oder ist das nur ein Götze, dem ihr euch da beugt und huldigt, koste es, wen und was es wolle? Ganz im Griff hat er euch, dieser Gestaltlose, den ihr euch selber schuft! Wir können euch alleine lassen? Seid ihr sicher?

Passt auf, was ihr euch wünscht. Wie gesagt: Wenn ihr sie aus dem Gleichgewicht bringt, kann ich die Wetter nicht mehr halten, sie nicht mehr so bändigen, dass ihr darunter lachen, Katzenbilder verschicken, aufgeblasene Sprüche mit dummen Schreibfehlern lesen, Blitzableiter herstellen, Reptilien als heimliche Weltherrscher vermuten (das war einmal, das war lang vor eurer Zeit!), oder lustig surrende Drohnen, elektrische Zahnbürsten und alle nase- bis wochenendlang eine

Flutlichtarena nach der anderen betreiben könnt vom Rockkonzert bis zum Fußballstadion.

Ihr wisst, was Elektrizität ist? Einen Scheiß wisst ihr. Ihr spielt ja mit noch ganz anderen Feuern – von denen ihr längst nicht wisst, wohin mit dem Strahlmüll, der bei ihrem Herbeihexen entsteht ... und der noch die Urenkel eurer Kindeskinder überdauern wird. Womöglich werden euch noch deren ferne Nachfahren deswegen verfluchen. Es ist die längste und tiefste Spur, die ihr hinterlasst. Sie ist, was euch nachschillern wird, lautlos, gestaltlos, nicht zu wittern, aber alles zersetzend, was sie berührt – und von ungewisser Herkunft, weil ihr bis dahin längst vergessen seid: vergangen bis auf diese ewigkeitstaugliche Hinterlassenschaft. Seid ihr stolz darauf? Auf solch ein Erbe? Ihr macht das Kontinuum rissig, bis die Zerfallskräfte von Muspellheim durchscheinen. Nicht Loki muss mehr die Feuerriesen anführen – Naglfar kann in Hels Nagelstudio bleiben, muss sich gar nicht mehr aufmachen (oder wo zum Fingernagelzerknubbern wird das Schiff aus den nachgewachsenen Nägeln der Toten zusammengezimmert – auf Surturs kleiner Flamme? Oder nebenan bei Jötens in der Werkstatt ... auf dem Thursenheimer Dock im Industriegebiet von Riesenrumms an der Krawomm? Was weiß ich)! Die Menschheit veranstaltet ihr eigenes Ragnarök, Humanrök, Menschenvolksrök – learning bye dumm gelaufen dann, he?

Nein, ich rege mich nicht auf – das klänge anders, glaubt mir – ich grummele nur ein bisschen. Gut gelaunt dazu: Ihr werdet das schon schaukeln! Wohin auch immer. Ich meine nur, es ist unklug, sich mit Kräften anzulegen, die einem über sind. Ist mir selbst mal passiert, als ich dachte, was soll mir schon passieren? Mir, dem stärksten der Götter – dem Kraftgott überhaupt! So kam es, dass ich mich – angestiftet nicht nur von fragwürdigen Gestalten, sondern letztlich auch vom eigenen Ehrgeiz – auf törichte Wetten einließ, die ich zu meinem Schrecken dann allesamt verlor. Natürlich war ich hereingelegt worden. Wer noch mehr essen konnte als ich, ja nicht nur das Essbare verschlang, sondern Tisch und Bank gleich mit, war kein gewöhnlicher Gegner gewesen, sondern in Wahrheit das Feuer ... Und jene Katze, die ich nicht zu heben vermochte, sie nicht vom Fleck bekam, so sehr ich mich auch bemühte, war in Wirklichkeit die Midgardschlange: Jörmungandr, die Allumspannende! Das riesige Horn wiederum, das ich nicht leeren konnte, so viel ich auch trank, ragte heimlich aus dem Meer, wo es seinen unerschöpflichen Nachschub herbekam. Das erfuhr ich aber alles erst hinterher, nachdem ich mich schön blamiert hatte. Am schlimmsten war es, von einem runzeligen, unscheinbaren Weiblein besiegt zu werden – sie rang mich einfach so nieder! Als hätte ich, der Stärkste von allen, überhaupt gar keine Kraft! Natürlich war auch da wieder List und Tücke im Spiel gewesen – und nichts so, wie es äußerlich schien: Denn wer da den Stärksten der Stärksten mal eben mit Leichtigkeit niederzuringen vermochte, das war nicht irgendeine Tattergreisin gewesen, sondern das Alter selbst. Es war mir eine Lehre, das nächste Mal genauer hinzuschauen, mit wem – oder auf wen oder was – ich mich einlasse. Denn der Schein trügt mitunter!

Das gilt besonders für verborgene Energien und versteckte Gewalten, die erst aufwändig geweckt werden müssen. Ihr könnt sie nutzen, aber wenn ihr meint, ihr beherrscht sie, irrt ihr euch gewaltig. Spielt nicht mit Riesen, sonst spielen sie bald mit euch. Ihr werdet noch an mich denken. Werdet ihr? Vielleicht lieber gleich! Dann kriegen wir das noch hin.

Vielleicht müsst ihr euch ins Gegenteil dessen verwandeln, was ihr seid – zumindest, was ihr gewohnt seid: Wie ihr euch selbst seht, fühlt, auffasst! Euer Oberstes zuunterst, das Innerste nach außen – überhaupt alles umkehren – und wenn euch das noch so verrückt vorkommt. Ist es auch! Und was euch stolz macht – fort damit! Aber muss euch nicht peinlich sein. Ich musste das selbst einmal tun. Tat es weiß Loki nicht freiwillig. Aber war nötig – und heilsam. Es war meine – und unsere aller – Rettung! So brachte ich meinen Hammer heim. Der verloren gegangen war, als ich unachtsam gewesen war. Gewann ihn nur zurück, indem ich alles aufgab, was mich ausmachte – über den eigenen Schatten sprang. Nur so bekam ich meine Kraft zurück! Andere Geschichte … Ihr kennt sie? Ja, lustig, gell? War nicht nur zur Unterhaltung!

Der Konsequente

War es Betrug? Auf jeden Fall Täuschung. Überlistung! Um die Welt zu retten. Du gabst Deine Hand dafür. Hattest sie in Fenrirs Rachen als Pfand gelegt. Denn das Monster war misstrauisch geworden. Alle ihm angelegten Ketten hatte es mit Leichtigkeit gesprengt. Zu Recht misstraute es Gleipnir: jenem seidensanften Bändchen aus den Zauberschmieden der Zwerge. Zunächst half kein Zureden. Doch schließlich, als Du dem Ungeheuer Deine Hand botst und sie ihm in den Wolfsrachen legtest, gab Fenrir nach und ließ sich willig fesseln. Wir wissen, wie es ausging: Gleipnir, das unzerreißbare Band, hielt nicht nur, sondern wurde fester und fester, je mehr sich Fenrir davon zu befreien suchte. Das Untier, das Sonne und Mond hatte verschlingen wollen, kam nicht mehr vom Fleck. Nur die Kiefer konnte es noch bewegen. Sie klappten zu und machten Dich, den alten Himmelsgott Tyr, zum einarmigen Gott der Gerechtigkeit.

Keine Gottheit vermittelt sich so sehr durch eine einzelne Rune wie Du! Deine ist Tiwaz – die Rune trägt Deinen Namen (Tys, Tiu, Teiwaz, Ziu ...) und verkörpert als aufrechter Pfeil, was Du selbst bist: geradlinig, zielstrebig, entschlossen – bereit, das zu tun, was zu tun ist. Und wenn es die Hand kostet. Denn das unterscheidet ehrenhaftes Tun von rein selbstbezogenem: Es agiert aus einem Rahmen heraus, der größer ist als die Situation – manchmal auch größer als das eigene Leid, der eigene Vorteil, die eigene Person und ihre unmittelbaren Interessen. Mut ist nicht blindwütiges Vorwärtsstürmen oder leichtfertiges Unterschätzen einer Gefahr. Derlei grenzt eher an Dummheit. Mut kommt zustande – so lehrtest Du mich, Aufrechter –, wenn etwas noch größer und wichtiger wird als die eigene Angst. (Das weiß möglicherweise jede Mutter – vermute ich als Mann ... Dies nur am Rande.) Wieso vertraute Fenrir Deinem Pfand, Tyr? Instinktiv hatte das wölfische Biest doch richtig gelegen mit seinem Verdacht: Es hatte den Betrug ja geradezu wittern können! Und doch reichte ihm Deine Geste – auch wenn sie Dich dann mehr kostete, als andere zu geben bereit gewesen wären: alles, was Du eingesetzt hattest nämlich. Genau das aber ist der Punkt: Diese Ehrlichkeit lag außerhalb seiner selbstbezogenen Vorstellungskraft. Du botest die Hand: Die könne Fenrir ja, wenn er sich betrogen sähe oder fühle, abbeißen. Und das Monster in seiner einfältigen Arglist konnte sich nicht vorstellen, dass Du das genau so gemeint hattest wie gesagt, wie angeboten – dass Du die einfach die Wahrheit sprachst und die Konsequenzen in Kauf nehmen würdest. Es sah nur Deinen Nachteil: den schmerzlichen Verlust, den Du erleiden würdest. Nicht den viel höheren Gewinn, um den es Dir ging und der Dir mehr galt als das eigene, persönliche Wohl: Leben und Freiheit von Sonne und Mond, zum Beispiel. Das Fortbestehen der Welt.

Und niemand hatte ein solches Opfer verlangt von Dir. Es war nicht abgesprochen gewesen. Du warst nur die einzige Gottheit, der es einfiel, die diesen Ausweg sah. Du ergriffst ihn. Nahmst es auf Dich als einzige verbliebene Möglichkeit, die Gefahr doch noch zu bannen. Und trugst die Konsequenzen ... dies ebenfalls allein. Nur gerettet hast Du alle damit.

Ich stand noch vor keiner derart extremen Entscheidung, die mir als Mensch sicher schon deshalb sehr viel schwerer fiele, weil es (was immer ich auch bewegen könnte oder vielleicht aufhalten müsste – wenn ich es denn könnte) dann kaum um die mögliche Rettung der ganzen Welt ginge (als edelste Option in der Waagschale – auch wenn sich das rasch mal so anfühlt für unsereins). Aber was hängt an mir – was wäre „die Welt" für mich? Und mit welcher Berechtigung – mit welchen Konsequenzen für andere, auch? Die Frage muss offenbleiben). Dafür ist die Botschaft klar: Entscheidungen von Tragweite verlangen gewöhnlich Opfer, in welchem Maß und welcher Form auch immer. Und dann zeigt sich, wofür die betreffende Person, der herausgeforderte Charakter wirklich steht. Wer die Verantwortung auf sich nimmt, über den eigenen Tellerrand, das eigene – womöglich eh nur situative – Wohl hinauszudenken, oder auch nur über die eigene Bequemlichkeit: im Denken wie im Handeln. (Sterbliche scheitern ja nicht erst oder nur angesichts existentieller Bedrohung – im Gegenteil: Da kennen wir Ausnahmen. Aber umso öfter und jämmerlicher an Kleinigkeiten – nicht immer nur alltäglichen, aber sogar an solchen. Die Folgen können bereits da schon größer ausfallen.)

Verantwortung ist etwas für Erwachsene. Immer bedeutet es persönlichen Verzicht auf irgendeine Bequemlichkeit, einen situativen Vorteil oder Zugewinn zugunsten eines höheren Werts über die eigene Person hinaus. Meine Ehre bemisst sich daran, wo und inwieweit ich in solchem Sinn verantwortlich handele. Unerlässlich ist daher, sich bewusst zu machen: Wofür übernehme ich Verantwortung? Welche Konsequenzen bin ich bereit zu tragen? Hierarchische Gefüge und Werte erschweren das Beantworten solcher Fragen. Innerhalb streng gehandhabter Strukturen sind sie kaum mehr stellbar (oder gelten als irrelevant). Bin ich innerhalb einer hierarchischen Systematik, die mich als ausschließlichen Befehlsempfänger (ohne eigenen Entscheidungsspielraum) duldet, einsetzt oder zu benötigen behauptet, im Zweifelsfall überhaupt von persönlicher Verantwortung freizusprechen (über das möglichst vollständige Erfüllen „von oben“ empfangener Weisungen hinaus – oder entschuldigen mich solche sogar)? Nein, behaupte ich: Und widerspreche dem Grundversprechen solcher Systeme (die genau das suggerieren: Dafür sind sie da) kategorisch. In Tyrs Namen! Als zur Selbstbestimmung geborene freie Person verantworte ich zumindest, mich in eine solche Lage zu begeben und mich zum Erfüllungsgehilfen welcher Angelegenheiten auch immer zu machen.

Natürlich Erwägungssache und Inhaltsfrage. Es ist ein Unterschied – auch und gerade in den Folgen – ob ich als williger Instrumentalist jemandes Komposition zum Klingen bringe, einen Salat auf vertrauenswürdiges Geheiß zusammen mixe (ohne das Rezept selbst ausreichend verstehen zu müssen oder zu können) – also weisungsgebundener Helfer in irgendeiner Sache bin, auf die ich mich einlasse – oder womöglich das Wohl und Wehe von Menschenleben von mir abhingen. Von meinem letztlichen Tun. Von meiner persönlichen Ausführung! „Existenzen“ reichen. Auch da wären Ausmaß und jeweilige Konsequenzen meines Tuns – oder Lassens – persönlich abzuwägen ... Blieben letztlich an mir hängen: Was bewirkt meine Unterschrift, mein Dienst (nach welcher Vorschrift), mein Knopfdruck, mein Job – in welcher Sache auch immer!?

Jede Entscheidung hat Folgen – und auch, eine solche zu verweigern oder ihr ausweichen zu wollen, ist eine – (weshalb ich mir meine Entscheidungen gern bewusst mache, um sie vertreten zu können – und seien es vorläufige, hilflose oder unzureichende, die mir so noch nicht schmecken mögen. Besser, als gerade solche unbewusst durchgewunken zu haben). Nicht alle bleiben überschaubar, kaum eine hat nur Folgen, die mir passen oder die ich vertreten möchte. Kompromisse will ich ebenfalls als solche erkennen und gegebenenfalls klarstellen (vor mir wie vor anderen). Fast nichts bewirkt nur oder vorwiegend Gutes und Glückliches, oder ausschließlich Gewolltes (zumal all das sehr schnell relativ werden kann). Was verantworte ich – muss ich mittragen, ob freiwillig und vollen Herzens, oder nur zähneknirschend und notgedrungen? Ich bin immer beteiligt: auch am Maß, das ich mir jeweils setze ... Worin immer ich einwillige und worauf ich mich einlasse.

Tyr! Dich rufe ich an, wann und wo sich mir solche Fragen und Aufgaben stellen! Tyr, Retter von Asgard und Midgard! Einarmiger Erwähler der immer noch besten Möglichkeit! Du wachst auch über die Beschlussfindung meiner Ásatrú-Gemeinschaft und über die Art, wie deren Beschlüsse zustande kommen, wie wir sie erarbeiten und leben. Dein göttliches Beispiel ist weit größer als mein Leben. Aber mein Wirken setze ich unter Deine Wacht und Hut. Lass mich teilhaben an Deiner Weitsicht, Deiner Bereitschaft – und an Deinem Mut.

Der Vorauseiler

Weite in Weiß. Kalte Luft. Die gehört dazu. Verschneites Land kann helfen, aber wenn du solche Umgebung nirgends mehr findest, sei versichert: Du trägst sie in dir. Kannst die Landschaft herstellen. Musst ihr Platz schaffen! Du fürchtest Einsamkeit? Suchen solltest du sie! Gedanken brauchen Raum – Persönlichkeit, möchte eins meinen, braucht ihn. Ich wohne in Ydalir. Das sind die Eibentäler. Hast du keine, willst du auch welche? Dann rufe mich. Ullr ist mein Name. Ich bin ein einsamer Gott. Vielleicht kann ich dir zeigen, wie du deine eigenen Eibentäler in dir wecken kannst. Kann sein, dass ich nicht persönlich vorbeikomme. Ich höre deinen Ruf, aber warum sollte ich ihm folgen? Schon mehrmals fragte ich mich, wie Menschen überhaupt auf die Idee kamen, Götter zu rufen, als ob das ihre Haustiere wären, dressierte noch dazu. Sei daher versichert: Du rufst, wenn du mich rufst, im Zweifelsfall nur für dich. Ist ja nicht so, dass ich nicht hörte. Ich höre weit mehr, als ich möchte. Deshalb suche ich ja die Einsamkeit. Möglichst weit entfernt zu sein von allem, was ablenkt oder stört, ist mein Glück – und das größte Privileg überhaupt. Wann immer du als Mensch jedoch eine Gottheit rufst, tust du das für deinen eigenen Widerhall: Du präparierst dich, bringst vor allem dich selbst in einen Zustand – sei es einen der Bereitschaft, innerer Einkehr, äußerer Umkehr, oder was auch immer. Am Ende ist es ein Steigern der eigenen Aufmerksamkeit: Achtung! Ich, dein fernster Gott, dein einsamster Gott, deine kälteste Adresse – das ist reine Temperaturangabe ... na ja, vielleicht noch ein kleiner Hinweis auf Temperament: Nimm es als Tipp („Bleib cool“, würdest du es wohl für deinesgleichen formulieren) – ich, der silberne

Raumgleiter – ich surfe auf meinem Schild über den Schnee, durch alle Täler, vorbei an allem, was ist ... und glaube mir: Ich kenne das Universum ... nicht nur das deine ... Ich surfe weiter, als deine Vorstellung mir zu folgen vermag. Ich, der Vorauseiler, höre deine Stimme weit hinter dem Wind, und so fern ich dir auch bin: Dein Begehr liegt so klar vor mir wie jeder Schneekristall. Wie jedes einzelne Glitzerstäubchen.

Ich brauche die Weite, um das Detail wahrzunehmen. Und so ist mein Tal – es kann, wie gesagt, auch das deine sein: dein inneres – voller unendlicher Weite, die sich in lauter Einzelheiten äußert. Da sind nicht genug Worte in deiner Sprache für die Gerüche von Wind, der nichts trägt als immer sich selbst: aber dies in so feinen Nuancen wie lang gezogene Töne ausgedehnter Ambientmusik. Darin passiert auch nicht viel, aber nichts bleibt statisch, alles ist in ständiger Bewegung, nur eben sehr allmählich, zuweilen fast unmerklich langsam. Erst hinterher gewahrst du Veränderung: Wenn dir irgendwann auffällt, dass es vorhin noch anders war. So auch meine Landschaft. Kein Kristall gleicht dem anderen. Schon ein einziger Schritt verändert das Muster des Lichteinfalls. Nur das Glitzern selbst bleibt immer gleich: scheinbar natürlich nur. Ich kann es lesen. Als hätte ich es erfunden. Habe ich das – vielleicht? Wer weiß. Ich muss mich nicht erinnern – nicht so weit zurück. Zeit ist ohnehin relativ. Ich sah die Sterne entstehen, als Zeit noch jung war. Es gibt kein Vakuum, wusstet ihr das? Es gibt nur Zustände gedehnter Dichte. Ich kann fast überall surfen, mein Schild trägt mich immer. Die unsichtbaren Kleinteile im Vakuum machen es wie ich: Sie suchen das Weite, entfalten ihre Kraft und Schönheit nur in großem Abstand zueinander und zu allem anderen. Auch Sonnen finden sich ja nur aus großer Ferne zu Haufen gruppiert, vom elegant kreiselnden Spiralarm bis zur chaotisch anmutenden, weil ganz und gar asymmetrischen Auffächerung dieser oder jener Galaxie.

Wie viel Weite lässt du zwischen deinen Gedanken? Und was wabert im scheinbaren Leerraum dazwischen? Was nährt den Krill deiner Gefühle, hm? Kein Hohn – ich lächle nur, und auch das nur verhalten und eher nachdenklich. Ich empfehle, Gedanken auszudenken, sie ganz lange ausklingen und nachhallen zu lassen. Und dann noch erstmal eine Weile in die Stille zu lauschen, bevor der nächste kommt. Ist es überhaupt still? Oder regt sich da was? Wie flüstert dein innerer Wind? Tonfall ist wichtiger als Worte. Du hast doch inneren Wind, oder? Und auch dein Schnee sollte glitzern. Oder schneit es nicht in deinen seelischen Rückzugstälern? Ist dein Verschwindibus-Refugium nicht in Zauberwatte gepackt? Wo und auf welche Weise kommst du zur Ruhe? Denn anders lässt sich das Aufgenommene, all das Erlebte nicht verarbeiten, nicht gut verdauen. Oder erlebst, hörst, beobachtest und witterst du nichts? Fast möchte ich fragen: Fühlst du? Oder orientierst du dich auch da am Angesagten, Vorgegebenen, an Leitbildern oder Moden, suchst Bestätigung am Beispiel anderer, eiferst Vorbildern nach?

Ich höre lieber keinen Rat als schlechten, und so ist auch der, den ich dir am besten geben kann, eher stumm. Ich zeige dir was. Komm mit. Hinter den Ablenkungen, weit entfernt von all dem Gewusel, das dich vom Fühlen abhält, liegt das Tal der Stille. Dort rutschen wir hin auf dem Rücken meines Surfschildes. Der hat schon das Entstehen der ersten Materie gesehen, habe ich dir das erzählt? In jener Stille war viel los damals. Solch eine wollen wir uns mit nur dem Wind als Zeugen erschaffen. Und dann warten wir. Worauf? Das werde ich dir nicht verraten. Du hast nur etwas davon, wenn du selber darauf kommst.

Tipp: Es kommt nicht von außen. Es kommt nur gar nicht, wenn zu viel von außen kommt. Deshalb müssen wir dorthin, wo gleichförmige Weite den Geist beruhigt. Denn wenn der wie wild zuckt und sich aufregt und lauter Geröll bewegt, kommt auch nichts dabei heraus und schon gar nicht hinein. Daher wollen wir jetzt schweigen. Und der Stille hinterherhorchen. Kommt nichts? Sehr gut. Weiter so! Du kannst noch viel weiter gehen ... surfen ... lauschen. Lass alle hinter dir, lass alle zurück. Sie können nachkommen. Wenn nicht – ihre Sache. Du wartest nicht auf sie, sondern verfolgst etwas ganz anderes. Bist vorausgeeilt, um allein zu sein, Abstand zu haben und den freien Fall der Gedanken zu üben ... das Kleine im Großen erkennen zu können und das Große im Kleinen. Lass es schneien. Lass Zeit vergehen, bis keine mehr zählt. Was dann kommt ... Ja. Genau das meinte ich. Das wollte ich dir zeigen.

Der Nachtragende

Es muss ja nicht immer gleich um Mord und Totschlag gehen. Oder um Weltuntergänge – nicht einmal persönliche (im menschlichen Bereich). Hey, Vidar! Zu Ragnarök, zur großen Götterdämmerung, so heißt es, brichst Du dem Fenriswolf den Kiefer dafür, dass er Deinen Vater fraß ... Eine Vergeltung, die dem Sohn Odins angemessen ist. Ein „dicker Schuh“ wird Dir nachgesagt, Schweigsamer. Doch für einen Menschenalltag wie meinen, meine ich, muss es gar nicht so der ganz große Tritt oder Auftritt sein ... Dich bitte ich um weniger – dies aber doch dort, wo es nottut: Wo ich anders keinen Frieden finde – keine Genugtuung, keinen Ausgleich, keine Ruhe, auch wenn es nicht um die Welt geht.

Es sind ja manchmal die kleinen Kiesel im Schuh, die drücken und piesacken. Zuweilen reicht da einer! Oder ein Spreißel unter der Haut ... seine Entsprechung im Gemüt: kleine Bosheiten, Gemeinheiten ... diese oder jene Heimtücke ... Hier ein gestelltes Bein, über das eins stolpert (beides im übertragenen Sinn), da eine unsichtbare Wand (die mich wegschiebt bis übern Rand) ... und dort ein vergiftetes Flüsterwort, das jemand, der es arglos glaubt, veranlasst, mir eine Tür vor der Nase zuzuschlagen und einen Weg zu versperren, zu dem ich mich schon eingeladen fühlen durfte ... was dann nicht mehr zu retten oder zu klären ist. Intrigen mögen menschlich sein, ich kann sie trotzdem nicht leiden. Keine Ehre hat (in meinen Augen), wer so etwas nötig hat – oder sich daran freut, anderen dergestalt zu schaden. Da rufe ich dann Dich, mir den Groll zu nehmen, den solche Hinterlistigkeiten hinterlassen. Ich bitte Dich um ausgleichende Gerechtigkeit, mein Rachegott.

Ich meine keine Lächerlichkeiten, nicht irgendwelche Petitessen, auch kein banales Pech. Wer meint, sich vordrängeln zu müssen, um mir das letzte Leckerli vor der Nase wegzuschnappen, oder dergleichen – geschenkt. Von kleinem Ärger lasse ich mir nicht den Alltag vermiesen oder gar verbittern. Dafür bin ich selbst auf zu großem Fuß unterwegs, sind mir bewusster Weg und innere Würde zu wichtig, um jeden Pinscher, der sich mir in den Weg stellt, herumkläfft oder mir ans Bein zu pinkeln versucht, allzu ernst oder auch nur nennenswert wahrzunehmen. „Don't feed the troll" ist auch abseits aus dem Ruder laufender Wisch-und-weg-Diskussionen oft ein guter Rat: Wer nichts zu bieten hat als angestaute Missgunst und schnell mit Beleidigungen um sich wirft, selbst aber jeden Hinweis, den Geiferschaum zu zügeln und sich bitte diskutabel zu betragen, als „Zensur" und „Hexenjagd" bekreischt – solche Fehlleistungsbeispielfiguren gibt's nicht nur im virtuellen Hin und Her (auch wenn sich körperlos viel leichter sticheln, großtönen und krakeelen lässt – als in persönlicher Präsenz, die einen anderen Einsatz und mehr Mumm erfordert, als sich mal eben wo reinzuklicken und ebenso klickschnell wieder verschwinden zu können im Off).

Nicht für die kleine Alltagsschlammschlacht (meist ja eh nur am Rande oder ganz abseits tatsächlichen Geschehens), auch nicht für das zähe Ringen dieser oder jener Selbstbehauptung rufe ich Dich. Doch hilf mir dort mit Deiner Macht, Nachtragender, wo mir Menschen nicht aus Versehen, Dummheit, Bräsigkeit, sondern aus Arglist schaden, die mich persönlich meinen. Die auf mich zielen und sich dran ergötzen, wenn sie mal treffen, die mich bestehlen, hintergehen, willent- und wissentlich betrügen (in Angelegenheiten von Belang, wo ich mich selbst nicht wehren kann: Wenn ich nicht ahne, was sie treiben ... oder sie nicht zu fassen kriege, weil sie verborgen bleiben)! Denen trete ins Gebälk, die bring ins Schlittern – ja, denen lass das aufgeblasene Glas, das sie sich einschenken, zersplittern, während sie sich die Hände reiben! Die Hohnlachenden lass ersticken an den Siegen ihrer Niedertracht. Denen nimm die Namen! Ich lösche sie schon, wo ich kann: für mich, stets mit Erinnerung beseelt, eine Gedächtnisleistung ... ja, invertierter Art. Habe schon manch Großmauls oder Gifthirns Andenken ganz ohne Zutun überlebt. Stampf Du, Gott mit dem dicken Schuh, noch ihre Gräber platt, zu Parkplätzen am Saum umtoster Waldesruh. Wo Pommesreste gammeln und Papier verweht ... und sonst nichts an ihren Verbleib erinnert.

Stärke mir den Rücken, Vidar, und den Stand: innen wie außen, wo andere meine Grenzen oder mich als Mensch missachten ... Mich wegdrängen, an die Wand quetschen oder niederdrücken wollen und ihre Stärke als ihr Recht verklären und mir meines nehmen! Als ob ich keines hätte oder sie allein bestimmen dürften, was das sei: Wo es beginnt und wo es endet – und was es enthält. Nimm ihnen die Luft, bis ihre Hybris, ihre Arroganz ganz implodiert in Unheil, Siechtum, Schrecken! Spreiz ihnen die überdehnten Kiefer, bis es knackt und kracht: Wo sie dann Friedenstauben braten mögen auf Neidspießen, kleinlich beflammt von Hass! Der, wenn er brennt, der ihre ist – und nicht auf mein Herz übergreift. Mir wird da nichts befeuert. Ich schüre nicht, ich lösche ab. Der Wind verweht die Asche.

Ich liebe nicht mehr invertiert. Beziehe mich nicht auf Feinde. Richte mich nicht nach Gegnern. Doch warn mich, Vidar! Spiegele mir, worin ich ihnen gleiche. Denn ihnen ähneln will ich nur – und erst wieder – in unserer Knochen Bleiche.

TEIL III

IN DER DÄMMERUNG –

WAS SOLL DENN NUN WERDEN

Die Weberinnen

Es sitzen drei Weiber am Brunnen und brummen. Und kichern. Und spinnen. Drei Weiber. Die eine, das ist die Dickste. Die spricht zu der Dritten: „Was schickste?“ Die Dritte, die sagt es nicht gleich. Die zweite gibt stattdessen Antwort: „Warte – ich bin gleich soweit.“ Und sie dreht ihre Spindel und dreht. Der Faden, der zieht sich. Sind’s mehrere Fäden? Es wird ein Gewebe. Wie hält es zusammen? Wie kann es entstehen? Kein Webstuhl: nur Fäden. Es ist schon entstanden! Es wächst und es wallt. Drei Weiber summen. Summen und brummen. An Yggdrasils Brunnen. Weit unter den Welten. Ein leichter Nebel hüllt die Gestalten so ein, dass sie halb verschwimmen. Oder fast ganz! Die eine ist dick. Zu ihr wandert alles. Sie sammelt es ein. Sie wahrt es und hält das Ganze zusammen. Sie ist groß, tief und mächtig. Uralt und schön: fast wie die Borke des Baumes, an dem sie sitzen, mit Runzeln und Falten, Schluchten und Furchen, kurzen und langen, und noch viel längeren, geraden und krummen, die sich ziehen, mäandern, begegnen, sich verzweigen und kreuzen – ein ganzes Geflecht. Ohne Anfang und Ende. Viel liegt im Schatten. Die Runzeln sind tief. Sie sagt: „Ich hab es. Ich hab es bekommen.“ Sie fügt es dazu, was die Dritte ihr gibt. Fügt es zum anderen, hält alles zusammen. Was ist mit der Zweiten? Sie ist dünn und lustig. Sie lauscht und sie kichert.

„Schon wieder was Neues!“ Sie lässt es entstehen. „Was ist am Werden?“ Sie lässt es geschehen.

„Was ist?“, fragt die Dicke.

„Halt du fest, was war“, grinst die Dünne verschmitzt.

„Was soll daraus werden?“, fragt sie die Dritte.

Die lässt sich nicht drängeln: „Zeig erst mal her!“

Sie ist die Kleinste. Hat das größte Gesicht: glatt und mit Augen, so groß wie zwei Seen. Die hell und schön schimmern in dieser Landschaft von einem Gesicht wie aus dunkelbrauner Erde. Jung und eben. Doch ihre Haare sind weiß. Oder sind das die Fäden? Sie zittern im Nebel. Ganz fein und ganz viele. Noch mehr: Myriarden! Einzig die Dicke hat sie alle gezählt. Sie hält sie zusammen: all diese Fäden, das ganze Geflecht. Sie ist das Geflecht: schon immer gewesen. Weltweites Gewebe? Verwobene Welten, mit Fäden aus Zeit versäumt und verbunden. Drei Weiber am Brunnen der uralten Eibe. Sie spinnen und weben, was geschah, was geschieht. Sie ziehen die Fäden, sortieren sie sorgsam, knüpfen und kichern. Schwatzen ein bisschen – nicht immer verständlich und nur für sich.

Die Dritte reicht endlich, was sie erhielt von der Zweiten, weiter zur Ersten: „Hier, Urd: für dich.“ Die fügt es zum Alten: zu dem, was schon war. Denn das ist ihr Wesen: all das, was geworden ist. So bleibt es da. Und alles, was war, wird angereichert von dem, was gerade wird.

„Was ist am Werden?“ Das lässt die Zweite geschehen, wie es will: alles, was ist. Was gerade entsteht. Das Werdende: Verdandi! (Betont die Silbe, gleich die erste am Anfang, dann versteht ihr den Namen: *Ver*dandi.) Die Dritte, die Kleine, die mit dem großen Gesicht, Augen wie Seen, ihr Name ist Skuld, sie sorgt für das Sollen. Was sich durch das, was geschieht – Verdandi summt, Urd wartet brummend, Skuld reicht ihr rüber, was sich – Urd nimmt es entgegen, fügt es hinzu und klopft noch mal drauf, streicht noch mal drüber, jetzt ist es fest und bleibt so für immer (denn was war, ist geschehen) – verändert haben wird. Es gluckert im Brunnen,. sanft wiegt sich die Eibe, die Nornen summen, brummen und weben, alle drei spinnen, knüpfen und heben Faden für Faden ins große Ganze. Verdandi singt.

„Was dagegen, wenn ich tanze?"

Urd grinst, Skuld lacht: „Tust es ja eh schon. Lass dich nicht aufhalten – mach!"

Und so zieht sich das langsam vom Tag in die Nacht. Durch alle Zeiten ... zu Ewigkeiten. Nur das fällt in den Brunnen, nur das fällt meist flach, was sich die Sterblichen hätten als Zukunft gedacht.

* * *

Fast nichts ist so weit entfernt von unserem herrschenden Zeitverständnis wie eines, das sich aus dem Wirken der Nornen ergibt. All unser Leben und Treiben ist vollständig nach der linearen Zeitachse ausgerichtet: Vergangenheit-Gegenwart-Zukunft erscheinen nicht nur als logische Verkettung, sondern als einzig denkbare überhaupt. Dabei scheint sich niemand daran zu stören, dass die meisten Zukunftsprognosen falschliegen – sowohl individuelle als auch für Gesellschaftsentwicklungen allgemeine – oder wird es nur einfach jedes Mal aufs Neue ignoriert? Vielleicht lässt sich aus der Gegenwart heraus leicht belächeln, wie sich Menschen vergangener Tage die Zukunft vorgestellt haben: Woher hätten jene wissen sollen, wie es sich wirklich entwickeln sollte? Und während dieselben Menschen, die urige Prognosen von vorgestern belächeln, sich ihre persönliche Zukunft meist gut ausmalen, scheinen sie mehrheitlich davon überzeugt zu sein, dass es mit der Menschheit oder der Gesellschaft an sich abwärts geht und die Zeiten schlechter werden. Die Widersprüchlichkeit beider Haltungen – persönlicher

Erwartungsoptimismus bei gleichzeitig pessimistischer Einschätzung der Gesamtentwicklung – scheint den Betreffenden selbst nicht aufzufallen. Oder blenden sie es bewusst aus?

Die Erwartungen liegen immerhin konträr zum Wahrscheinlichen: Während die Weltuntergänge (selbst die des offenbar besonders apokalypsegefährdeten Abendlandes) regelmäßig ausbleiben, mehren sich mit zunehmendem persönlichem Alter mehr oder minder spürbare Einschränkungen – gerade im geistigen Bereich oft schleichend. So manch gewachsener Erfahrungsschatz wird da leicht zum bremsenden Bollwerk, hinter dem sich die alternde Person verschanzt, leidenschaftlich im Einsatz nur noch gegen Änderungen und Neuerungen aller Art. Die Unfähigkeit oder der Unwillen, mit den neuerlichen Drehungen der Welt zurechtzukommen, dient dann als persönliche Rebellion gegen die Verhältnisse: ganz wie in Jugendjahren, als die Betreffenden tatsächlich noch etwas anders im Leben machen wollten und ihren Teil dazu beitrugen. Nur, dass sie sich im Alter gegen das stemmen, was sie einst angetrieben hat (oder sogar angetrieben haben): die Weiterentwicklung der Welt.

Doch unser lineares Zeitverständnis entstammt dem Mythos einer Offenbarungsreligion. Die Erzählung folgt einer Zeitachse – beziehungsweise errichtete erst eine solche: Am Anfang steht eine Urverfehlung, die so genannte Erbsünde, die Schwangerschaft und Sterblichkeit – wesentliche Voraussetzungen menschlichen Lebensfortbestandes – zu göttlichen Strafen erklärt. Am Schluss der Geschichte, die bereits einige Massenvernichtungsexzesse bereithält (Sintflut, Sodom & Gomorrha), läuft alles auf gewaltsamen Untergang hinaus: die Apokalypse in allen denkbaren Ausformungen und Varianten. Jahrhundertelanges

Weiterreichen der immergleichen Muster von einer Generation an die nächste hat den Gemütern entsprechende Spurrillen eingeprägt. Die lassen sich auch jederzeit mit anderen Inhalten befüllen.

(Zumal es sich schon lange nicht mehr auf Europa beschränkt: Verbreitung des eigenen Glaubens und der dazugehörigen Werte – mit allen gerade verfügbaren Mitteln – gehört seit je zum Selbstverständnis christlicher Frömmigkeit an sich. Das hat Folgen weit über bekennendes Christentum hinaus. Dualistisches Ausschlussdenken – wenn Aussage A wahr ist, muss B falsch sein – und reflexartiger Dauerhickhack um Schuldfragen, der sinnvolle Lösungen eher behindert statt befördert, wenn nicht sogar allzu oft vollständig ersetzt, sind nur zwei typische Merkmale dessen, was ich „sittenchristlich“ nenne, um zu kennzeichnen, dass und wie bestimmte Denk- und Fühltraditionen nicht nur die Horizonte jener Menschen beherrschen und begrenzen, die sich zu einer bestimmten Religion bekennen.)

Inzwischen braucht es überhaupt keine Gottesfurcht oder religiöse Ergriffenheit mehr: Spätestens in Filmen und Filmserien unserer Tage hat sich die Angstlust am großen Untergang verselbständigt und ein variantenreiches Genre geschaffen, das zur Unterhaltungskultur zählt. Wir sind Untergangsgeschichten derart gewöhnt, dass wir nach irgendeinem Sinn oder Grund für sie schon gar nicht mehr fragen. Wir vermissen keinen, da es ja sowieso immer auf dasselbe hinausläuft. Es kann sozusagen gar nicht allzu lange gut gehen – oder kommt hernach umso schlimmer. Der Strafgedanke sitzt tief, selbst der Natur werden ja gern entsprechende Intentionen unterstellt. Inwieweit derartig „gefühlte“ Selbstverständlichkeiten und unhinterfragte Schein-Gewissheiten auch unser reales Zukunftsstreben mit beeinflussen (und sei es durch das zunehmend schwerfallende und schnell als naiv verspottete Ausmalen utopischer Visionen – die blitzartig hineinknatterbaren dystopischen erscheinen allemal wahrscheinlicher und realistischer), will ich gar nicht allzu genau spekulieren.

Das voraussagbare Scheitern unserer Zukunftsprognosen jedoch hat mehr damit zu tun, dass Zukunft keine physikalische Größe ist. Sie existiert nur in unserer Vorstellung. Dorthin unsere Erwartungen zu verfrachten, kann nur enttäuschen. Und alles Augenmerk auf angeblich oder vermeintlich oder womöglich Kommendes zu richten, lässt allzuleicht übersehen, was in der Gegenwart passiert und sich jetzt zusammenbraut (oder auseinanderfällt). Letztlich fällt auf, dass wir die eigene Kultur gern und gleich an Kleinigkeiten untergehen sehen (von dem, was der Jugend wieder einfällt – woran schon Geistesgrößen wie Plato und Sokrates verzweifelten, dies allerdings bereits vor Jahrtausenden –, bis hin zum Gendersternchen, das, glaubt eins den letzten Predigerinnen und Gladiatoren unserer bisherigen Sprach-, Sprech- und Schreibgewohnheiten, dem Abendland, mindestens aber der deutschen Sprache den Rest geben wird. Mir ist schon ganz bang. Was soll nur aus uns werden?)

Aber wie dröge, schwergängig und unlustig wir reagieren, wenn es um wirklich bedrohliche Veränderungen größten Ausmaßes geht! Seit Jahrzehnten werden die Anzeichen des Klimawandels von anerkannt besten Fachkräften konstatiert, untersucht, verglichen und geschildert. Nur zäh und erst in letzter Zeit sind die immer dringlicher gewordenen Warnungen überhaupt nennenswert ins öffentliche Bewusstsein und in den politischen Diskurs gedrungen – in beiden Fällen aber offenbar nur an den Rand, denn zu einem größeren Umdenken und erkennbarem

Handlungswillen scheint es nicht zu kommen. Zuweilen wirkt es, als ob vor einem brennenden Haus die Feuerwehrleute diskutieren, ob das Wasser, mit dem jetzt immerhin mal ein Eimer gefüllt wurde, zu kalt oder zu warm oder insgesamt vielleicht doch zu teuer sei. Während rings noch Uneinigkeit darüber herrscht, wie man reagieren müsse – oder ob überhaupt. Feuer, so bemerken manche, ist ja auch ein natürliches Phänomen, das unter bestimmten Umständen entstehe und gegen das sich nichts machen lasse. Da es hier noch nie gebrannt habe, sei noch nicht gesagt, dass das Haus jetzt ganz niederbrenne – vor Panikmache wird gewarnt. Und: Sollen die Herrschaften im Parterre womöglich schon löschen helfen, obwohl derzeit nur Dachstuhl und dritter Stock in Flammen stehen? Wer zahlt das Wasser? Die Mieterinnen im zweiten Stock seien schon immer zu verschwenderisch damit umgegangen ...

Faktenbasierte Warnungen gehen offenbar nicht tief genug ins Gemüt, die Phantasie fühlt sich nicht gekitzelt. Gefahren ignorieren wir entweder als „unbequem, aber halb so wild“, oder wir befinden vorab, dass „eh nichts mehr“ zu machen sei, vor allem aber bitteschön nichts anders als bisher gewohnt. Hier entzünden sich auch gern die sattsam bekannten Schuldfragen. Das gegenseitige, von beliebig vielen Parteien, Personen und Instanzen betreibbare Spiel, wer etwas verbockt habe oder möglichen Lösungen im Weg stehe, behindert selbst die Lösung.

Was wir stattdessen erhoffen oder auch befürchten, ist meist kruder Blödsinn. Zukunft ist ein menschliches Hirngespinst – ein ganz und gar theoretisches Konstrukt, das für sein seifenblasenartiges Schillern keinerlei Voraussetzung braucht als geschmäcklerische Phantasie. Mit dem, was wirklich geschieht und sich entwickelt, haben Zukunftsvorstellungen selten zu tun. Entwicklungen speisen sich aus dem, was geschah und dem, was geschieht. Was geschehen ist, lässt sich nicht ändern. Was geschieht, ändert sich, uns und ist änderbar. Zukunft ist nur das Unmittelbare, was sich aus dem, was gerade geschieht, ergeben haben wird. Im Grunde ist das Künftige nicht trennbar vom Jetzt: Was wir jetzt tun und lassen, wirkt sich aus auf das, was kommt.

Skuld, die Norne, ist nur das personifizierte Soll/en: das, was sich aus dem gegenwärtigen Geschehen an Änderungen ergibt. Mehr „Zukunft" braucht es nicht. Natürlich lassen sich Vorhaben, Projekte und Unternehmungen langfristig planen und sogar über Generationen hinweg umsetzen. Jeder Dom ist so gebaut worden: immer in der jeweiligen Gegenwart derjenigen, die daran arbeiteten. Und immer ein Stück weiter, Lebensspanne für Lebensspanne, von der einen zur nächsten. Eine derartige generationenlange Einigkeit erscheint heute unvorstellbar. (Ich vermisse nicht weiteren Dombau, schon gar nicht die Intention dazu – ich verweise nur auf die Leistung und deren Voraussetzungen.) Heute sehen sich die jüngeren Generationen eher damit konfrontiert, dass an ihr Wohl oder Wehe keineswegs gedacht wird, auch wenn die Älteren, die die aktuellen Lebensbedingungen verantworten, das behaupten. Vielmehr sieht es so aus, als müssten – nein, wollten – die Boomer-Eltern die Party noch zu Ende feiern, dann ist der Planet leider alle. Was endgültig verrät: Es ging nie „um die Kinder", sondern immer nur um den größtmöglichen Reibach im Hier und Jetzt. (Es gibt kein sicheres Endlager für Atommüll. Es bleibt ungeklärt. Wir Heutigen hinterlassen keine Werke – die sind eher kurzlebig –, sondern jede Menge verbrauchter Energie: Wir hinterlassen ein Problem.)

Was Menschen tatsächlich wollen, erkennen wir an ihrem (unserem) Wirken in der Gegenwart. Was ergibt sich aus jetzigem Handeln – und

Unterlassen? Das eine ist abseh-, das andere berechenbar – es bedarf keinerlei Orakelkünste dafür. Was wir heute tun und lassen, bestimmt unser Morgen – wie wir aus allem lesen können, was wir gestern taten ... unternahmen, unterließen und geschehen ließen. Niemand fährt heute zur See und sucht dort den Rand der Welt, falls das wirklich mal jemand getan haben sollte, was bezweifelt werden darf. Selbst im hochmittelalterlichen Europa war die alte Entdeckung der Antike, dass die Erde rund ist, nicht komplett vergessen – sie spielte nur keine sonderliche Rolle. Die Westfahrt des Seefahrers Columbus, der auf diesem Wege Indien erreichen wollte, aber auf Amerika stieß, war selbstverständlich von der Kugelgestalt der Erde ausgegangen, andernfalls hätte der Versuch, von Spanien aus westwärts nach Indien zu segeln, überhaupt keinen Sinn ergeben. Niemand müht sich also ab, der Erde eine Scheibengestalt und womöglich deren Rand nachzuweisen. Dafür tun wir aber nach wie vor so, als sei die Oberfläche unserer Menschenheimat unendlich und wir bräuchten – wie früher – nur jeweils weiterzuziehen, auf irgendein noch unbeackertes oder unausgelaugtes (ungeplündertes) Land, um weiter so abhausen, wirtschaften und produzieren zu können wie bisher. Sich selbst für stärker zu halten als die Natur, zu der wir gehören und von deren Zusammenspiel wir vollständig abhängen, ist komplett irre im Wortsinn.

Wenn wir eine Zukunft haben wollen, sollten wir darauf achten, was wir gegenwärtig bewirken und zulassen. Aus dem einfachen (obzwar allen eingefahrenen – sittenchristlichen – Denkgewohnheiten und Fühltraditionen widersprechenden) Bild der Nornen, dem sich ein zyklisches Zeitverständnis entnehmen lässt, sollte klar werden: Was war, ist geschehen – das ist, worauf wir stehen. Was geschieht, ist in Bewegung:

Wir bewegen es mit. Es lässt sich verändern. Das ist unser Werden. Was wird daraus werden? Das, was sich ergibt – aus dem, was geschieht. Braucht es mehr Zukunft? Nicht zum Glück (oder zum Glück nicht?), nicht zum Leben – nicht einmal zum Planen. Es macht nur vieles klarer: Ich kann es empfehlen, danach zu leben. Es klärt die Pläne, beruhigt das Gemüt – und erleichtert den Krafteinsatz an den richtigen Stellen.

Urd sammelt, was war. Verdandi lässt Neues entstehen: Was ist und was wird. Skuld reicht, was sich dadurch ergibt, weiter an Urd: Wo es zu dem wird, was sich ergeben haben wird. So sitzen drei Nornen an der Wurzel der Welten und weben die Zeit. Es gluckert im Brunnen, sanft wiegt sich die Eibe, die Nornen summen, brummen und weben, alle drei spinnen, knüpfen und heben Faden für Faden ins große Ganze. Verdandi singt.

„Was dagegen, wenn ich tanze?"

Urd grinst, Skuld lacht: „Tust es ja eh schon. Lass dich nicht aufhalten – mach!" Und so zieht sich das langsam vom Tag in die Nacht. Durch alle Zeiten ... zu Ewigkeiten. Nur das fällt in den Brunnen, nur das fällt meist flach, was sich die Sterblichen hätten ... als Zukunft gedacht.

Das Flüstern der Eibe

Niemand weiß, wo ich wurzele, wer ich bin oder wo ich wohne. Niemand vermag mich zu ermessen. Ich bin älter als ihr alle, ja, als alles, was ich kenne. Und noch vieltausendmal älter als alles, was ihr kennt ... Na ja, was kennt ihr schon? Ihr Kurzlebigen ... ihr wuseligen, aufgeregten Gestalten! – Ah, ich meinte jetzt nur die so genannten Götter. Aber es passt natürlich umso mehr auf euch Sterbliche. Ich überrage euch alle bei Weitem und nichts, was lebt und stirbt, bewegt sich je aus dem Wirkungskreis meiner Wurzeln. Ihr ahnt nicht, was mich krönt, wohin ich mich recke seit Anbeginn der Zeit – habe ich die mit erfunden? Ich weiß es nicht mehr so genau, es ist eine ganze Weile her, viel ist geschehen seitdem ... wenn auch nicht wirklich viel Wichtiges. Ich merke mir nur das Wichtige. Aber auch das nicht immer. Es geht so viel vorbei und das meiste davon schnell. Und ihr könnt nicht so tief graben – oder so tief empfinden, haha –, um euch bis an meine Wurzeln anzunähern! Ihr könntet die Erde durchbohren und fändet doch keine einzige abgegangene Nadel, ihr könntet die Sterne bereisen – ja, das würdet ihr gerne, nicht wahr? – und fändet hinter allen Galaxien, Pulsaren und lichtlosen Schlünden doch weder Ästchen noch Zweiglein, das von mir kündet. Ihr würdet denken, ich wäre gar nicht da, so als hätte es mich nie gegeben. Das dürft ihr gern glauben. Auch wenn es nicht wahr ist. (So, wie ihr glaubt, ist es euch ohnedies wichtiger, von Wahrheit immerzu zu reden. Noch nie oder nur selten war irgendetwas wahr, bloß weil ihr und euersgleichen es glaubtet. Meist ist doch das Gegenteil der Fall. Der Glaube ersetzt euch eher die fehlende Borke. Die meisten von euch fielen auseinander ohne diesen ersatzweisen Halt, also bewahrt euch, was ihr habt und euch hält.) Was wirklich ist, würdet ihr vermutlich nicht aushalten – nicht einmal die kurze Dauer eurer Lebensspännchen über.

Ja, was meintet ihr dazu, wenn ihr wüsstet: Ihr wohnt bei mir – seid alle ausnahmslos nur die Meinen? Bitteschön. Das Lachen allein ist ganz meinerseits. Euch sei das Licht überlassen, mit dem ihr so tapfer dem Unwissen trotzt ... in Tiefen unendlicher Schwärze schaut ... so weit der Taschenlampenstrahl schimmert. Ganz schön gewaltig, das alles, hm? Tief und schwarz. Unendlich! Ihr seht nur Dunkelheit? Und hinter dem Dunkel weitere Dunkelheit – ohne, dass euch dünkt, wozu das alles da ist – oder auch nur, woraus es ist oder wie beschaffen! Woher es kam, wie es entstand, wohin es geht und was daraus wohl wird – davon ganz zu träumen?

Was ihr da seht, ist schon richtig. Nur nicht richtig erraten, nicht richtig gedeutet. Ich *bin* die Dunkelheit, die ihr seht. Nur nicht so leer, wie ihr meint. Was euch leer erscheint, sind nur die Zwischenräume ... die Hohlräume jener kleinen Frucht, in der ihr lebt: die ihr euer Universum nennt. Sagen wir: Es ist eine meiner Welten. Ja, euer Raum-Zeit-Kontinuum. Es hängt an mir. Ich trage es für euch. Ich bildete es heraus, von mir nährt es sich, und wenn kein großer Vogel es abpflückt, haha, oder ein kleiner, wird es wohl auch an mir vergehen und vertrocknen, als ein Früchtchen von vielen. Ich mag ja jedes. Euer Kontinuum auch. Ganz bestimmt! Es ist ein total schönes, besonders gelungenes Kontinuum! Eins der schönsten seit Äonen! Ich hatte wohl keine hunderttausend schöneren! Zumindest nicht in den letzten paar Billionen Jahren. Und hey: eure Welt! Ein Universum ganz für euch!

Ihr könnt mich nicht treffen, weil ihr es nicht verlassen könnt. Es ist schon hübsch großzügig angelegt, so von eurem Wohnpünktchen, eurem Lebensfünkchen aus betrachtet, nicht wahr? Aber es gibt Größeres als eine Beere oder Welt an einem Baum. Wenngleich keine größere Baumträumerin als mich. Ja, ich nenne mich Träumerin. Ich unterscheide nicht immer: Habe ich etwas erlebt oder war das nur geträumt? Vielleicht träume ich ja die Schöpfung. All das Große über euer Fruchtiversum hinaus! Und ihr könnt mich träumen, oder von mir – und treffen müsst ihr mich gar nicht, weil ihr ja längst Bestandteil von mir seid. Auch eure Welt hängt an einem meiner Zweige (ihr habt schon verstanden: Mit „Welt“ meine ich keine/n Planeten, sondern das ganze Raum-Zeit-Dings, in dem ihr euch befindet – euer Midgard-Universum)!

Um mich herum gibt es nicht mehr viel, aber vielleicht täusche ich mich da auch. Ich bin einfach so groß, dass ich alles einnehme, umfange – und gewohnt bin ich eh, zu tragen und so manches auszuhalten, was geringer gewachsene Bäume – selbst Eiben – bersten ließe, verdorren, oder anderweitig zu Fall brächte. Ich stehe seit Anbeginn. Und weil selbst eine wie ich nicht gerne ganz allein ist, aale ich mich mit meiner äonenlangen Geliebten, der Zeit. Sie weiß mich zu schätzen, obwohl sie mich auch versucht, zu belasten, mich zu benagen oder weniger aus mir zu machen, als ich bin oder war. Manchmal hat sie ein bisschen Erfolg damit – das gönne ich ihr. Schließlich behandele ich sie meist nachlässig. Oft tue ich, als wäre sie gar nicht da. Solche langen Lieben wie unsere muss eins erstmal aushalten. Wir haben ja auch kein Vorbild. Und so schnell macht es uns keine nach: Wer lebt schon so lange?

Ich könnte euch von Göttern erzählen, lang vor den Euren – aber lassen wir das. Wie sollte ich euch das beschreiben?

Die höchste Krone, die tiefste Wurzel, der längste Stamm ... die weitesten Zweige, und vielerorts auch die dichtesten, obwohl mir viel verloren ging mit der Zeit. Ja, die Zeit ... meine alte Geliebte. Die nach mir vielleicht Älteste! Sie sagt mir nicht, ob ich sie geschaffen habe. Mit diesem sich Zieren will sie mich necken – mich im Ungewissen halten. Als ob mir das viel ausmachte. Wissen wir beide ... Nun ja, wenn Weiber sich lieben, muss sich der Rest der Schöpfung oder Fügung, oder wie immer ihr das nennt, danach richten. Unser Miteinander gibt den Ton an, den Takt vor, bestimmt die Richtung. Selbst eure Bäume auf der Erde altern gern, nicht wahr – wenn ihr sie lasst. Nur selbst zu altern mögt ihr nicht – es kommt euch zu früh und geht zu schnell. Kann ich verstehen. Nur, dass ihr dann so wenig aus eurem Leben macht, solange ihr es habt, solange ihr könnt – aber das ist eure Angelegenheit, nicht meine. Ich bin nur ein Baum. Vielleicht nur ein Traum von einem Baum. Allerdings ein großer. Eine große Träumerin bin ich. Manchmal flüstere ich mit meinen kleinen Schwestern. Brüder habe ich auch. Und Brüderschwestern, Schwesterbrüder und welche, die noch mehr und ganz etwas anderes sind als nur das eine oder das andere. Unzählige sogar. Aber sie sind schweigsamer. Vielleicht sind sie auch verschwunden. Ich kümmere mich nicht um die Kleinen. Wer sich von sich aus nicht rührt bei mir ... Oder nicht mehr ... Ich bin keine Mama. Ich habe genug zu tragen. An mir hängt genug – mehr als genug, und das meiste ist lästig, schädlich oder schmerzhaft.

Der junge Verrückte war noch das Wenigste. Kam an, meinte zu meditieren – ich meinte, er tobte. Am Schluss hing er sich auf – erhängte sich an einem Strick: an einem meiner niederen Äste. Ich brauchte nicht lange zu wackeln – oder zu warten. Blutend, geschwächt und ausgezehrt, wie er war, fiel er schon bald wieder herunter, der junge Gott. Ja-ha! Aber so laut schrie er dabei, als hätte er ganz Ginnungagap durchrauscht, den großen Abgrund! Dabei waren es nur ein paar Lichtjahrmillionen Eibenstamm. Na ja, Lichtjahre – auch Millionen davon – lässt sich das schlecht nennen ... Das mag ein taugliches Maß sein innerhalb eurer Beere – ihr wisst schon: eurer Ein-Universum-für-uns-Welt. Natürlich ist das eine größere Strecke von dort, wo der Hitzkopf hing, bis zu dem, was er, hart aufkommend, als Boden wahrnahm. Da kam er dann ins Staunen. Ratatösk, dem rasenden Eichhorn, war wohl Zeug aus der Tasche gefallen. Der rennt ja immer rauf und runter: meinen ganzen Stamm entlang. Von Wurzel bis Krone und wieder zurück. Bloß um die Fehde, die Häme und den Hader zwischen diesen lästigsten meiner Gäste anzufeuern: unten der Wurm, grau und lustlos, Nidhöggr genannt – so ziemlich der ungustiöseste Geselle, den sich eine anständige Eibe vorstellen kann. Der taugte nicht einmal als Mietnomade – ich verlange ja nichts und er zahlt auch nichts. Dafür frisst er weg, was er kann. Mir selbst sei Dank habe ich mehr und vor allem dickere Wurzeln, als das Mistvieh vertilgen und verdauen kann. Aber er geht mir ans gewachsene Gebälk – er nervt. Und natürlich kann er nichts und niemand leiden – das beruht auf Gegenseitigkeit. Schon gar nicht aber den Windentfacher! Das ist mein höchster Mieter – was aber auch nur etwas über die Geschosslage seines Nestes sagt, nichts über Qualitäten. Ein Gefiederter – eitel und allein auf der Welt, möchte eins meinen, zumindest führt er sich so auf. Ewig am Flattern – aber ohne je abzuheben. Er will einfach nur Wind machen, der Herr Adler. So viel wie möglich aufwirbeln. Mehr als ein paar Zweige kriegt er dort oben nicht abgenadelt oder geknickt. Aber natürlich will sich dort auch keins mehr aufhalten – bei dem ewigen Gefuchtel und Gewedel. Und Ratatösk, schnell und ehrgeizig, erzählt dem Flattermann dort oben, was der große graue Wurm unten in seiner Mulchkuhle wieder abgelassen hat an Gehässigkeiten. Und dann kreischt und lästert der Gefiederte herum und nennt den Wurm, der sich selbst für einen Drachen hält und von alleredelstem Geschupp' dünkt, eine blasse Made, ein stinkiges Geschmeiß oder noch Schlimmeres. Verschmähten Fischköder, aufgeblasenen Ersatz-Engerling hat er ihn zuletzt geheißen, und was weiß ich für Giftigkeiten erwidert bekommen. Kannste dir nicht ausdenken! Das aber merkt sich Ratatösk Schmähwort für Zote, Beleidigung für Anmaßung und Bosheit für Giftgestichel, da kennt der gar nichts – und eilt wieder abwärts. Nach ein paar Äonen fing er an, sich Notizen zu machen, weil er den ganzen eintönigen Quatsch dann doch nicht mehr im hektischen Gedächtfix behalten konnte. Obwohl das ja immer die gleichen Lästereien und Unflätigkeiten sein werden! Na ja, und da hat der pelzige Postkutschierer wohl das eine oder andere Ritzscheibchen oder -stäbchen unterwegs verloren – ihr wisst ja, wie Eichhörnchen sind: furchtbar hektisch und wichtig, aber im nächsten Moment wissen sie nicht mehr, was sie vor 10 oder 20 Dekaden oder Jahrhunderten getan oder wo sie was genau versteckt haben: War das jetzt ein fast vollständiges Futhark (wie der junge Gott es genannt hätte, oder was er darin sah), ein obergenialer Plan für ein Welterklärungsmodell in 24 dynamischen Einzelzeichen, oder doch nur eine Erdnuss? Mit solch einem Volk muss ich mich herumschlagen.

Nun, der junge Gott – war er damals noch zweiäugig gewesen? Ich weiß es nicht mehr genau. Ich mag mir nicht jede Nebensache merken – der war ganz hin und weg von diesen gefundenen Zeichen. Immer wieder sortierte er sie, legte sie vor sich hin, dann wieder im Kreis ... Er ging drum herum, dann malte oder ritzte er eigenhändig welche dazu, die er sich wahrscheinlich selber ausgedacht hatte ... Jahrelang grübelte er unentwegt und verharrte völlig regungslos an derselben Stelle (worüber? Über seinen Fall? Zuzutrauen wär ihm auch das!), so dass ich schon meinte, es hätte ihn versteinert – dann sprang er wieder auf wie vom Floh gebissen und krähte oder sang wirres Zeug in alle Richtungen, dass die Gefiederten rings fast aus der Balz kamen vor Lachen! Ob der noch ganz richtig im Kopf war? Ich meine, er hatte vielleicht etwas abbekommen bei seinem Sturz. So ganz koscher kam er mir nicht vor. Aber hättste es gedacht – ein paar Zeitalter später wurde er plötzlich ganz aufgeregt, packte seine Spielsachen ein und ging fort. Soweit mir zugetragen wurde, macht er euer ... Universum unsicher und wurde auf irgendwelchen Erdflecken (so genau habe ich mir das nicht gemerkt) sogar ziemlich berühmt: Runengott ließ er sich nennen (und noch ganz anders, aber das ist mir entfallen). Ratatösk hatte gar nichts davon bemerkt. Der hatte ja auch mal daran gedacht, woandershin zu gehen und ein neues Leben oder Rennen anzufangen – aber wo sollte er hin? So blieb er dann doch wieder bei mir, bei Yggdrasil. Ja, solch einen seltsamen Namen sollte ich mir bald einfangen von den Fans des Hängegottes. Der war ein alter Zausel geworden und sogar seine Anhängerinnen fanden ihn ziemlich schrecklich. Nach eigenen Angaben, wohlgemerkt! Yggr nannten sie ihn, „Schrecklichen“, oder Hengikjöptr, „Hängekiefer“, wohl weil er immer noch sabberte wie nicht gescheit, wenn er mit seinen Zotteln wackelte, als wolle er headbangen ... ob es dazu etwas zu hören gab oder nicht. Aber seine alte Hängepartie in meinen Zweigen besangen sie als wunder was, und so kam ich zu diesem zweifelhaften Namen: „Pferd des

Schrecklichen". Dabei hatte er ja nur herumgehangen! Baumel-baumel, ächz und japs! Und nichts und niemand geritten – schon gar nicht mich, mit Verlaub! Dafür stürzte er umso kläglicher ab: ganz von selber und bald. Nach nur neun Nächten (welcher Zeitrechnung auch immer. Kann schon sein, dass das ein paar Beerengenerationen wurden. Was weiß ich. Ich zähle doch sowas nicht mit).

Überhaupt: Wen jucken die alten Geschichten? Vergangen sind sie und längst vergessen. Ja, manche machten sich die Mühe, etwas davon aufzuschreiben, was sie halt noch mitbekommen hatten davon. Aber weißt du, zu welchem Behufe? Was sie damit beabsichtigten – warum sie das taten? Wohin sie es verbogen und wozu? Die Motive solcher Schreiberlinge sind doch meist noch viel kurzlebiger als ihre Schriften – und das Nachhaltigste, was ihre Werke hinterlassen, ist Leid ... Meistens ja das vollkommen Unbeteiligter, die oft keine Ahnung haben, womit irgendwelche fanatisch Entseelten sie da auf einmal überfallen und warum. Ob jene emsigen Dichterseelen das gewollt hatten oder nur in Kauf nahmen oder sich darüber sogar entsetzt hätten (oder hatten – auch egal), es lief und läuft immer auf dasselbe hinaus. Und es wird nicht besser – das hätte mir auffallen müssen, tat es aber nie. Ja, wer am weitesten zurückschaut, ahnt am meisten voraus ... was drei Weiber brauten und woben. Wer schaut ihnen in den Brunnen? Ich will gar nicht sehen, was sie sieden. Was kommen mag, kommt. Auch ich kann's nicht ändern ... nur ausharren, bei meiner Borke. Ich bleib einfach stehen. So hab' ich überlebt. Was sah ich schon Weltreiche stürzen!

Ich beweg mich ja durchaus im Winde, seht ... die Narben hier: Das waren mal Äste. Was schert mich die Sau, die sich heut an mir schubbert ... Jetzt nagen da Elche ... Waren auch gestern schon welche.

Niemand kennt ihre Namen oder wollte sie behalten, die Jungen unterscheiden sich meist nicht von den Alten. Sind alle sehr kräftig, gierig und heftig, auf schnelle Wirkung bedacht, doch fast schneller noch fort. Was immer sie wollten, ich bin nicht ihr Ort. Sie verlieren sich wieder, und was sie auch suchten: Sie fanden es nie. Ich wollte nie wissen, was solche hertrieb. Wer sich heut an mir schubbert, den nimmt morgen der Wind – der schüttelt mir nur die Äste. Will ich wirklich wissen, wer sich da anlegt mit mir? Ich schau gar nicht hin, wer da ankommt, sich wichtig macht, stört oder knört oder sich grob an mir reibt. Ob groß oder klein, sie sind mir alle ganz gleich. Spätestens, wenn meine Liebste vorbeischaut und ein Weilchen bleibt, werden sie runzelig und bleich, vielleicht zu Humus, wenn's reicht – das hinterlässt nicht mal Reste. Euch aber, die ihr meinem Raunen lauscht, teils gerührt, teils bewegt, vielleicht ganz leicht berauscht, begrüße ich gerne als Gäste.

Ich trage mehr, als ihr träumen könnt ... doch kann euch zu Träumen tragen, die wahrer sind, als was ihr wirklich erlebt, und wärt ihr auch dreifach auf Drogen.

Als Nächstes erzähle ich euch eine Geschichte, älter als die Steine, älter als die Sterne und der Staub. Die Geburt eurer Sonne war noch ferne, da fuhr durch das All eine Frau. Zorn flammte ihr Gesicht! Sie war von ganz eigener Gestalt. Aber so, wie ihr denkt, war's nicht. Sie hatte sich in der Gewalt ... Passt auf: So hat es sich zugetragen. Könnt ihr mich verstehen? Mir schwindet grad etwas die Stimme, das geht mir alle paar hunderttausend Jahre so, aber erst seit den letzten paar Zeitaltern (meinen natürlich, nicht euren). Wie gesagt, war eure Sonne noch lang nicht geboren. Euer Universumsbeerchen war noch jung, haha! Ein wirklich süßes kleines Kontinuum. So voller schnuckeliger

Raum-Zeit! Ich erinnere mich daran, als sei es vor Augenblicken gewesen. War es ja auch! Was wollte ich erzählen?

Atmet vorher noch mal tief ein. Mir strömt immer etwas aus beim Raunen, das macht euch die Poren weit und das Gemüt schön langsam: Was es braucht, um ein Eibenwort zu verstehen, selbst so ein kurzes wie meines. Ihr hört doch zu? Ja, ihr braucht euch gar nicht zu konzentrieren. Schweift ruhig ab in Gedanken, und besser noch: mit allen Gefühlen! Diese alte Geschichte, die ich zu erzählen habe – und die sich wahrlich lohnt, mehr als die vorigen, so viel sei schon mal verraten – sie lässt sich über geraunte Worte im Grunde nur bedingt vermitteln. Atmet ein und aus und trainiert das ein bisschen ... Am Ende fügt sie sich ganz von selber zusammen, die Geschichte: in eurem Inneren ... Teilchen für Teilchen, Fünkchen für Pünktchen, Beerchen für Beerchen ... Ihr braucht bloß abzuwarten. Und euch darauf einzulassen. Wie fühlt es sich gerade an? Ahnt ihr das Altern? Ihr solltet es lernen: Ich kann es empfehlen. Es macht ruhig und gelassen, auch wenn es natürlich Zeit braucht. Am besten heiratet sie. Eure Zeit. Oder habt ihr keine? Dann müsst ihr euch welche nehmen. Jede Kreatur sollte ihre Zeit haben. Jetzt nehmt euch die eure und lauscht der Geschichte! Wo war ich stehengeblieben?

Der Funke im Abgrund

Am Anfang war das Nichts. Ginnungagap – der große Abgrund! Irgendwo dort im Nichts sind sie entstanden: Feuer und Eis. Und als sie einander trafen, hat es gezischt – das außerordentliche Ereignis brachte Welten und Geschöpfe hervor. So hat alles begonnen. Raunt altgermanischer, in viel späterer christlicher Zeit (aus ganz anderen Gründen) aufgeschriebener und uns dieserart überlieferter Mythos.

Schwärze, endlose Schwärze. Die Schönheit solcher Umgebung ergibt sich aus der Abwesenheit von Licht. Hier blinkt nichts, glänzt nichts, strahlt nichts, keinerlei Beleuchtung stört die Vollkommenheit. Nichts schimmert, nichts funkelt. Kein Laut, keine Gerüche, keine Bewegung – hättest du Sinne hier, sie empfingen nichts. Da du dich im Nichts befindest, empfangen deine Sinne damit alles, was es gibt. Was woanders – überall, wo es etwas gibt – sehr schnell zu viel würde (denn je mehr es gibt, desto mehr müssen deine Sinne herausfiltern, damit ein paar Eindrücke übrigbleiben, die sich sortieren lassen und so zu deinem Überleben beitragen. Was nützte es, alles zu hören, jegliche Schwingungsfrequenz im Gehörgang zu haben? Eine kakophonische Lärmwand wäre die Folge, im Grunde so sinnvoll und angenehm wie den Schädel mit Flüssigbeton ausgegossen zu bekommen. Muss eins nicht haben. Lieber nur einen Bruchteil der Welt sinnlich wahrnehmen, damit aber umso mehr anfangen können). Hier im Nichts wird es wahr: Da du nichts spürst, bist du eins mit allem – deine Wahrnehmung (nichts) deckt sich 100-prozentig mit der Umgebung (nichts). Wollen da die großen Religionen hin, ist dies das Ziel aller Erleuchtung? Keine Ahnung, hier sind wir ganz woanders. Nicht am Ende, sondern am Anfang der Welt.

Die Schwärze ist vollkommen. Dies ist das Nichts und ich bin im Nichts – bin Bestandteil des Nichts, bin also nichts, und das reicht mir: Es ist perfekt, ich bin perfekt. So könnte es bleiben. Sagen wir: Ich wollte, dass es so bleibt. Doch weil das Nichts nichts ist und es – niemand sei Dank – gar nichts gibt, sind da auch keine Göttinnen oder sonst wie höheren Mächte, die meinen Wunsch erhören könnten. Wie ich ist er selbst nichts und verpufft damit, wo er herkam. Von nichts kommt nichts, heißt es – höchst unwahrscheinlich daher, dass irgendetwas Gestalt annehmen und irgendwie unter den beschriebenen Bedingungen werden könnte.

Wir könnten hier enden. Die Schöpfungsgeschichte darauf beschränken, dass am Anfang nichts war und auch nichts mehr dazukam – woher hätte was kommen sollen, aus dem Nichts vielleicht? Es war also nichts und so blieb es bis in alle Ewigkeit – macht euch keine Sorgen, es ist nichts geworden und wird auch nichts werden, denn von nichts kommt nichts, und jetzt schlaft gut, Kinder. Morgen wird wieder nichts sein.

Es kam aber anders. Alle Schöpfungsgeschichten, die jemals überliefert wurden in Menschenkreisen, wissen das, sonst hätten sie von nichts zu künden. Die meisten erwähnen Gottheiten, Geister oder Kräfte, die irgendwann auf die Idee kamen, die Welt zu erschaffen, auch wenn diese meistens anders aussah oder eine andere war als die, die wir heute kennen. Solche Geschichten dienen ja auch der Erklärung, warum alles so ist, wie es ist: Es ist so geworden. Es geht nicht darum, ob oder inwieweit die Gründe dafür – sofern es ein Mythos ist, mit dem sie überliefert werden – wahr sind. Es reicht, dass sie schlüssig sind. Und was einer Person, sei sie alt oder jung, schlüssig vorkommt und ihr die Nerven beruhigt, hängt davon ab, was diese Person bislang erlebt hat und unter welchen Bedingungen, in welcher Umgebung das stattfand.

Das Nichts kann nicht leer bleiben: Mein Wunsch, dass alles so bliebe, wie es war, konnte nicht erhört werden. Von wem auch? Es gab ja keine Macht, die mir das hätte erfüllen können. Hier ist Ginnungagap, der ewige Abgrund. Und weil nichts so bleiben kann, wie es ist, verliert auch dieses wunderschöne, perfekt dunkelschwarze Nichts irgendwann seine Vollkommenheit. Ich weiß nicht, wie das geschehen konnte. Ich war Zeuge ... Nur vermag ich nicht zu schildern, wo das herkam, was auf einmal da war. Ich schwöre, es war winzig! Was existierte, war absolute Ausnahme, nicht mehr als ein Haarriss im Nirgendwo, eine kaum merkliche Unebenheit im Normalzustand. Noch war sehr viel Nichts da. Es überwog. Dennoch gab es jetzt etwas darinnen. Das Nichts war nicht mehr allein. Es beherbergte Kräfte. Gestaltlos, bewusstlos, leblos in unserem Sinne, aber jede für sich gewaltig. Bewegung und Erstarrung waren ihr Wesen, aber sie hatten noch mehr Merkmale, die sich leicht vermitteln lassen. Hier war Eis, und dort war Feuer. Das ereignete sich in Ginnungagap, dem großen Abgrund. Ihn gibt es noch immer – zumindest hörte ich nirgends, dass er bebaut, überflutet, abgebrannt, eingeebnet, begrünt, gepflastert oder sonst wie renoviert oder zerstört worden sei. Der Abgrund ist wirklich groß, so schnell lässt sich so einer nicht auffüllen. Er war nur nicht mehr ganz leer. In der endlosen Leere hingen zwei Zustände, die gegensätzlicher nicht sein konnten. Hier war Feuer, und dort war Eis. Und wie das so ist, wenn sonst nichts los ist – es hätte ja friedlich bleiben können, die beiden hätten sich ja gegenseitig in Ruhe lassen können, der Abgrund wäre weiß die Leere selbst groß genug gewesen dafür – an Platzmangel kann es nicht gelegen haben, dass sich die Gegensätze anzogen – begegneten sie einander. Und das veränderte alles.

Was ist Feuer, was Eis? Hitze und Kälte – was tun sie miteinander, wie verhalten sie sich? Eis ist starr. Krachend mag ihm ein Gletscher wegbrechen, groß wie ein Berg. Wasser und Wind nagen an der Landschaft, doch die trotzt diesen Elementen umso beharrlicher. Kälte und Zeit sind Verbündete, sie tanzen gern endlos langsam und das weit über die Dimensionen alles Lebendigen hinaus. Erst ganz alleine und für sich scheinen sich Kälte und Ewigkeit wohl zu fühlen. Feuer spielt da nicht mit. Es stört auf und zerstört, frisst brennbare Materie auf und lässt Eis schmelzen. Seine Energie verwandelt alles in rasender Geschwindigkeit: Wo es sich überhaupt halten kann und bleibt, hält es sich nicht lange auf, sondern breitet sich aus, so groß und so weit, wie es kann. Steckt an, greift über. Im kleinsten glühenden Zweiglein steckt der Hang zur Brunst, zum Übergriff auf alles, was brennt – und wenn es der ganze Wald ist und nach ihm noch weitere Wälder. Das macht das Feuer so besonders unter den Elementen – und so gefährlich. Alle können ungeheure Kräfte entwickeln, aber keines von ihnen vermehrt sich so rasend und gefräßig und fast wie aus dem Nichts. Luft, Wasser und Erde mögen unendlich wirken, aber ein gewöhnlicher Stoßseufzer, Furz oder Lufthauch türmt sich nicht hoch zur rasenden Windhose, die Bäume entwurzelt, Hütten skalpiert und mit Autos um sich wirft; ein umgestoßener Krug Wasser überschwemmt keine Straßenzüge und verwüstet weiträumig Stadt und Land, er lässt auch keinen Fluss anschwellen und über die Ufer treten und verändert das Meer nicht. Ein geworfener Stein lässt keinen Berg anschwellen und keine Erde beben, keine Schluchten im Erdreich aufklaffen, in die ganze Städte stürzen. Das Flämmchen einer umgefallenen oder wegschmelzenden Kerze jedoch kann eine ganze Siedlung in eine lodernde Feuersbrunst verwandeln – und das im Windumdrehen.

Eis im All hat keine Gletscher. Da schmilzt nichts. Die Kälte ist konstant. Feuer ist Energie in Reinform. Es braucht Materie als Nahrung, die es in Energie verwandelt – womit es zur rasenden Selbstvermehrung neigt. Eis ist nicht seine Lieblingsbeute, sondern gar keine. Unter genügend starker Wärme- oder Hitzeeinwirkung verwandelt es sich in Wasser, in oder auf dem allein Feuer sich nicht halten kann. Vor genug Wasser muss Feuer sogar weichen: In ausreichend nasser Umgebung (und ohne Brennmaterial) verlischt es ganz.

Feuer trifft auf Eis im Abgrund von Ginnungagap: Was für ein beid-, ja allseitiges Erschrecken! Auf einmal ist etwas los, auf einmal entsteht Leben! Doch weder der Abgrund noch Feuer und Eis haben irgendetwas vor. Sie verfolgen keine Absichten. Vielmehr folgen sie Gesetzmäßigkeiten, die ebenfalls niemand „erschuf", sondern die sich entwickelten. Der altnordische Mythos von ihrer Entstehung mag heutigen Vorstellungen von Logik nicht genügen, bietet aber seine eigene auf, der Vorstellungswelt entsprechend, die ihn hervorbrachte.

Von den meisten anderen Ursprungsmythen jedoch – vor allem aber von denen der großen Offenbarungsreligionen – unterscheidet sich die altnordische Anfangserzählung in einem fundamentalen Aspekt. Viele Schöpfungsmythen beginnen mit einer Ödnis und Leere, erwähnen in irgendeiner Weise, was es alles noch nicht gibt oder was noch nicht ist, aber gewöhnlich schwebt irgendein göttlicher Geist herum oder ist sonst wie schon da, um alsbald etwas zu kreieren. Nicht so hier.

Die Geschichte von Feuer und Eis kommt vollkommen ohne göttliches Schöpfungspersonal aus. Und ohne gestalterische Pläne und Absichten. Wer hätte solche auch hegen können? Zunächst herrscht völlige Leere: der endlose Abgrund. Ginnungagap! Das Nichts bleibt nicht auf Dauer leer, im Abgrund entstehen zwei elementar gegensätzliche Kräfte. Als sie aufeinandertreffen, entsteht eine monströse Kreatur: das Urriesenwesen Ymir. Später wird es Nachkommenschaft hervorbringen durch Aneinanderreiben seiner Füße und sogar durch Schweißabsonderung der Achselhöhle (aber nur der linken, wie der Mythos betont). Ymirs Fußreibungen entschlüpft ein sechsköpfiger Sohn, dem Achselschweiß entsteigt ein Geschwisterpaar (wie viele Köpfe das hatte, wissen wir nicht. Die meisten von Ymirs Nachkommen, so heißt es später, ertrinken in Ymirs Blut. Das Riesenwesen wird von Göttern erschlagen. Doch von solchen ist zunächst keine Rede: Es gibt sie noch nicht). Ist Ymir das erste Lebewesen? Klingt zunächst so, kann aber nicht ganz stimmen. Denn bevor sich das Urgeschöpf auf die beschriebene Weise mit sich selbst fortpflanzt, muss es erst einmal überleben. Das schafft es an den Zitzen der Urkuh Audhumla. Ihr Name bedeutet „die Milchreiche". Nur woher sie kommt, ist nicht überliefert. Sie ist auf einmal da und säugt das Urriesenwesen Ymir. Womit die ersten Riesen überhaupt entstehen können: die Nachkommen Ymirs. Mütterlichkeit als kosmisches Urprinzip, das nicht erklärt werden muss? Das sich allem, was ihrer bedarf, einfach annimmt? Ohne sie hätte jedenfalls nichts und niemand überlebt! Das plötzliche Wunder wäre nach kurzem Aufflackern wieder erloschen. Und das Wirken der Urkuh hat noch ganz andere Folgen. Sie selbst verfolgt keine anderen Absichten, als es sich gutgehen zu lassen, als sich zu laben. Sie beginnt das Salz von einem mit

Raureif überzogenen Eisfelsen zu lecken. Womit sie längere Zeit beschäftigt bleibt. Recht minutiös wird geschildert, wie sie dabei im Laufe von Tagen die Gestalt eines weiteren Geschöpfs freilegt: Audhumla leckt das Reifriesenwesen Buri aus dem Eis! Wie Ymir ist auch Buri doppelgeschlechtlich, bringt aber weibliche und männliche Nachkommenschaft hervor. Buris Nachfahren wiederum erzeugen und gebären die ersten Götter. Erst diese greifen handelnd ein und verändern die Umgebung willentlich und nachhaltig. Sie erschlagen Ymir und formen aus ihm Midgard, eine Welt, die von der Zeit beherrscht wird – die Welt für Sterbliche. Doch noch immer gibt es keine Menschen. Als erste Spezies, zwar selbst nicht göttlich, aber mit Bewusstsein beseelt, kriecht aus den verfaulenden Innereien von Ymirs Kadaver die der Zwerge.

Verstörend schön haben hier Träumer- und Seherinnen einer bestenfalls eisenzeitlichen Bauernkultur (die mehrheitlich noch Bronzeguss betrieben haben dürfte und Eisen vielleicht nur oder vornehmlich aus diesbezüglich fortschrittlicher keltischer oder gar römischer Nachbarschaft gekannt haben mag) ein zunächst fast abstraktes Bild kosmischer Urwucht ersonnen, das zumindest in äußerlichen Aspekten an unsere heutigen Vorstellungen kosmischer Prozesse – wenn nicht heranreicht, so doch in Grundelementen daran erinnert. Und der Mythos greift modernen Erkenntnissen voraus. Elementargewaltig entstehen die Riesen, aus denen erst später die Götter hervorgehen? Nichts anderes, nur weniger bildhaft und poetisch, erklärt die Wissenschaft: Das Leben entwickelte sich aus der unbelebten Materie und das Bewusstsein ging aus dem Unbewussten hervor. (Woraus sich – ganz nebenbei – auch die Wahrscheinlichkeit mutmaßen lässt, dass das Bewusstsein irgendwann wieder ins Unbewusste hinabsinken könnte oder wird.)

Hier Im altnordischen Mythos wird keine fertige Schöpfung hingeknallt, sondern eine Entwicklung geschildert (zeittypisch fabuliert zwar, aber immerhin). Die Welten und ihre Geschöpfe entstehen in einer Art Weltall. Schauplätze, die selbst erst durch Wandelvorgänge entstehen, bringen Kreaturen hervor, deren Arten sich verzweigen – und neue hervorbringen, während die älteren teilweise weiterbestehen. Ohne Merkmalen echter Evolution gerecht werden zu müssen, ist das Geschilderte einer solchen doch – sowohl von den Bildschöpfungen als auch von der Denkart her – wesensverwandter als jede Idee eines gestaltlosen (allmächtigen) Übergeistes, der ganz alleine alles kreiert und erschafft – und dies auch noch immerzu gezielt und planvoll.

Altgermanische Vorstellung ergötzte sich geradezu am Gegenteil: Audhumla war nur ein gemütliches Rindvieh und hatte keine Ahnung, was sie bewirkte – sie wollte einfach nur das Salz schlecken. Es lässt sich kaum anders lesen. Dass dabei das Reifriesen-Urwesen Buri zum Vorschein kommt, lag offensichtlich nicht in Audhumlas Absicht – es wird ihr auch (wie der ganze Rest vom Fest) ganz kuhtypisch kackegal gewesen sein. Die sich erst durch ihre Aktionen (teils gewaltsamer, teils konstruktiver Eingriffe ins Geschehen – Tötung Ymirs, Errichtung Midgards) allmählich etablierenden Gottheiten sind mächtig, aber keineswegs perfekt oder unverwundbar. Moralisch untadelig sowieso nicht – hier überwiegt eher Gegenteiliges oder zumindest Zwiespältiges. Sie strotzen vor Widersprüchlichkeiten, die keineswegs zufällig oder versehentlich anmuten – die Schilderung der Charaktere bezieht vielmehr auch daraus ihr Spannungsfeld.

Noch ihre Zauberkräfte hängen auffallend häufig an Attributen und Werkzeugen – Iduns Äpfel, Thors Hammer, Odins Speer, Ullrs

Surfschild, Freyas Falkenhemd ... Und ihre Handlungen sind keine Machtdemonstrationen, sondern umgekehrt: Ihre Macht resultiert aus Handlungs- und Veränderungsbereitschaft, mit schwankenden Ergebnissen. Dabei gehen sie seltener mit planvoller Raffinesse vor (wie bei der Zurückgewinnung von Thors Hammer von den Riesen); es überwiegt situatives Taktieren bei teils halsbrecherischen Aktionen (wie bei Odins investigativem Einsatz zum Raub des Dichtermets, was nur knapp gelingt) oder entsteht ganz aus dem Kampf mit den Umständen: Lokis Erfindungen, Tyrs Überlistung Fenrirs, Odins schamanische Selbstinitiation ... Alles nur Beispiele. Von auch nur scheinbarer oder vordergründiger Allmacht weit entfernt, ringen sie beständig um ihr Überleben, erleiden Rückschläge und Verluste. Friggs Schutzzauber für Baldur erweist sich als mangelhaft, Thor bleibt (von einem Kampf mit einem Riesen) ein Splitter in der Stirn, Tyr verliert seine Hand, Loki sabotiert die Fertigung von Thors Hammer (nicht ganz erfolgreich, aber der Stiel gerät zu kurz), Odin beschwatzt Hel wegen Baldur, dessen Rückkehr misslingt trotzdem. Thor hätte beinahe die Midgardschlange geangelt und geköpft, doch wer hat es in letzter Sekunde verhindert? Ein mit ihm befreundeter (!) Riese.

Odin opfert ein Auge, um erweitertes Wissen zu erlangen, und lässt sich von Mimir beraten: dem mit Kräuterzaubern haltbar gemachtem Haupt eines geköpften Riesen. Gjerda und Skadi sind selbst Riesinnen, ebenso (herkünftlich gesehen) Loki. Selbst Hel müsste so bezeichnet werden. Es geht aber (wie auch im richtigen Leben, grimmig grins) nicht um Herkünfte, sondern um Haltungen. Was unterschiede – außer seinem Hammer – Thor sonst von einem Riesen? Zwar stammt er nicht von solchen ab, doch der Schilderung seines Wesens nach zu urteilen, könnte er einer sein. Er ließe sich schwer von ihnen unterscheiden. Es ist jedoch nicht der Hammer allein, der ihn zu dem Asen macht, der er ist, sondern seine Entscheidung, für welche Seite er ihn schwingt. Hier schimmert ein Wertgefüge durch, das sich weder mit Äußerlichkeiten aufhält, noch an ethnischen Herkünften aufreibt, sondern persönliche Zugehörigkeit samt allen Konsequenzen jeweils willentlicher Entscheidung und bewusster Wahl anvertraut – und dies ziemlich selbstverständlich. Wie unten, so oben, möchte eins fast anmerken: Nicht ideologisches, sondern pragmatisch-praktisches Denken und Handeln ist offenbar typisch germanisch. (Und noch diese Bemerkung möchte nicht feierlich, sondern als sachlich verstanden werden! Spätestens mit dem nächsten und hier letzten Beispiel ...)

Zu ihrer Burg Asgard kommen die Asen nur durch Betrug: Sie versprechen dem Baumeister (einem Riesen, natürlich) Freyja zur Braut, was intern jedoch nie zur Debatte stand. Kurz vor Ablauf der vereinbarten Deadline macht Loki dem Hengst des Riesen in Gestalt einer Stute schöne Augen, was ihm sofort gelingt. Der Hengst schnaubt hinter Loki her, die er schwängert, worauf die Burg nicht ganz rechtzeitig fertig wird. Die Asen verweisen auf die nicht eingehaltene Deadline, der Riese zieht mit Worten, die nicht überliefert sind, von dannen – und Loki gebiert Sleipnir, ein achtbeiniges Pferd, das später Odins bevorzugtes Götterross und zu einem seiner bekanntesten Begleiter wird.

Ich will aber jetzt nicht doch noch die Edda nacherzählen oder gar wiederkäuen, sondern eigene Schlüsse ziehen. Was ein Funke im Abgrund bedeuten kann und wie ein derartiges Phänomen schon mein Leben verändert hat, beschrieb ich bereits in meinem Runenbuch „Das Lied der Eibe“ (Kap. XXIX: „Der ewige Wandel“). Abgründe kennen wir alle, oder? Wer stand nicht schon mal vor einem oder fiel dort hinein? Ja, innerweltlich: herzlich, seelisch – wie sonst (physische Stürze in kohlenstoffliche Felsschluchten überleben sich schlechter). Feuer und Eis wiederum sind die elementaren Gegensätze schlechthin. Mir fallen sofort Gefühle (und auch Gedanken) ein, die solchen Zuständen entsprechen. (Meine astrologische Geburtsradix sieht so aus: Da zischt es wie weiland in Ginnungagap, haha!) Und ich kenne es aus der Theaterarbeit: Wenn eine Szene so gar nicht funktionieren will beim Probieren, wie sie am besten kommt, empfiehlt sich bisweilen, das Gegenteil zu wagen – sie komplett anders anzugehen, als der (keineswegs immer gesunde, wohl aber gewohnte) Menschenverstand meint: Wenn Schreien nicht überzeugt, versuche es mit Flüstern, wenn kühles Agieren langweilt, zuck mal aus, tobe ... und umgekehrt. Statt schnell mach langsam; anstatt mit Ingrimm, der vielleicht zum Text passt, sag das Furchtbare mal lieblich – und so weiter. Manchmal ist der selbstverständlich erscheinende Weg einfach nicht der richtige – nicht der von den Großen begünstigte (wie ich es sagen würde): Dann verwehren sie dir den Glanz – jenes Strahlen des Erfolgs, das von innen kommt und nach außen strahlt. (Für mich gibt es keinen anderen.) Gilt auch im richtigen Leben – in gewissen Grenzen. Manchmal muss der Weg einfach neu sein.

Wir tragen sie jedenfalls in uns: die elementaren Bestandteile des großen Abgrunds. Am Anfang ist immer das Nichts. Und etwas winzig Kleines trifft auf sein Gegenteil: den größten Kontrast in jeder Hinsicht – und was sich da trifft, verträgt sich nicht. Aber daraus entstanden die Welten und ihre Wesen. Deshalb kam ich zu nichts (zumindest wurde ich nicht glücklich), solange ich innere, gegensätzliche Anteile von mir verachtete oder verdammte. Wir sind nicht geboren, um halbe Personen zu sein, oder noch weniger. Wenn du nicht ins Raster passt, wirst oder wurdest du vielleicht nicht artgerecht gehalten. Das Raster der Erwartungen ist immer ein schlechtes: selbst mein eigenes. Ich verbringe einen guten Teil meiner Zeit damit, solche Raster (mitsamt meinen Erwartungen ... Nicht alle sind ja gerastert und ruhen auf Regalen. Manche zucken herum wie Blitze: nicht immer von oben) zu zertrümmern, wann und wo immer sie sich bilden.

Kreative Schaffensprozesse beginnen nicht unbedingt mit der Absicht, Kunst zu produzieren – sie beginnen im Inneren deines Wesens, deiner Person: diese zu vervollständigen – und da sind wir alle vom gleichen Stern, egal welche Bahnen wir anstreben oder auf welche wir gelangen. Ich muss an die Urkuh denken: Was wollte die? Sich laben. Die Welt – einschließlich des Universums, das wir kennen – entstand nicht infolge betriebswirtschaftlicher Erwägungen. Reduziere ich mein ganzes Leben auf solche, kann ich zwar viel erreichen – vielleicht sogar alles, was sich errechnen lässt. Nur können wir Heutigen, wir Oberschlauen, uns von diesem Universum, das uns hervorgebracht hat und dessen Kreaturen wir sind, gerade einmal fünf Prozent erklären. Der überwiegende Teil ist „Dunkle Materie“: unbekannte Zusammenhänge, die dafür sorgen, dass das Ganze nicht auseinander- oder in sich zusammenfällt, wie es nach unseren Berechnungen geschehen müsste (was es aber Jörmungandr sei Dank, haha, nicht tut)! Wenn die Rechnungen also nicht aufgehen, scheint mir das in der Natur der Sache zu liegen, die offenbar eine 95-prozentige Ecke größer ist als das, was wir vermuten (ich muss da irgendwie an meine kohlrabenschwarze Ur-Ur-Ur-Ahnin denken, die noch ganz behaart war und auf Bäumen lebte. Sie dachte, sie könnte das bleiche Rundgesicht am Nachthimmel erreichen, wenn sie den Arm nur lang genug machte – und vielleicht auf eine höhere Astgabel kletterte dazu). Der Mond erwies sich als deutlich weiter entfernt als Arm und Ast – und all unser versammelter und konzentrierter Forscherinnengeist reicht nicht bis an der Midgardschlange Schuppen (sorry: der Dunklen Materie Geheimnis). Daher gehe ich für meinen Teil eher Audhumla nach. Ich bin keine Kuh, aber so etwas Ähnliches: ihr jedenfalls näher als das, wozu mich westhemisphärische Hybris verklärt (ich bin keine „Krone der Schöpfung", sondern höchstens entwurzelter Diener der Erde, der seine Wiedereingliederung ins Gefüge erträumt. Ob ich das schaffe oder nicht, ist weniger von Belang, als den Traum zu leben. Andere trieb er lang vor meiner Zeit, er erfasste auch mich – vielleicht mehr als ich ihn – er hat mich verwandelt und fährt damit fort, ich reiche ihn nur weiter) ... Audhumla labt sich nach Kuhart, ich mich nach meiner. Lecke ich etwas aus dem Eis, hole ich etwas aus der Erstarrung? Kommt etwas zum Vorschein, was mein Streben übersteigt? Bei Fulla, ich weiß es nicht. Aber das Salz schmeckt lecker.

Ist das ein Schluss? Nein, ich bin ganz am Anfang. Nicht meines Lebens, sondern der Musik. Ich glaube, als die Kuh das Antlitz des Reifriesenwesens Buri erblickte, entstand zwischen den Tönen ihres Schleckens die erste Pause.

Ein Abendessen

Hinter der Biegung des Ganges, wo ich mein Herz verlor, trifft mich Loki – und vernichtet mich mit einem Lächeln. Nur ein ganz feines entlockt ihm (ihr?) die Begegnung, höchstens der halbe Mund ist beteiligt, nicht der ganze: nur ein Mundwinkel und auch der nur ganz leicht, ganz sacht. Kein Wort fällt. Ich traue mich nichts zu sagen und die Gottheit – die Riesin – oder was zum Hühner-von-Sauriernachfahr ist dieses Geschöpf – lässt keins fallen: nicht zu mir, nicht über mich. Dennoch liegt alles darin, in diesem kaum merklichen Mundwinkelmuskelverziehen, was ich fürchte: Was ich schrieb, was ich behauptete, was ich vergaß oder ausließ – es ist keinen Kommentar wert. Nicht von Loki. Mein ganzes Leben wohl nicht. Ein Wunder, dass ich überhaupt hier sein darf – sein kann! Hier im Fernsehturm Yggdrasils. Verzeihung, ich meine natürlich: der Spitze des Weltenbaums nah. Weit oben in der Welteibe. Na ja, vielleicht ja auch nur kurz vorm Zenit der nächsten Eiwaz-Rune, bevor ihr oberer Haken nach rechts unten abfällt. Ich bemerke auf einmal, dass ich – offenbar geraume Zeit schon – stark schwitze, die Aufregung klebt mir die unterste Textilschicht unangenehm an die Haut. Alles, was ich trage, erscheint mir unpassend. Die Garderobe sowieso. Ich selbst fühle mich unpassend – dieser Gesellschaft nicht würdig. Nicht eure meine ich, Menschenskind! Die der Göttinnen. Æsir, Vanir – alle sind versammelt. Und ich habe schon mein Herz verloren ... an die Nächstbeste, fürchte ich. Ich weiß nicht einmal, ob das die Vánadis war. Die mich küsste! Im Vorbeigehen! Ihrem, natürlich. An mir geht sowas nicht vorbei. Ich werde es nie vergessen. Aber war das Freyja? Die große Sau? Die regierende Katze? Am

Ende war es gar eine Riesin. Oder sonst irgendein Unhold, wer weiß. Ich kann die Großen hier nicht ausreichend unterscheiden. Fast meine ich, das konnte ich noch nie. Und Loki schwebt an mir vorbei und lächelt mich zunichte. Aus dem Mundwinkel heraus. Hätte ich mein Herz noch, es wäre jetzt zersprungen. Was Freyja wohl damit anstellt? Oder die Unholdin – oder wem immer ich es schenkte! Als hätte ich sonst nichts zu verlieren gehabt! Aber vielleicht war oder ist genau das der Fall.

Die Runde ist riesig. Es ist wie eine Tischgesellschaft. Aber anders als daheim in Kohlenstoffhausen: Ich kann jedes Geschöpf, jede Kreatur erkennen, als ob ich ihr gegenübersäße, obwohl es viele und sie eigentlich alle weit von mir weg sind. Aber im selben Raum. Wahrscheinlich verschieben sich hier die Perspektiven nach unbewusstem Gefühl, oder je nach Aufmerksamkeit – oder einer Mischung von beidem. Raffiniert. Ich suche ein Gesicht, finde es. Einäugig, und – als hätte ich es doch anders erwartet – tatsächlich langbärtig. Geri und Freki, die Wölfe (der Gierige und der Gefräßige), geschmiegt an die Schenkel des Gottes, die Raben (Gedanke und Gedächtnis: Hugin und Munin) auf seinen Schultern beide. Und doch ganz anders als das Klischee, alles wie miteinander verschmolzen, wie ein und dieselbe Kreatur. Kein thronender Häuptling. Aber ich sehe sowieso meist den Wanderer in ihm. Ein paar Mal begegnete ich dem Schamanen. Den Schlachtengott und Leichenschwelger ließ er mich nur ganz am Rande ahnen, Odin sei Dank, und es schauderte mich genug. Eine unirdische Schönheit mit bläulich-silbern schimmernder Haut – oder sind das Schuppen – schmiegt sich fast an ihn. Sie schlürft honiggelbe Flüssigkeit aus einem goldenen Schälchen, was ziemlich lasziv aussieht, zumal sie immer wieder ihre schmale rosa Zunge herausstreckt, in den Met hält, tropfenweise von ihm zu nippen scheint. Ihre Augen blitzen grün. Das muss Saga sein! (Ich hatte nicht geahnt, dass ich mir sie so vorstellte.) Wie sehen sie wohl wirklich aus, die Großen? Sehen sie aus? Oder ist es wie mit den Fotos von fernen Sternenhaufen oder dem von den Astronauten mitgebrachten Mondgestein: Wo sich nicht sagen lässt, welche Farbe es hat oder hatte, weil das beim Mondgeröll völlig von der jeweiligen Umgebung abhängt (und in seiner alten und luftlos gewesenen befindet es sich nicht mehr), bei den Sternen aber davon, wie die Fotos belichtet und bearbeitet werden? Weder Sterne im All noch Steine vom Mond haben eindeutige Farbtöne – wir können alles so abbilden, wie wir wollen – das Original offenbart sich damit nicht. Nicht uns, nicht hier auf Erden. Mit den Großen verhält es sich wahrscheinlich ähnlich. Ich sehe, was meine vereinten Bewusstseine (je nachdem aufgeteilt in Unter-, Wach-, und was sich sonst noch für Unterscheidungen treffen lassen mögen für welchen Zweck auch immer) mir wahrzunehmen gestatten. Es gibt kein objektives Bild von Gottheiten – in keiner Weise des Begriffs, in keiner Art des Gedankens.

Aus meinen reißt mich ein Trinkhorn – das knapp an mir vorbeifliegt und knallend von der Wand springt, zu Boden fällt, dort nochmal hochtanzt ... und laut klappernd zur Ruhe kommt. Offenbar war es leer, da nichts spritzt oder kleckert. Trinkhörner zerscherben nicht so schnell. Mit Wucht geworfen, zeigen sie, wo immer sie auftreffen, ein geradezu elastisches, springfreudiges Verhalten.

„Mehr Met!“, ruft eine unwirsche Stimme. Die des Donnergottes? Nein, das war Idun! Ihr Leib ist baumartig, schlank, fast schwarz – mit wie vielen knotigen Armen (Ästen?) sie fuchtelt, ist schwer zu sagen.

Unter ihrem wildgrünen Blätterschopf blitzen rote und gelbe Äpfel hervor, schaukeln, als wollten sie gleich abfallen. Tun sie aber nicht: kein einziger. Das Antlitz der Göttin ähnelt dem einer erhitzten, übermütigen Zwölfjährigen – soweit das unter dem Blättergewackel, das ihren Kopf dominiert (und den sie gerade heftig bewegt) zu erkennen ist. Ganz vorlaute Jugend! Neben ihr lacht Hel, was gruselig aussieht, da sie vollkommen nackt ist: Ihre dunkle Seite zeigt Merkmale einer jungen Frau, wirkt aber wie vollständig verbrannt, während ihre bleiche rechte Hälfte an eine sehr runzelige Greisin erinnert, eher sogar noch an einen Leichnam im Verwesungszustand. Dazu schäkern die beiden – die seltsam baumische Idun und die grausige Hel – miteinander, als wären sie ein engvertrautes Liebespaar. Sind sie eines? Ich traute es gerade ihnen beiden zu ... (Andererseits will ich mal Halluzinationen, woher immer ich sie gerade habe – eingenommen habe ich nichts, ich schwör' – nicht überbewerten.)

Ganz offenbar hat sich hier die Gesellschaft von Asgard und Vanaheim zu einer Art Abendessen versammelt. Die Gerichte sind so unterschiedlich wie die Gäste: Der gebratene kleine Wal am Spieß, umringt von einem Kranz panierter Rinderhälften, was alles aus einer bootsgroßen, reichlich mit currygelbem Gemüsereis gefüllten Gusseisenpfanne hervorragt, gehört sicherlich Thor. Vor allem die fünf übergewichtigen Bierfässer daneben lassen darauf schließen. Ich kann den Donnerer jedoch nirgends erblicken – wo ist er? Ich linse zum Einäugigen hinüber. Vor ihm steht – soweit nicht überraschend, wobei das spätestens seinen Wölfen nicht gefallen dürfte – lediglich ein Glas Wein. (Daneben steht eine große Kristallschale Met – sicherlich für Saga.) Ein Mahl erregt meine Aufmerksamkeit. Zunächst bin ich mir nicht sicher, was da in kleine Häppchen zerteilt vor sich hin dampft. Als ich es erkenne, wird mir übel. Es widerstrebt mir, das zu beschreiben. Es gehört Ran. Und es ist kein Fisch. Hingegen könnte ich, was für Eir, Lofn und Tamfana bereitsteht, auch selbst zu mir nehmen. Das sieht alles sehr appetitlich aus. Befremdlicher schon Heimdalls Platz: Leuchtende Glühbirnen in bunten Farben, blinkende LED-Kränzchen, ein Teller ineinander verknäulter Lichterketten mit Knicklichtern garniert, dazu ein Bündel kleiner Neonröhren, etwas UV-Licht und ein Arrangement dichtstehender, unterschiedlichster Kerzen – offenbar bevorzugt der Wächtergott Lichtnahrung (oder jemand erlaubt sich einen regenbogenbunten Scherz mit ihm)! Wer mich ebenfalls verblüfft, ist Sif: Sie nimmt nur Wasser und etwas Sonnenlicht zu sich. Das küsst ihr Sunna persönlich direkt auf die Haut und in den Mund! Ich erkenne es erst nach einer Weile, weil die Große derart hell strahlt, dass es mich blendet. Doch das müssen eindeutig diese beiden sein. Sifs Teint ist so dunkelbraun wie Ackererde selbst, ihr pferdedickes Haar glänzt gerstengolden. Sie ist recht füllig und trägt eine Art Blätterkleid. Sunnas Gestalt ist nicht näher zu erkennen – sie ist das blanke Leuchten. Der Platz der Götterbotin Gna lässt mich lächeln: Die hat nur zerknüllte Servietten, leere Schachteln und fettiges Papier hinterlassen – von Fast Food offenbar – und ist selbst schon wieder weg. Die Eilige!

Was isst Frigg? Ich kann mir nicht helfen: Das weiße luftige Zeug, an dem die Königin von Asgard – erstaunlich klein kommt mir die Große da vor, fast zierlich – da so genüsslich wie gedankenverloren (wie es mir scheinen will) herumschleckt, identifiziere ich eindeutig als Zuckerwatte. Neben ihr löffelt Bragi eine Suppe. In der schwimmen runenförmige Nudeln herum! Auch seine Gewänder sehen so aus, als seien sie aus Runen gewunden oder stellten welche dar: Im Grund trägt er nur Bänder (in Schwarz und ein paar einzelne in Rot) auf der (steingrauen) Haut. Er wählte eine schon ältere Gestalt als Erscheinung, doch sein tiefschwarzes glattes Haar könnte das einer noch jugendlichen Schönheit sein und reicht ihm bis auf die Hüften. Wer sich selbst zum – zumindest dekorativen – Bestandteil des Banketts gemacht hat, ist Fulla selbst. Die Blößen der Fülligen sind mit allerlei Leckereien und Süßigkeiten mehr verziert und betont als verdeckt, und eine ganze Reihe eigentümlicher Gestalten, die ich nicht zu identifizieren vermag (zumindest nicht als mir bekannte Gottheiten), labt sich daran. Die das sichtlich genießende Große liegt rücklings mit ausgebreiteten Armen mitten auf dem Tisch. Ihr riesiges Füllhorn hält sie dabei so, dass es permanent ausläuft. Tatsächlich versiegt der Strom seiner Köstlichkeiten nie – neben einem mehrfachen Strahl appetitlichster Getränke entsteigen ihm herzhaft-heiße Häppchen, süße Schleckereien und kühle Erfrischungen – wahrlich in aller Fülle. Wo fliegt, läuft und fließt das alles hin? Es findet seine Abnehmer. Hier gibt es offenbar mehr Böden oder Etagen, als ich direkt wahrnehme. Mir wird etwas schwindelig von all den Eindrücken. Wo ist die Große, die mein Herz in Brand hält, seit ich erkennen musste, überhaupt eines zu haben?

Es ist laut hier. Ich merke, dass um mich herum Lärm anschwillt. Und mir fällt es auf einmal schwer, vorwärtszukommen – wie in einem Traum, wo du wie in Sirup watest oder steckst, und obwohl du die Beine bewegst und dich anstrengst, umso weniger vom Fleck kommst! Hektisch drehe ich den Kopf hin und her – wo bin ich eigentlich – gerade oder genau? Da durchgellt ein lauter Schrei mein Hirn. Rabe! Oder Krähe? So sicher weiß ich das nicht zu unterscheiden (da, wo ich herkomme, fliegen keine Raben. Ich nehme, wenn ich mich gemeint fühle, jeden halbwegs großen schwarzen Vogel als Boten des alten Wanderers. Dem ich folge)!

Auf einmal beginnt sich die Umgebung zu verformen. Konturen, Kanten und Farben fließen ineinander. Verschwimmen, verkräuseln sich, beginnen zu kreisen und zu strudeln – was für alle außer mir offenbar völlig normal ist. Ich gewinne den Eindruck, die Großen brechen jetzt erst auf zu ihrem Mahl! Auf einmal sehe ich riesige Falkenschwingen vor mir, die sich langsam, aber mächtig auf- und abbewegen – größer als Flugzeugtragflächen. Das muss Freyja sein! Ich rufe die Große beim Namen – bei jedem, der mir einfällt! All die verrückten Gerichte auf der Tafel rings waren nur Trugbilder – meine menschlichen, weil ich die Wahrheit nicht erfassen kann. Und die Gestalten wahrscheinlich ebenso! Was trügen mich jetzt für Eindrücke? Aber Namen fallen mir viele ein! Für die Göttin, der ich mein Leben weihte! Jetzt sehe ich auch schwarze Federschwingen – riesige. Überhaupt scheint alles in gewaltigen Dimensionen zu fliegen und zu flattern um mich herum. Und ich verliere an Boden. Ist da überhaupt noch welcher? Etwas zieht mich nach unten – ist das die Schwerkraft? Oder bleibe ich nur, wo ich bin – und alles, was mich umgibt, strebt nach oben?

„Bleibt hier!“, brülle ich unbeherrscht. „Verlasst mich nicht!“ Verzweifelt versuche ich zu hüpfen und mache sogar ein paar Flugbewegungen mit den Armen. Wahrscheinlich gebe ich einen überaus lächerlichen Anblick ab. Zum Glück sind außer mir nur lauter Göttinnen und Götter hier – oder was weiß ich für höhere Wesen. Die lachen mich nicht aus. Und wieder ein Vogelschrei in meinem Kopf! Wie aus größerer Ferne jetzt. Aber die Großen selbst, ich fühle es genau, sind alle noch atemnah, umgeben mich dicht an dicht, doch sind unweigerlich dabei, aufzubrechen! Der Lärm schwillt an. Mir dröhnt schon der Schädel. Was höre ich da überhaupt? Ist das ein Singen, ein vielstimmiges? So genau lässt sich das nicht ausmachen. Es ist nur stärker und kraftvoller, als ich es aushalten kann. Ja, göttlich! Was in dem Fall kein Kompliment ist – es tut eher weh. Ist mir einfach zu viel! Zu arg! Ich bin doch nur ein Mensch! Wie komme ich überhaupt hierher? Was war geschehen? Denn ein Traum kann das nicht sein. Das sind echte Schmerzen! Und es gibt kein Erwachen. Das ist alles echt. Echt empfunden. Und kaum auszuhalten ... jedenfalls nicht mehr lange. Aua ...

Als letzte Erinnerung fällt mir ein Ritual ein. Ich hatte sie alle gerufen! Hatte ich? Alle? Nein, bestimmt nur eine oder zwei. Aber mal wieder mehr bekommen, als ich gedacht hätte. So sind die Großen manchmal. Wer weiß, was ich anrührte – oder wen. Schon wieder der Schrei! Aber plötzlich auch, ganz nah an meinem Ohr – oder bereits mitten im Kopf, wie der Schrei – ein klar gesprochenes Wort:

„Du musst den Takt halten, dann hält alles.“

Die Stimme ist tief, aber weiblich. Wer hat gesprochen? Ich fühle mich gesehen, wahrgenommen als das, was ich bin. Es durchschießt mich heiß. Zwei Große nehme ich wahr: die Unerbittliche, die mein Leben bestimmt. Sie hat gesprochen. Ich schwimme in ihrem Atem. Daneben nickt ein Älterer mit grauem Gesicht – jener, von dem es heißt, er trüge die Runen auf die Zunge geritzt. Eine Dritte kommt näher, die sieht mich stumm an und gibt mir die Zeit zurück. Die läuft jetzt wieder weiter. Doch ich hörte auf zu fallen – oder in Schlamm oder Sirup zu stecken. Ich fand Halt, wenngleich nicht mit den Füßen. Unterhalb des schwer erträglichen Lärms, dessen Tosen anhielt, spürte ich Halt in

Form klarer, wohltuend stetiger Wiederholung – beruhigender Regelmäßigkeiten. Ein Muster! Rund, weich und dicht – zu engmaschig, um auszurutschen oder gar hindurchfallen zu können. Dankbar nahm ich es an, konzentrierte mich auf diese Form, ließ mich bald ganz darauf nieder. Mit dem allmählichen Abheben und schließlichen Fortbrausen der ganzen göttlichen Gesellschaft schwand auch der furchtbare Lärm. Das beruhigende Muster und ich gerieten in langsamen Sinkflug. Noch einmal dieser Vogelschrei! Jetzt wie aus weiter Ferne, aber ganz eindeutig mitten in meinem Kopf. Eine Stimme in meinem Kopf. Wir sanken tiefer. Zu sehen war nichts. Aber ich fühlte mich allmählich besser. Endlich allein, haha!

Ich gewahrte, dass ich es selbst war, der trommelte.

Ich trommelte, bis mein Geist in Sturzflug ging. Ich trommelte mich weit hinter die Wünsche. Ich trommelte mir die Sorgen aus den Poren. Ich trommelte, bis mir der Arm lahmte ... Ich trommelte, als wär's jemand anders. Ich trommelte meine Geschichte! Ich trommelte wie der Regen, ich trommelte tausend Tränen, ich trommelte kommende Feuer. Ich trommelte federnde Zehen, ich trommelte reißende Zähne in fliehende Sauropoden ... Ich trommelte donnernde Hufe, ich trommelte wachsendes Gras, ich trommelte trockene Steine, ich trommelte wartende Knochen. Ich trommelte neue Höhle. Ich trommelte blitzende Augen. Ich trommelte heißen Atem, ich trommelte wohliges Keuchen, ich trommelte berstende Wonnen, ich trommelte strotzendes Behagen, ich trommelte einen Rhythmus, ich trommelte gut und dauernd, ich trommelte schön und geschickt, ich trommelte zwischen den Welten. Ich trommelte leckende Zungen, ich trommelte zuckende Flammen, ich trommelte kwutschnasses Beben, ich trommelte feuchte Äcker, ich trommelte Falte und Furche, ich trommelte dicke Tropfen, ich trommelte spitze Schreie, ich trommelte tiefe Gerüche, ich trommelte vermischte Gerüche, ich trommelte alle Gefühle, besonders die von (Name tut nichts zur Sache), ich trommelte uns zusammen, ich trommelte glänzendes Glück ...

Ich hörte nicht auf zu trommeln.

Ich trommelte gegen die Möbel. Ich trommelte mit den Händen. Ich trommelte an den Wänden. Ich trommelte in meiner Zelle. Ich trommelte ganz ohne Gummi. Ich trommelte nord-ost-süd-westwärts. Ich trommelte diese Richtung! Ich trommelte alle, die waren, die werden und die nicht mehr sind. Ich trommelte kommende Wege, ich trommelte alle Formen, ich trommelte queerfühleinwärts, ich trommelte wechselnde Tänze, ich trommelte wechselnde Wurzeln, ich trommelte neues Finden, ich trommelte Altbekanntes, ich trommelte Unerhörtes, ich trommelte auch dazwischen und weit darüber hinaus. Ich trommelte darüber hinaus! Ich trommelte nicht nur das eine, ich trommelte nicht nur dem anderen, ich trommelte nicht nur den beiden, ich trommelte denen, die auch noch, ich trommelte allen dazwischen und jenen darüber hinaus! Ich trommelte denen, die waren, ich trommelte jenen, die kommen, ich trommelte, was wir werden, ich trommelte, was wir sind! Ich trommelte allen Verwandten, ich trommelte allen Federn, ich trommelte allen Krallen, ich trommelte allen Farben, ich trommelte allen Schuppen, ich trommelte fühlende Haut. Ich trommelte Hell und Dunkel, ich trommelte Übergänge, ich trommelte übermäßig, ich trommelte allen Vieren, ich trommelte Tier Art Mensch! Ich trommelte frohe Runen, ich trommelte einen Zauber, ich trommelte plötzlich Freiheit.

Ich trommelte atmende Erde. Ich trommelte Wind in den Ästen. Ich trommelte fallende Sterne. Ich trommelte Sturm ins Gebälk. Ich trommelte fliegende Fetzen. Ich trommelte platzende Felle. Ich trommelte furchtbar lange. Ich trommelte jeden Moment. Ich trommelte aus lauter Liebe. Ich trommelte Wiedersehen, ich trommelte frohe Feste, ich trommelte froh und feste, ich trommelte lachend und weinend, ich trommelte meine Trommel: Ich trommelte trommelte trommelte trommelte trommelte bumm bumm bumm –

Es war zu Ende. Erschöpft ließ ich die Trommel sinken. Atmete nach, schweigend und schwitzend. Ich war allein. Wieder daheim. Daheim auf der Erde. Es dauerte eine Weile, bis ich begriff: Nichts war zu Ende. Dies war ein Anfang. Das war mein Anfang! Das Donnern war verklungen. Was sollte jetzt werden? Was wollte jetzt werden? Ich horchte in die Stille. Da war noch diese Stimme in meinem Kopf.

Sie ist immer da, auch wenn sie nicht permanent spricht. Sie zieht sich zurück, wenn außen was los ist. Jedes Geräusch übertönt sie. Sogar jeder Gedanke. Jede Form von Aktivität. Aber wenn ich innehalte, wenn ich alles, was ablenkt, von mir schiebe und in mich hineinlausche, kehrt sie zurück. Mit ganz zartem Flüstern. Mein Vogel. Ja, ich denke, dass sie recht haben, die sagen, dass ich einen Vogel habe. Er hat sein Nest in mir – höchstwahrscheinlich sogar mehrere: eins in meinem Herzen. Mindestens eins im Kopf. Und wahrscheinlich noch ein paar weiter unten. Auch ganz unten: am Brünnlein meiner Menschenfreude. Auch wenn ich ihn nicht höre. Sogar, wenn ich nicht auf ihn höre. Aber ich will ihn ja hören. Und auf ihn hören. Wenn ich allein bin, ganz ohne Gesellschaft – oder in der besten – beginnt er zu wispern. Zu singen. Zu tönen! Raunen! Und wenn ich die Augen schließe und die Poren ganz weit mache, dann verstehe ich manchmal, was er sagt. Was er meint! Du nicht? Oder was sagt deiner? Wie spricht er zu dir? Du hast doch einen?

***

Du fragtest nach meinem Gesang, Fremder? Kopf hoch: In jeder klaren Nacht kannst du mein Gefieder glitzern sehen. Auch deine Milchstraße gehört zum Muster meiner Schwingen. Ich liebe Spiralen! Meine Stimme willst du hören?

Ich bin das Geräusch
Mit dem die Sonne ins Meer taucht jeden Abend
Ich bin das eine Blatt, das die Winde stehengelassen haben
Ich bin das trommelnde Nass, das die Krume aufweckt
Und die Flamme am Himmel, die sich in Zacken zur Erde streckt.
Ich bin das Knarzen der Bäume beim Altern der Welt
Und das, was der Fels von sich gibt, wenn Schnee drauf fällt.

Nach meiner Stimme fragst du?

Kennst du den klirrenden Frost, das Versteinern der Haut?
Und auch den Sturzbach aus den Augen, wenn das Eis einfach taut?
Was willst du denn hören? Hast du je zugehört?
Hat je eine Stille dir die Gedanken gestört?
Sieh her! Ich zeig dir, wer und was dir gehört!
Der Wölfin Gruß nachts an das bleiche Gesicht

Das Hämmern des Schnabels, der die Eischale bricht
Das pumpende Weltall, das Flüstern der Flut
Das Lachen der Schwerkraft und das Singen im Blut
Das Stampfen der Hufe, wenn Horn an Horn klackt
Der Schrei der Blüte, die ein Sonnenstrahl packt
Die steigende Hoffnung, des Traumes tanzender Ton
Der Rost am Unterboden der Zivilisation
Warte – ich komme schon

Ich bin das warnende Fiepen, wenn der Bussard pfeift
Das Knistern des Kleides, das die Schlange abstreift
Das rettende Loch und das verbotene Wort
Die richtige Zeit und der nötige Ort

Ich bin das „Wild-“ vor der „-Sau“, komm als Kalb aus der Kuh
Und ich beginne zu beben, wenn die Liebe sagt: Du
Komm her. Wir sind soweit.
Die Hand, die die Nebel teilt, führt dich heim.

Lass endlich los.
Es ist Zeit.

Glossar

Der Autor

Duke Meyer, Jahrgang 1959, genannt „Eibensang“, beschäftigt sich mit Runen seit Mitte der 80er Jahre – ein Studium, das ihn 1992 dazu brachte, selbst germanischer Heide zu werden. Seit Mitte der 1990er Jahre ist der bekennende Freigeist aktiv in der *Nornirs Ætt*, einer aufklärerischen, betont menschenrechtlich ausgerichteten germanischen Kulturgemeinschaft („Ásatrú zum selber Denken“). Mit Workshops und Seminaren („Eibensangs magische Runen-Reise“) sowie als Schauspieler, Performer (Musikalbum „HIER“) und Sänger/Gitarrist (Singvøgel) im deutschsprachigen Raum unterwegs, schreibt Duke Meyer seit über 10 Jahren in dichter Folge (mehrmals die Woche) blogartige Runenporträts unter „Orakeldienst Eibensang“ auf Facebook und Telegram: Die Runen wiederholen sich von Zeit zu Zeit, die Texte nie. Duke Meyer wohnt in der Nähe von Heidelberg.

Duke Meyer

Das Lied der Eibe

Eine Runen-Reise durch das Ältere Futhark

400 Seiten, mit Abb., 14,8 x 21 cm, Broschur

ISBN 978-3-9946425-05-2

18,00 €

Vergesst Runenbücher – oder noch besser: Vergleicht sie mit diesem. Das Lied der Eibe ist ein Runen-Rausch, mehr Rock'n'Roll als Ballade, ein mitreißendes Wortkonzert, leidenschaftlich, wild und zärtlich – und zwischen Humor und Scharfsinn immer poetisch, mit einem ausgeprägten Faible für originelle Sprachbilder. Duke Meyers unverwechselbarer Stil verbindet fundierte Sachkenntnis mit persönlichen Erfahrungen und Interpretationen – und entlarvt nebenbei völkische Ideologie hinter mancher gängigen Deutung.

Das älteste germanische Runensystem als magische Matrix der Seele und für menschliches Miteinander – der Fokus liegt dabei weniger auf den einzelnen Runen, stattdessen stellt der Autor sie miteinander und mit der menschlichen Psyche in Beziehung – und veranschaulicht mit manchem Beispiel aus eigenen Abgründen. Duke Meyer zeigt, wie sich Runen heute nutzen lassen: als Denksystem im Alltag und auf der Suche nach Erkenntnissen über das eigene Ich, die kleinen und die größeren Zusammenhänge…

Eldariten

Gelebtes germanisches Heidentum - Das Ritualbuch des Eldaring e.V.

Zusammengestellt und herausgegeben von

Petra Bolte

320 Seiten, mit 50 Abbildungen,

17 x 24 cm Broschur

ISBN 978-3-96815-032-1

16.00 EUR

Gaben waren immer das wichtigste Bindeglied zwischen Menschen und Göttern. In sogenannten Blóts (altnordisch für„Opfer“), opfern wir den Göttern und Wesenheiten zum Dank oder als Bitte für eine Gegengabe. Blóts waren damals wie heute die Verträge zwischen uns und den Göttern.

Das vorliegende Werk ist eine Hilfestellung für Anfänger und Suchende, aber auch praxiserfahrene Heiden finden hier zahlreiche neue Ideen und Zugänge. Neben Ritualvorschlägen und Inspirationen zu Lebenskreis- und Jahreskreisfesten, der Ahnenverehrung, Blóts für die Hohen und weitere Wesenheiten enthält das Praxisbuch ebenso hilfreiche Tipps rund ums Ritual so wie Beispiele für Blóts in großen Gruppen.

Eldariten ist in 9 Jahren von den Mitgliedern zusammengetragen worden. Petra Bolte hat die bisher nur online verfügbare Ausgabe des Ritualbuchs sorgfältig neu redigiert, Lücken identifiziert und mit neuem Material gefüllt, so dass eine stark überarbeitete und erweiterte Ausgabe des Ritualbuchs mit über 30 Autoren vorliegt.

Ásatrú

Die Rückkehr der Götter

Zusammengestellt von

K. H.Gundarsson

Deutsche Ausgabe erweitert und

herausgegeben von Kurt Oertel

496 Seiten, zahlreiche Abbildungen,

17 x 24 cm, Hardcover

ISBN 978-3-939459-63-7

25.00 EUR

Seit etwa 20 Jahren findet Ásatrú – die Verehrung der germanischen Gottheiten – in zahlreichen Ländern verstärkten Zulauf. Im Gegensatz zu früheren Ansätzen aus völkischen Kreisen stützt Ásatrú sich möglichst genau auf die historischen Quellen und Ergebnisse fachwissenschaftlicher Forschung.

Der Inhalt umfasst die Geschichte religiöser Ideen von der Steinzeit bis zur Christianisierung, deren Wiederentdeckung seit dem 19. Jh., die Darstellung der einzelnen Gottheiten und der Wesen der niederen Mythologie, die alten Vorstellungen über Zusammensetzung menschlicher Persönlichkeit, Jenseitsvorstellungen, das Bild der neun Welten sowie heidnische Tugenden.

Das Buch bezieht klare Positionen gegenüber jenen, die das Bild der Germanen wieder auf die verzerrte Vorstellung romantischer Verklärung des 19. Jhs. oder auf völkische Muster zurückführen und ihre eigenen esoterischen Überzeugungen oder Utopien auf die vorchristliche Zeit projizieren wollen.

Medi Huwe

Ragnarök

540 Seiten, 14,8 x 21 cm, Broschur

ISBN 978-3-96815-035-2

17.00 €

Macht und Einfluss der Götter schwinden, seit im Thingkreis eine Lücke klafft: Der beste Mann, Balder, wurde zu den Toten gesandt. Er kann erst in die Goldene Stadt zurückkehren, wenn alle Geschöpfe und Dinge aller Welten um ihn geweint haben.

Die Zeit drängt, denn in der Wüste sammelt ein Dämon seine Krieger, und auch unter der Erde brodelt es gewaltig: Die Schwarzalben erachten die Schöpfung der Götter als ihr ureigenes Erbe. In Ásgarðr ist man wenig besorgt. Statt mit Angst schauen Óðinns Söhne ihrem scheinbar unvermeidlichen Schicksal höhnisch entgegen. Niemals wird eine Handvoll Riesen und Dämonen gegen Walhallas Einherierschar gewinnen.

Dass es vielleicht doch nicht so einfach werden wird, weiß Óðinn allein. Indessen wird das Unmögliche wahr: In Miðgarðr formt sich ein Widerstand. Endlich!

Wird er reichen, um Ragnarök aufzuhalten und die alten Götter in die neue Zeit hinüber zu retten?

Carmilla DeWinter

Lokis Fesseln

Nordisches Familiendrama

in fünf Akten

312 Seiten, 14,8 x 21 cm, Broschur

ISBN 978-3-96815-034-5

14,00 €

Da das Polareis taut, ist der Jörmungand, der Midgarddrache, aus seinem Gefängnis erwacht. Für seinen Vater Loki ist das nicht nur Grund zur Freude: Als Odin Jörmungand und seine Geschwister Hel und Fenris verbannt hat, ließ Loki es einfach zu. Dieser Verrat wird sich nun rächen.

Aber das ist nicht Lokis einzige Sorge. Nach dem Sieg des Christentums hat der Allvater die Zugänge zu Helheim und Utgard mit Runensteinen versiegelt. Sollten Menschen diese im Permafrost entdecken, droht die Welt von Riesen und Untoten überrannt zu werden.

Um die nötige Reise nicht organisieren zu müssen, schlägt Loki bei der Heidin Jasna auf. Die hat seherisches Talent und zeigt sich wegen ihrer Asexualität gegen sämtliche Flirtversuche immun, die Loki in jeglicher Gestalt unternimmt. Trotzdem lässt sie sich überzeugen.

Unterwegs muss es Loki mit einer Noch-Ehefrau, einem Ex, einer ungehaltenen Tochter, Jörs transfeindlichen Sprüchen und den gesammelten Familiengeheimnissen aufnehmen.

Falls euch das Buch gefallen hat, besucht unsere Präsenzen im Netz und folgt uns auf den sozialen Medien:

roterdrache.org

www.roterdrache.org/catalog

editionroterdrache

Verlag.EditionRoterDrache

Edition Roter Drache

@EditRoterDrache

RoterDrache2006

Die Edition Roter Drache ist Fördermitglied im

Phantastik-Autoren-Netzwerk e.V.,,

www.phantastik-autoren.net